本书获南京大学"双一流"建设经费资助

面向专利知识服务的
汉语本体学习研究

王昊　吴志祥　著

MIANXIANG ZHUANLIZHISHI FUWUDE HANYU BENTIXUEXI YANJIU

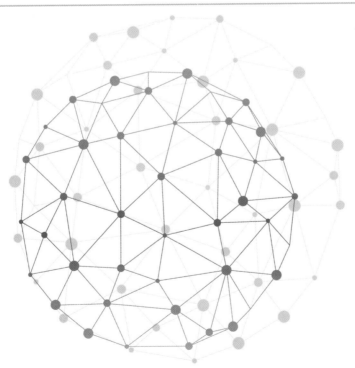

中国社会科学出版社

图书在版编目（CIP）数据

面向专利知识服务的汉语本体学习研究/王昊，吴志祥著. —北京：
中国社会科学出版社，2018.11
ISBN 978 - 7 - 5203 - 3251 - 4

Ⅰ.①面… Ⅱ.①王… ②吴… Ⅲ.①专利—管理—汉语—语言学—研究
Ⅳ.①H1

中国版本图书馆 CIP 数据核字（2018）第 233286 号

出 版 人	赵剑英
责任编辑	赵 丽
责任校对	王秀珍
责任印制	王 超

出　　版	中国社会科学出版社
社　　址	北京鼓楼西大街甲 158 号
邮　　编	100720
网　　址	http://www.csspw.cn
发 行 部	010 - 84083685
门 市 部	010 - 84029450
经　　销	新华书店及其他书店

印　　刷	北京明恒达印务有限公司
装　　订	廊坊市广阳区广增装订厂
版　　次	2018 年 11 月第 1 版
印　　次	2018 年 11 月第 1 次印刷

开　　本	710×1000　1/16
印　　张	19
插　　页	2
字　　数	293 千字
定　　价	79.00 元

凡购买中国社会科学出版社图书，如有质量问题请与本社营销中心联系调换
电话:010 - 84083683

目　录

第 一 章

汉语专利本体及本体学习概述

第一节 本体、专利本体和汉语专利本体

本体（Ontology）原本是哲学领域中的概念，是对客观存在的系统解释，用来描述现实的抽象本质[1]。在 20 世纪 90 年代中期，本体被引入知识工程领域，用于描述知识的内涵，表达知识的语义。到目前为止，知识工程领域尚未对本体形成统一定义，研究者在不同实践中应用本体，不断赋予本体以新的内涵。一般认为，本体是共享概念模型的形式化规范说明，它包含四方面的含义：概念模型、明确性、形式化和共享性[2]。本体也是一种元数据，它提供丰富的原语来描述领域的概念模型，澄清领域知识的结构[3]，具有知识表示的能力。图 1－1 为"钢铁冶金"领域的本体片段示例，图中显示了该领域部分中文术语之间的层次分类关系，如"钢铁冶金"领域术语可分为"方法""工艺""装置""原料"等四大类目，而其中"方法"又可分为"喷吹""轧钢""干馏"等子目，"高炉"是一种"装置"，"矿石"是一种"原料"等。

---

① 王向前、张宝隆、李慧宗：《本体研究综述》，《情报杂志》2016 年第 6 期。

② Studer R．，Benjamins V. R. and Fensel D．，"Knowledge engineering：principles and methods"，*Data & Knowledge Engineering*，Vol. 25，No. 1－2，1998.

③ 张云中、徐宝祥：《基于形式概念分析的领域本体构建方法优化研究》，《图书情报工作》2010 年第 8 期。

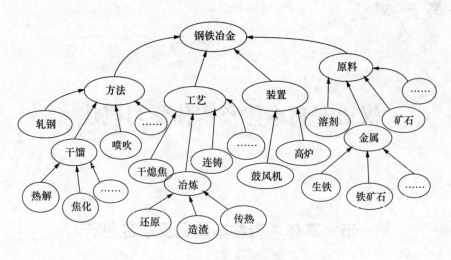

图 1 – 1　"钢铁冶金"领域的本体片段

本体可重用，避免了重复的领域知识分析；本体提供了大量受约束的、明确定义的、机器可处理的统一术语和概念，可以构建完整的"术语表"来定义网络中的数据，使知识共享成为可能；本体还能够对知识进行推理和验证。

本体机制的广泛应用主要得益于语义网（Semantic Web）概念的提出。1998 年 Berners-Lee 首次提出"语义网"[①] 这一全新概念，并阐释了语义网的七层体系结构（如图 1 – 2 所示）。"语义网"是指建立一个使用能够表达语义（或机器可处理）的元素来描述信息，以满足智能软件代理对异构、分布信息的有效访问、合理交换、语义处理和准确检索等要求的公开环境。而本体机制作为语义网的信息组织层面最为核心的技术，得到了前所未有的重视，还被广泛应用于除语义网外的其他各个研究领域，如智能信息检索、搜索引擎、电子商务、自然语言处理、软件工程、知识管理、数据挖掘、多代理系统、机器学习、信息分类、地球信息科学和数字图书馆等。

---

① Tim B. L. , "Semantic Web Road Map", 2017.9, Semantic Web（http：//www. w3. org/DesignIssues/Semantic. html）.

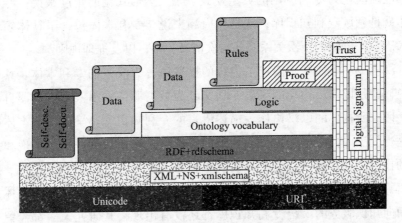

图 1-2 语义网体系结构

根据本体实际应用领域的差异，研究人员对本体的探索也各有侧重。这种涉及某一特定的学科或应用领域的本体，被称为领域本体（Domain Ontology）①。具体领域的专利本体就是一种典型的领域本体，图 1-1 中的术语层次结构片段即可被认为是"钢铁冶金"领域的专利本体。本书所指的专利本体是指一种利用专利文献的内容资源所构建的，为专利检索和开发提供服务的知识库。专利文献本身就是一种重要的知识来源，然而由于其缺乏结构性和形式化，在使用过程中极其不便。随着本体理念的兴起，将文本形式的专利说明转化为具有语义的知识本体以有效利用专利资源成了研究人员的共识②③。于是，在专利本体的语义化知识框架下，开发专利预警平台以提供知识地图、语义检索和创新开发等知识

① 李军锋：《专利领域本体学习方法研究》，博士学位论文，北京信息科技大学，2015 年，第 5—70 页。

② Taduri S．，Lau G. T．，Law K. H. et al．，"An ontology to integrate multiple information domains in the patent system"，IEEE International Symposium on Technology and Society，2013．

③ Bermudez-Edo M．，Noguera M．，Hurtado-Torres N et al．，"Analyzing a firm's international portfolio of technological knowledge：A declarative ontology-based OWL approach for patent documents"，*Advanced Engineering Informatics*，Vol. 27，No. 3，2013．

服务逐渐演化为专利应用的典型模式①②③。从形式化的角度来说，专利本体就是领域专利知识库；从具体内涵来说，专利本体包含了具体领域的术语、术语间的层次关系和非层次语义关系，以及推理规则。

汉语专利本体则是限定了内容的描述语言为汉语的专利本体。具体来说，就是以非结构化的汉语专利文献为数据源，采用人工或机器自动化手段，所构建的以汉语作为描述语言的专利知识库。汉语专利本体研究是当前汉语自然语言处理领域的前沿热点，是知识管理得以实现和推广的技术基础。然而，现有的领域专利知识库基本上以英语、德语、波斯语等字符语言作为描述语言，基于汉语文本抽取本体元素的方法体系和面向知识服务的汉语专利知识库都还没有出现，其研究大多都停留在构建本体知识库的关键步骤的技术攻关上。汉语本体知识库难以构建的一个重要因素就是汉语等象形语言具有语法特征复杂性和规则多样性等特点，在自然语言处理中存在较大的技术瓶颈。

第二节 本体学习

本体学习（Ontology Learning，OL）是指利用语言分析、机器学习和数学统计算法等，通过计算机自动或半自动地从已有的数据资源中发现潜在的概念、概念间关系和公理等本体元素的方法体系④⑤。OL在"快速

① Zhai D. , Chen L. and Wang L. ，"Research on Patent Information Retrieval Based on Ontology and its Application"，*IEEE*，Vol. 1，2009.

② Wu C. Y. , Trappey A. J. C. and Trappey C. V. , *Using Patent Ontology Engineering for Intellectual Property Defense Support System*，Switzerland：Springer，2013，pp. 207 – 217.

③ 谷俊：《本体构建技术研究及其应用——以专利预警为例》，博士学位论文，南京大学，2012 年，第11—100 页。

④ Yu M. , Wang J. and Zhao X. ，"A PAM-based ontology Concept and Hierarchy Learning Method"，*Journal of Information Science*，Vol. 40，No. 1，2014.

⑤ Maio C. D. , Fenza G. , Loia V. et al. ，"Hierarchical Web Resources Retrieval by exploiting Fuzzy Formal Concept Analysis"，*Information Processing & Management*，Vol. 48，No. 3，2012.

开发知识本体以适用于语义网"①　的背景下产生并得到迅速发展，其实质是信息抽取②在知识层面上的进一步延伸。根据抽取任务的不同，OL 可分解为如图 1 – 3 所示的复杂度逐层上升的 6 个层次。Terms 是指由自然语言描述的在领域中有意义的词语或词组；Synonyms 是指具有相同语义的术语集合；Concepts 是对术语的抽象描述，由 Intension、Extension 和 Lexical realizations 三部分构成；Concepts' Hierarchies 则表现为术语之间的包含关系；Semantic Relations 是指除层次关系以外的所有语义关系的总称，一般通过对象—属性的方式加以描述；本体中最复杂的是 Rules 元素，是本体概念之间的一种约束，而 Axioms 是指永真规则。

在 OL 的层次体系中，自下而上其知识的复杂度逐渐上升，知识抽取特别是从非结构化文本中抽取的难度也逐层提高。对于英语等字符语言，面向文本资源的 OL 研究和应用已经覆盖全部层次，但在公理和约束规则的抽取上仍然涉及较少③④；而对于中文等象形语言，由于其语法特征的复杂性和规则的多样性，目前研究主要停留在第 4 层次，很少涉及非层次语义关系特别是公理的抽取研究⑤，而且面向文本资源概念或实体层次关系的抽取也多聚焦于实验论证阶段，基本上还没有可进行实际应用的工具或方法出现。

为此，本书将借鉴面向字符语言的本体学习系统的功能组成和学习流程，来改变传统的手工构建模式，将各种机器学习模型、数据挖掘算法和语义学分析方法引入中文本体的自动构建研究中，建立面向中文文本资源的本体学习系统，进而以非结构化的专利文献作为学习对象，基

---

① Nanda J., Simpson T. W., Kumara SRT et al., "A Methodology for Product Family Ontology Development using Formal Concept Analysis and Web Ontology Language", *Journal of Computing & Information Science in Engineering*, Vol. 6, No. 2, 2006.

② 王昊、邓三鸿：《HMM 和 CRFs 在信息抽取应用中的比较研究》，《现代图书情报技术》2007 年第 2 卷第 12 期。

③ Terrientes L. D. V., Moreno A. and Sánchez D., *Discovery of Relation Axioms from the Web*, Philadelphia：Engineering and Management，2010，pp. 222 – 233.

④ Shamsfard M. and Barforoush A. A., "Learning ontologies from natural language texts", *International Journal of Human-Computer Studies*, Vol. 60, No. 1, 2004.

⑤ 谷俊、严明、王昊：《基于改进关联规则的本体关系获取研究》，《情报理论与实践》2011 年第 34 卷第 12 期。

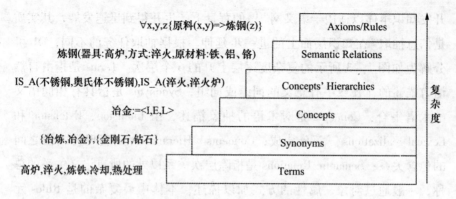

$\forall x,y,z\{原料(x,y)=>炼钢(z)\}$ — Axioms/Rules

炼钢(器具:高炉,方式:淬火,原材料:铁、铝、铬) — Semantic Relations

IS_A(不锈钢,奥氏体不锈钢),IS_A(淬火,淬火炉) — Concepts' Hierarchies

冶金:=<I,E,L> — Concepts

{冶炼,冶金},{金刚石,钻石} — Synonyms

高炉、淬火、炼铁、冷却、热处理 — Terms

复杂度

图1-3　本体学习的层次体系

于本体学习自动构建特定领域的知识本体库，一方面通过实践应用论证本体学习理论模型的正确性和合理性、系统平台的实用性和有效性；另一方面则为进一步实现基于本体的专利语义网准备知识结构基础，为特定领域的专利管理提供全面而有效的知识服务，包括基于知识地图浏览的专利分类、基于语义匹配检索的专利预警以及基于逻辑蕴含推理的专利创新等。

第三节　汉语专利本体的自动构建及应用概述

随着领域本体研究的发展，构建领域本体已经成为该领域研究的核心和关键。目前，领域本体的构建方法主要有：手工方式、半手工（半自动化）方式和自动化方式。然而，由于领域本体的规范化要求高以及自动化技术的不成熟，当前多停留在领域专家手工或半手工构建阶段[1]，领域本体难以大范围和快速化生成，极大地限制了领域知识的交流和传承。随着领域本体研究的发展，一系列用于指导本体构建过程的方法不断涌现和发展，其中较为典型的有 METHONTOLOGY、KACTUS、骨架法、

---

[1]　张文秀、朱庆华：《领域本体的构建方法研究》，《图书与情报》2011年第1期。

SENSUS、IDEF - 5、七步法等①。这些方法遵循不同行业标准，适用的应用领域也各不相同，如 TOVE 法②专用于构建 TOVE 本体（企业建模过程本体），而 METHONTOLOGY 法③却是在构建化学本体的过程中产生的。

当前，在汉语领域还缺乏行之有效且影响深远的本体构建解决方案，自动化构建汉语本体的相关研究更是少之又少。究其原因，多是受限于象形语言语法的复杂性和汉语文本内容的多样性，因此，汉语本体的自动化构建方法都基本停留在理论探索和实验阶段。总的来说，根据数据来源，汉语本体的构建方法主要有三类：一是基于已有词典或术语表自动构建本体，这类方法所构建的本体知识库需依赖于现有词典或术语表；二是从文本中抽取概念及语义关系构造本体，该类方法的重点是进行术语间层次关系和非层次关系的解析，而汉语语法的复杂性和多样性导致该方法一直难以实现完全自动化和规模化的实施；三是根据需求将已有本体集成构造新的本体④。由于针对汉语专利本体构建的研究大多集中在基于结构化的专利数据的实例抽取与映射方面，而本书所探讨的汉语专利文本是非结构化的数据资源，因此，需采用上述第二种方法来对汉语专利文本进行术语抽取和语义关系分析等研究。

由于新颖性、可靠性和权威性，专利文献通常被认为是一种重要的知识来源⑤，而自动化和规模化的汉语专利本体构建，是实现高效利用专利文献中所包含领域知识的基础。专利文献在广义上包含了发明创造过程和成果的所有原始文献；狭义上仅指专利说明书⑥。专利文献具有外部特征和内部特征，外部特征一般指专利文献的篇名、作者姓名、出版者、

---

① 刘宇松：《本体构建方法和开发工具研究》，《现代情报》2009 年第 29 卷第 9 期。

② Gruninger M. , "Designing and Evaluating Generic Ontologies", *European Conference of Artificial Intelligence*, 1996.

③ Fernndez L. M. and Informtica F. D. , "Overview of Methodologies for Building Ontologies", *Proceedings of Ijcai - 99s Workshop on Ontologies & Problem Solving Methods Lessons Learned & Future Trends*, 1999.

④ 李蓉蓉：《面向复杂语义的专利本体构建方法研究》，博士学位论文，武汉大学，2014 年，第 5—91 页。

⑤ 曹琴仙、于淼：《基于内容分析法的专利文献应用研究》，《现代情报》2007 年第 27 卷第 12 期。

⑥ 王朝晖：《专利文献的特点及其利用》，《现代情报》2008 年第 28 卷第 9 期。

报告号、专利号等，容易组织为结构化数据，再加以检索和利用，又被称为结构特征；内部特征一般指专利文献的具体内容描述，包括题名、关键词、摘要、正文等，又被称为内容特征，其中包含了大量非结构化的文本数据，蕴含丰富的可挖掘的知识，但难以实现有效的组织和利用，这要归咎于汉语专利文本语义关系的复杂性和汉语自然语言处理的技术难关。目前，有关汉语专利本体的构建大多是基于专利文献的外部特征进行的，这些研究以结构化的汉语专利数据为处理对象，基本采用 OWL 语言来描述本体模型[1][2]，但在构建过程中依然需要进行大量手工标注的工作；而基于内容特征来构建本体的相关研究更是寥寥无几，而且由于专利文献内容的复杂性和汉语语法的多样性，相关研究基本上都停留在理论或实验室讨论的小体量阶段，只能采用手工或半手工方式进行小范围的汉语专利本体构建[3]。对此，本书将汉语专利文献中的内容特征专指为汉语专利文本，进行汉语专利本体的自动构建研究，进而为实现有效的知识检索和知识创新提供全面的知识服务。

第四节　钢铁冶金领域专利文本概述

为实现建立面向知识服务的汉语专利知识库这一最终目标，本书将从特定的学科领域——"钢铁冶金"（Iron and Steel Metallurgy，I&SM）领域切入，收集该领域的汉语专利文本，从中抽取相关的专利术语，并解析术语间层次关系和非层次关系，进而构建 I&SM 领域的专利知识库。为此，笔者从中国国家知识产权局（State Intellectual Property Office of the P. R. C.，SIPO）专利检索平台[4]中下载了所有国际专利分类号（International Patent Classification，IPC）为 C21（铁的冶金）和 C22（冶金等）

---

① 谷俊:《冶金行业专利本体模型的构建研究》,《情报杂志》2012 年第 31 卷第 3 期。
② 翟东升、张欣琦、张杰:《Derwent 专利本体设计与构建》,《情报科学》2013 年第 12 期。
③ 谷俊:《中文专利本体半自动构建系统设计》,《图书情报工作》2013 年第 57 卷第 3 期。
④ SIPO 检索及分析入口（http: //www. pss-system. gov. cn/）。

的专利记录共计 7597 件，并以其题名和摘要作为实验的汉语专利文本，具体形式和内容如图 1－4 所示。

示例文本 1

编号：CN1858266

题名：SAE1008 脱氧工艺

摘要：一种 SAE1008 脱氧工艺，包括如下步骤：1. 出钢前，先将 10kg 电石预脱氧剂加到钢包底部，出钢 9—12 秒后根据钢水中的终点碳含量情况再分批次加入电石预脱氧剂，每批次加入量控制在 9—12kg/t，每两批次之间的时间间隔不少于 5 秒，电石预脱氧剂加入完毕后再加入铝—锰—铁终脱氧剂，该终脱氧剂的加入量是 0.9—1.1kg/t；2. 出钢后期，先向钢包内同时加入硅—钙—钡终脱氧合金以及硅钙，其中硅—钙—钡终脱氧合金的加入量是 1.9—2.1kg/t、硅钙的加入量是 0.9—1.1kg/t，然后根据钢水中的终点碳含量情况向钢包内一次性加入铝—锰—铁终脱氧剂 10—40kg/炉。本发明的脱氧工艺不仅操作步骤简单，易于操作，而且可以有效地降低钢中的氧含量，能够极大地提高钢水纯净度以及最终的钢材质量。

示例文本 2

编号：CN1861812

题名：高速钢冷轧辊端部热处理方法

摘要：一种高速钢冷轧辊端部热处理方法，它包括下述步骤：a. 把高速钢冷轧辊置入 1160±5℃盐浴炉加热 16—24 分钟；b. 取出后再置入 240℃—280℃硝盐炉中冷却 25—35 分钟；c. 取出后把高速钢冷轧辊端部置入 800℃—850℃盐浴炉中加热 5—10 分钟后；d. 从盐浴炉取出后再置入 240℃—280℃硝盐炉中等温 20—40 分钟；e. 从硝盐炉取出后空冷到 50℃—80℃；f. 把高速钢冷轧辊置入 560℃—570℃硝盐炉加热 60 分钟以上；g. 从硝盐炉取出空冷到室温；h. 再把高速钢冷轧辊置入 560℃—570℃硝盐炉加热 60 分钟以上从硝盐炉取出并冷却到室温，把步骤 f 与步骤 g 再重复两次。本高速钢冷轧辊端部热处理方法轧辊端部不开裂并且硬度不低于 60HRC，同时不影响轧辊辊身的硬度。

图 1－4　"钢铁冶金"（I&SM）领域专利文本示例

在构建本体之前，需要深入剖析 I&SM 领域中的汉语专利文献的文本特征，通过对专利文献及其领域术语的抽样调研，并结合上述所收集的

I&SM 领域的汉语专利文本为例，本书将从宏观和微观两个角度来总结该领域专利文本的特征。

从宏观角度来看，I&SM 领域的专利文本具有以下特征：①反映了当前 I&SM 领域的最新科技信息，具有较强的新颖性。新颖性是获得专利权必须具备的首要的实质性条件，专利文本所记载的往往是当前时代最新颖、最前沿的内容，因此针对专利文本的研究能够保证所获取的知识是 I&SM 领域的学科热点和发展动态。②专利文本的内容具有高度唯一性，相同内容的发明专利权只授予最先提出申请的发明，因此专利文本中不存在重复性内容。同样，由此获取的 I&SM 领域知识不是人云亦云的、无价值的、重复性的内容。③专利文本中所记载的信息详细公开。专利说明书表述清楚、规范，达到所属技术领域的普通专业人员能够理解和实施的程度。按照各国专利法的规定，专利权人公开的技术信息必须使所属技术领域的技术人员能够实现。而本书所侧重的是专利文本的题目和摘要，这两部分内容则包含了专利文本的概要内容，信息量所占比重最大。④专利文本中所记载的内容具有较强的可靠性。专利说明书一般均需受过专门训练的专利代理人同发明人一起撰写，同时还要通过严格的专利审查制度，以及知识产权局的审批程序，因此专利信息的技术内容是准确可靠的。综合上述 I&SM 领域的特征，研究 I&SM 领域的专利文本对于把握当前冶金行业研究热点及深入地了解该领域具有非常重要的意义。

从微观角度来看，以图 1 - 4 中为例，总结 I&SM 领域专利文本的特征如下：①I&SM 领域专利文本的题目和摘要中含有大量的术语，如编号为 "CN1858266" 的专利文本中，题名就是由 "SAE1008" "脱氧" "工艺" 这三个术语组成的，摘要中则有近半的词是该领域的专有术语，如 "预脱氧剂" "终脱氧剂" "终点碳含量" "钢水" "钢材" 等。这一特征使得从术语角度分析 I&SM 领域的专利文本成为可能。②I&SM 领域专利文本的题名和摘要中所包含的术语之间存在着丰富的潜在关系。一般题名中所包含的是主要术语，摘要中所出现的则是与主要术语相关的次要术语，如编号为 "CN1858266" 的专利文本中，题名中所出现的主要术语是 "脱氧" 和 "工艺"，而摘要中所出现的 "预脱氧剂" "终脱氧剂"

"终点碳含量"等术语，均是对标题术语"脱氧"和"工艺"的解释、延展和扩充。这一特点使得从分析术语间层次关系的角度来获取 I&SM 领域专利文本中的知识成为可能。③I&SM 领域专利文本中的术语存在共现关系。如编号为"CN1858266"的专利文本中，"预脱氧剂"和"终脱氧剂"这两个术语之间就存在共现关系；编号为"CN1861812"的专利文本中，"开裂"和"硬度"这两个术语之间就存在共现关系。这一特征的存在对于研究 I&SM 领域的专利文本所隐含的内容关联和知识关联具有重要作用。

综合 I&SM 领域专利文本的上述特征可以发现，解析 I&SM 领域专利文本中术语之间的层次和非层次关系，可以更加深入地了解该领域的结构体系和研究重点，还可以进一步挖掘该领域的潜在知识，从而提供更有效的知识服务。对此，本书将根据 I&SM 领域文本的上述特征选取合适的本体学习理论，将机器学习、数据挖掘、潜在语义分析、形式概念分析等方法引入 I&SM 领域专利文本的术语抽取、语义关系的层次分析和非层次分析中，采用自动化的方法构建 I&SM 领域的专利本体知识库。

第 二 章

本体学习关键技术研究

本章以国内外相关研究文献为基础，结合现有研究的案例分析，从领域专利本体构建与应用现状、面向汉语专利文本的术语抽取技术、术语层次关系识别研究现状、术语非层次关系识别研究现状四个方面总结现有研究的特点，发掘未来研究的趋势，为本书专利本体学习相关研究打下根基。本章也相应地涉及相关理论的引介与阐述。

第一节　汉语专利本体构建及应用现状

本书研究的思路是在汉语领域专利术语抽取的基础上，进行术语间层次关系和非层次关系的识别，最终构建可应用的汉语领域专利本体。因此，首先对汉语专利本体构建的相关研究进行综述。

一　专利本体构建及应用研究现状

翟东升等[①]将多代理和本体技术引入专利分析中，设计了专利分析系统的顶层框架，分析了系统设计中的关键技术，以及各个 Agent 的功能。

缪涵琴[②]在分析国内外专利检索系统不足的基础上，将专利相关检索

---

① 翟东升、黄焱、王明吉：《基于 MAS 和本体技术的专利分析系统设计》，《情报杂志》2006 年第 25 卷第 6 期。

② 缪涵琴：《融合本体和用户兴趣的专利信息检索系统的研究与实现》，博士学位论文，苏州大学，2007 年，第 24—73 页。

项本体化，构建了结合国际专利分类表、用户兴趣模型、专利检索领域本体的专利信息检索模型。该模型主要贡献在于详细分析了专利检索项的各个部分与专利之间的关系，并尝试在本体编辑工具中表示，并且开发了初步的检索系统。

陶然和李晓菲[1]设计了基于本体的血管支架专利发现体系工作流程、智能化专利体系发现模型、基于本体的专利创新设计流程，从理论上和逻辑上探讨了具体领域基于本体的专利挖掘系统，在具体专利概念、概念之间的关系分析以及本体构建上，采用领域专家人工分析和构建的方法。

俞春阳[2]主要研究了基于专利本体的产品创新设计技术，人工提取了专利信息中的保护特征和创新特征，并在本体编辑工具中进行了本体构建。该研究提出了基于 TRIZ 理论中技术系统进化以及冲突矩阵理论，提出了产品创新设计方法。该文所构建的本体规模很小，系统设计停留在逻辑层面，具体应用单薄。

姜彩红等[3]则采用基于模板匹配的方式对"新能源汽车"汉语专利摘要中的评价信息、技术领域判断信息、作用原理信息等进行抽取。该文的贡献在于深入专利文本进行最复杂的非结构化的文本信息抽取。由于缺乏专业的领域词典，分词的误差以及基于规则模板本身的缺陷，使得准确率和召回率较低。

伊雯雯[4]主要研究专利检索系统中的本体半自动构建，在实验室现有成果的基础上进行，主要采用 HowNet（知网）中的概念以及义原进行"电梯"类文本的概念抽取，以及概念间关系的获取。该研究设计了较完整的基于本体的检索系统，并进行了相关测评，具有一定的参考价值。

---

① 陶然、李晓菲：《基于领域本体对专利情报知识挖掘的浅析》，《情报学报》2008 年第 27 卷第 2 期。

② 俞春阳：《基于专利本体的产品创新设计技术研究》，博士学位论文，浙江大学，2007 年，第 25—49 页。

③ 姜彩红、乔晓东、朱礼军：《基于本体的专利摘要知识抽取》，《现代图书情报技术》2009 年第 3 卷第 2 期。

④ 伊雯雯：《专利信息检索系统中本体半自动构建的研究与应用》，博士学位论文，苏州大学，2008 年，第 23—54 页。

不足之处在于本体规模较小，采用的基于知网以及分词等辅助技术，依然存在效率不高的问题。

支丽平等①提出将统一建模语言（UML）和 OWL 结合起来对领域本体进行建模，并采用该方法对电视机领域若干概念进行本体构建。本体化的过程由人工完成。

吴红②构建了服装领域部分概念的本体，采用 IPC 和 HowNet 进行概念的本体化，IPC 规范了相关领域概念的严格的层次关系，而 HowNet 则含有更丰富的概念关系，包括同义词和同位类关系，因此二者结合可以更好地完成领域概念之间的关系构建。本文使用构建的本体，设计了检索系统，并对检索系统有效性进行验证。

吴鹏③利用 WordNet 作为主要知识来源，结合 HowNet 作为概念译文的参考，半自动地构建了"水稻联合收割机"相关术语的小型本体，并进行语义扩展检索实验。本文的不足在于 WordNet 作为英文语义词典，构建汉语需要翻译转换，且构建的本体只是小范围实验性的。

李玉平④设计了基于本体的一系列专利信息动态监测与分析系统，主要研究为：对用户查询语句进行监测，并将查询检索式依据构建的领域本体进行扩展，并使用语义扩展后的检索式查询现有的专利网站，将检索结果纳入新设计的专利数据库，通过不断工作，扩大专利数据库，在一套基于专利地图的模块下进行专利分析。本文构建的服装领域本体，主要依据 IPC 和 HowNet，再辅助人工修正。

李卫超⑤将分词软件（ICTCLAS）、词法分析组件、句法分析组件

① 支丽平、王恒山、张楠：《专利领域本体的构建方法研究》，《图书情报工作》2010 年第 54 卷第 8 期。

② 吴红、李玉平、胡泽文：《基于领域本体的专利信息检索系统研究与实现》，《现代图书情报技术》2010 年第 6 期。

③ 吴鹏、马文虎、严明等：《基于 Wordnet 关系数据库的专利本体半自动构建研究》，《情报学报》2011 年第 30 卷第 6 期。

④ 李玉平：《基于本体的专利信息动态监测与分析系统的研究与实现》，博士学位论文，山东理工大学，2011 年，第 20—69 页。

⑤ 李卫超：《面向专利的功能信息抽取方法的研究》，博士学位论文，河北工业大学，2013 年，第 10—39 页。

（Stanford Parser）、最大熵模型整合起来，进行专利文本中功能信息抽取，针对洗衣机发明专利进行抽取，并在此基础上进行初步的系统设计和实验验证。

谷俊①分析了现有专利本体构建的现状，提出了一套完整的从专利文本中抽取专利信息、分类关系抽取、非分类关系抽取的方案，并进行了细致的论证，在整个研究中采用了诸如蚁群聚类、k-means 聚类、关联规则挖掘、CRFs 机器学习算法等技术，具有不错的参考价值，并且研究设计了面向冶金领域的专利本体构建原型。

许鑫等②构建了一套包括语义检索、趋势分析、相似专利检测、重要专利检测在内的专利语义检索与分析系统，初步实现领域本体的专利语义检索与挖掘，并进行了系统实验论证。

李军锋③采用关联分析方法从新能源汽车领域汉语专利文献中获取领域术语的上下位关系，并以此为基础构建了领域专利本体，将其应用到专利知识平台的设计和实现中。

曾镇④着重研究了新能源汽车领域专利术语的抽取以及上下位关系、同位关系的抽取，并进行了有效性验证。

二　专利本体构建及应用研究述评

总结现有的关于汉语领域专利本体构建及应用的研究可以发现以下规律和趋势：

1. 从专利的外在或结构特征如专利号、申请人、申请日期等的探讨向专利内在或内容特征，如题名、摘要组成的文本信息中的术语以及术语间关系的探索转移，相关研究趋于深入；

① 谷俊：《汉语专利本体半自动构建系统设计》，《图书情报工作》2013 年第 57 卷第 3 期。
② 许鑫、谷俊、袁丰平等：《面向专利本体的语义检索分析系统的设计与实现》，《图书情报工作》2014 年第 58 卷第 9 期。
③ 李军锋：《专利领域本体学习方法研究》，博士学位论文，北京信息科技大学，2015 年，第 5—70 页。
④ 曾镇：《专利本体中术语及术语间关系抽取研究》，博士学位论文，北京信息科技大学，2015 年，第 13—39 页。

2. 基于本体的专利检索系统、专利分析系统等方面的设计研究，从逻辑模型向实际可使用的系统转变，近期出现少量的初步成果；

3. 聚焦于专利文本中术语的关系研究，从大量依赖如 IPC、HowNet 等外部知识源转为采用如聚类算法、句法分析等机器学习的方法，大部分术语关系的研究更关注专利术语上下位关系，即层次关系的研究，极少关注专利术语之间丰富的非层次关系。

针对现有研究的问题和不足，本书从以下三个方面出发：首先，尝试深入专利文本的内容部分，着重关注专利文本中所蕴藏的丰富专利知识，因此术语的抽取以及术语间的丰富语义关系的识别成为本书研究的重点；其次，尝试设计从术语抽取到术语层次关系识别、术语非层次关系识别以及识别应用的一整套专利知识库构建、应用方案，本书研究朝向的终极目标就是能够实现面向产业化、规模化的专利知识服务系统，现有研究是其中的基础性工作；最后，方法上尽可能在保证有效性、准确性的前提下，降低人工干预的部分，实现自动化或者半自动化的技术路径，这也是规模化知识库构建任务的应有之意。

第二节　面向汉语文本的术语抽取技术

领域专利文本的术语抽取属于信息抽取的范畴。信息抽取通常指从非结构化文本中选择信息并创建一个结构化的表示形式。它不仅能帮助人们方便地找到所需的信息，而且信息的内容经过合理的分析和组织后，人们可以快速有效地获取感兴趣的信息，并可在此基础上进行数据挖掘、创建领域本体等工作。而术语属于信息，其抽取方法类似。下面将从信息抽取方法、术语抽取现状术语抽取方法述评以及连续符号串的语义识别等四方面对术语抽取技术进行概述。

一 信息抽取概况

信息抽取的概念有多种描述方式，李保利等[①]提到信息抽取的主要功能是从文本中抽取特定的事实信息。信息抽取包括两个主要任务：一是抽取出特定的信息，二是将其以统一标准的格式存储。因此，信息抽取可综合描述为：是一种利用计算机技术在大量结构内容各异的文档中查找所需信息，并以结构化形式存储以实现有效的数据查询与管理的技术[②]。

信息抽取的研究最早开始于 20 世纪 60 年代中期，以两个长期的、研究性的自然语言处理项目即纽约大学的字符串语言项目和耶鲁大学关于语言理解的研究为代表[③]。直到 20 世纪 80 年代，多个国际会议开始重视信息抽取技术，这项技术逐渐发展起来。例如，消息理解会议（Message Understanding Conference，MUC），自动内容抽取评测会议（Automatic Content Extraction，ACE），多语言实体任务会议（Multilingual Entity Task Evaluation，MET），其中 MUC 与 MET 均由美国国防高级研究计划委员会发起，MUC 的主要任务是建立信息抽取系统的评价指标体系。

汉语信息抽取的研究起步较晚，主要集中在汉语命名实体识别方面，较少实现汉语信息抽取系统。台湾大学和新加坡科特岗数字实验室（Lent Ridge Digital Labs）参加了 MUC -7 汉语命名实体识别任务的测评，其研究成果取得了与英文命名实体识别系统相近的性能。Intel 中国研究中心的 Zhang Yimin 等在 ACL -2000（The 38th Annual Meeting of the Association for Computational Linguistics）上演示了他们研发的信息抽取系统，该系统的主要功能为识别汉语命名实体以及这些实体之间的关系，它主要基于

---

① 李保利、陈玉忠、俞士汶：《信息抽取研究综述》，《计算机工程与应用》2003 年第 39 卷第 10 期。

② 胡昌平：《信息资源管理研究进展》，武汉大学出版社 2010 年版，第 500—510 页。

③ Gaizauskas R. and Wilks Y. ，"Information extraction：beyond document retrieval"，*Journal of Documentation*，Vol. 54，No. 2，1998.

记忆的学习算法获取规则、抽取命名实体以及处理它们之间的关系①。

二 信息抽取方法比较

早期术语抽取大多是基于语言学知识，随着统计自然语言处理技术的快速发展，该领域逐步引入了一种或多种统计策略。后来随着隐马尔科夫模型（Hidden Markov Model，HMM）、条件随机场（Conditional Random Fields，CRFs）等机器学习算法在词性标注、命名实体识别等领域的使用，与机器学习相结合的方法也被引入术语抽取研究中。术语抽取方法有多种分类，其中被广泛接受的一种是根据抽取原理来划分：基于规则的抽取方法，基于统计的抽取方法以及多策略混合的抽取方法。

基于规则的术语抽取方法通常被认为是基于语言学的抽取方法，因为它依赖一定的语法规则或者模板通过匹配来识别，是自动术语抽取研究中最早采用的一种方法。早在 1994 年 Jacqueming 研究的 FASTER 系统首先从已知的术语库中归纳出术语构成规则，并结合 73 条扩展操作规则，从法语医药领域语料中进行术语抽取。该系统的缺点是对术语库的规模依赖很大，假设术语库减半，那么抽取出的新术语数也会大幅度下降。而后相应的研究逐渐增多，但大多集中在 20 世纪末。比较有代表性的还有 1994 年 Dagan & Church 推出的 Termight 系统②，它主要用于搜索专业术语的翻译，在商务辅助翻译系统中得到了实际应用。Lauriston 研发的 TERMINO 系统用于提供术语抽取服务，它由若干 TE 组件组成，共含 3 个子系统：预处理系统（用于切分词语和识别名字）、词性句法分析系统与记录系统。其中词性句法分析系统是其核心，它又包含了 3 个模块：词形分析器、句法分析器、Synapsy 检测器。Synapsy 的理念为名词短语由多个连续词汇构成的核心成分组成，这个成分是否为术语需要专家来判定。这个系统能识别出 70%—74%

---

① 程显毅、朱倩、王进：《汉语信息抽取原理及应用》，科学出版社 2010 年版，第 12—15 页。

② 周浪：《汉语术语抽取若干问题研究》，博士学位论文，南京理工大学，2010 年，第 5 页。

的复杂术语。1996 年 Bourigault 提出了一个针对法语术语抽取系统 Lexter。它的主要功能是能从文本中识别出最长名词短语作为术语候选项。它包括词形分析和消歧模块、边界划分模块：用局部句法分析器识别非术语成分的词，以此作为边界将文本拆分为最长名词短语集；分裂模块：将名词拆分为两部分——中心词和修饰语；构造模块：构造候选术语网络。该系统健壮性较好，具有领域独立性，但抽取出的结果会有大量的噪声数据。

随着计算机语言学的发展，统计学逐步应用于术语抽取。基于统计的术语抽取方法主要借助概率统计理论来提高推理的准确性。这类方法较多地利用文本的语义信息和自然语言处理技巧，较少人工干预，具有更强的适应性和移植性。机器学习方法建立在统计学的基础上，因此也属于统计学方法。目前，越来越多的研究将机器学习引入信息抽取领域，使用 HMM 和 CRFs 等统计模型。

HMM 是在马尔科夫链的基础上发展而来的，也可表述为一种双层马尔科夫链，其观察序列是从状态集合中选择的具有最大可能性（最大概率）的状态序列，它提供了一种基于训练数据的概率自动构造识别系统的技术。该模型不需要大规模的词典集与规则集，适应性好，抽取精度高，常被用于解决评价问题、解码问题以及学习问题等，如语音识别、人脸识别以及轨迹识别。但它作为生成模型也有一些不足之处，如 HMM 独立性假设认为当前观察值仅与当前状态相关，忽略了与其他状态的相关性；此外，它仅以生成状态和当前状态值决定特征，不易融合各种特征和长距离依赖。

CRFs 是一种典型的序列标注判定模型，它在给定观察序列的条件下，计算整个观察序列状态标记的联合条件概率分布。它有以下特点：首先它是无向图模型，通过求整个标记序列的联合概率，在整个序列范围内归一化，有较合理的数据理论基础；其次它能够在同一模型中无限制集成不同特征，特别是可加入远距离约束来揭示语言特征。正因为这些特点，CRFs 常被用来解决序列标注或对象分类问题，可用于汉语图书主题自动标引、微博的观点语句的识别、科技文献术语自动抽取等领域。

例如，2013 年王昊等[①]引入 CRFs 机器学习算法，建立了面向汉语图书的最佳关键词标引模型。2013 年周俊贤[②]用 CRFs 基于词粒度进行引文标注取得较好效果。2016 年丁晟春等[③]利用 CRFs 模型抽取汉语微博评价对象，验证了 CRFs 能有效提高评价对象抽取准确率。2015 年郝志峰等[④]利用 CRFs 的改进算法——增加全局节点，更有效地识别微博中的情感对象。2014 年蒋黎明等[⑤]利用 CRFs 分析了新浪微博情感倾向性取得较好结果。2013 年张杰[⑥]用 CRFs 识别汉语介词取得了较好的效果。2014 年翟东海等[⑦]利用 CRFs 模型识别敏感性话题。Grego 等[⑧]在化学专利实体抽取中对比了 CRFs 与词典抽取方法，证实了 CRFs 识别效果更好。Yan 等[⑨]分别用专业人员标引的训练集和收集到的与化学相关的词典来标引训练集，用 CRFs 模型进行训练，结果表明不依赖任何领域知识的词典不比专业人员标引的训练集差，甚至还比它好。该办法很好地解决了人工标引费时费力的问题，但是因为其词典的全面性以及准确性对结果影响较大，有待进一步完善和改进。以上论文均说明了 CRFs 模型用于术语抽取的可行性和有效性。

---

①　王昊、邹杰利、邓三鸿：《面向中文图书的自动标引模型构建及实验分析》，《现代图书情报技术》2013 年第 29 卷第 7 期。

②　周俊贤：《基于 CRFs 模型的引文标注技术研究与实现》，博士学位论文，东北大学，2013 年，第 1—50 页。

③　丁晟春、吴婧婵媛、李霄：《基于 CRFs 和领域本体的汉语微博评价对象抽取研究》，《汉语信息学报》2016 年第 30 卷第 4 期。

④　郝志峰、杜慎芝、蔡瑞初等：《基于全局变量 CRFs 模型的微博情感对象识别方法》，《汉语信息学报》2015 年第 29 卷第 4 期。

⑤　蒋黎明、司亚彪：《基于条件随机场的新浪微博情感倾向性研究》，《网络安全技术与应用》2014 年第 10 期。

⑥　张杰：《基于多层 CRFs 的汉语介词短语识别研究》，博士学位论文，大连理工大学，2013 年，第 16 页。

⑦　翟东海、聂洪玉、崔静静等：《基于 CRFs 模型的敏感话题识别研究》，《计算机应用研究》2014 年第 31 卷第 4 期。

⑧　Grego T., Pȩzik P., Couto F. M. et al., "Identification of Chemical Entities in Patent Documents", *International Work-Conference on Artificial Neural Networks Springer-Verlag*, 2009.

⑨　Yan S., Spangler W. S. and Chen Y., "Chemical name extraction based on automatic training data generation and rich feature set", *IEEE/ACM Transactions on Computational Biology & Bioinformatics*, Vol. 10, No. 5, 2013.

　　由于以上两种方法均只考虑文档的某一个方面，如词典信息，这使得对某些类型的文档进行操作时会产生不适用或者抽取效果不佳的情况。此时，研究人员尝试将多种方法结合使用，取长补短，形成了多策略融合方法。其中的一种经典方法是 C-value 方法①，它以词语的 C-value 值来度量候选术语是否为真实术语，该方法考虑了术语的长度以及嵌套情况，对多次术语和嵌套术语的抽取较为有效。后来很多人对其进行了改进，出现了多类别 C-value 方法②③④。除此之外，还有将多种算法结合的方法，如 2016 年韩彦昭等人⑤用 CRFs 结合其他算法识别了微博的新词词性，能较好地标注未登录词，词性准确率达到 95% 以上。吴冲冲⑥用 CRFs 与支持向量机结合，用于汉语微博情感分类，取得较好效果。2011 年赵延平等⑦将 CRFs 与领域规则结合使用，较为有效地识别了业务名称。2011 年马瑞民等⑧将 CRFs 结合多种识别策略识别了生物医学的命名实体，有较好的识别性能。

三　汉语专利术语抽取研究进展及述评

　　由于汉语专利文献缺少技术关键词⑨使得专利术语较难抽取，目前面向汉语专利文献的知识挖掘中术语抽取的相关研究相对较少，主要集中

　　①　周绍钧、吕学强、李卓等：《基于多策略融合的专利术语自动抽取》，《计算机应用与软件》2015 年第 2 期。

　　②　李超、王会珍、朱慕华等：《基于领域类别信息 C-value 的多词串自动抽取》，《汉语信息学报》2010 年第 24 卷第 1 期。

　　③　胡阿沛、张静、刘俊丽：《基于改进 C-value 方法的中文术语抽取》，《现代图书情报技术》2013 年第 2 期。

　　④　熊李艳、谭龙、钟茂生：《基于有效词频的改进 C-value 自动术语抽取方法》，《现代图书情报技术》2013 年第 29 卷第 9 期。

　　⑤　韩彦昭、乔亚男、范亚平等：《基于条件随机场模型和文本纠错的微博新词词性识别研究》，《南京大学学报（自然科学）》2016 年第 52 卷第 2 期。

　　⑥　吴冲冲：《基于集成学习的中文微博情感分类方法》，《科技传播》2014 年第 16 期。

　　⑦　赵延平、曹存根、谢丽聪：《基于 CRFs 和领域规则的业务名称识别》，《计算机工程》2011 年第 37 卷第 11 期。

　　⑧　马瑞民、马民艳：《基于 CRFs 的多策略生物医学命名实体识别》，《齐齐哈尔大学学报（自然科学版）》2011 年第 27 卷第 1 期。

　　⑨　屈鹏、王惠临：《面向信息分析的专利术语抽取研究》，《图书情报工作》2013 年第 57 卷第 1 期。

在两个方向：一是利用统计学的方法和语言学的方法抽取术语。2016 年曾镇等[①]提出了一种自动生成过滤词典并结合词汇密集度等影响因子的术语抽取方法，但该方法较难最大限度地准确抽取无明显统计规律的低频候选长术语。2014 年曾文[②]提出了一种基于专利术语语言特点并结合使用统计计算方法的专利文献术语抽取识别方法，但是该方法在数据质量和术语抽取的准确度方面受数据集影响较大，通用性不强，若文本变动，其准确性可能大幅度降低。2013 年徐川等[③]提出了采用字符串之间的结合强度融合词性过滤抽取术语的方法，但是该方法缺少语义分析以及过滤标准的变动，存在较多的误识别。Girju 等[④]用 Hearst 模式获取术语间的因果关系，虽然抽取的准确率较高，但是由人工制定的抽取模板比较费时费力。Maedche 等[⑤]利用关联规则进行术语间关系的抽取，该方法能提取关系较近的两个术语，但是无法获取关系的具体名称。2010 年韩红旗等[⑥]通过改进 C-value 方法，提出了专利术语抽取的流程模型，证实了在长术语的抽取和抽取精度上比 C-value 方法更具有优势，但是其计算时间较长。二是用机器学习的方法来抽取。2012 年谷俊[⑦]介绍了一种汉语专利文本识别新技术术语的方法，首先抽取文档词源，然后选出热点词源，再通过词间距测算对热点词元按顺序进行组配，经过权重计算和阈值筛选得到术语集，最后由专家人工判定识别有效的新技术术语。虽然该方法在该数据集有效，但是它选择的实验数据规模较小，且文本有一定的

---

① 曾镇、吕学强、李卓等：《一种面向专利摘要的领域术语抽取方法》，《计算机应用与软件》2016 年第 33 卷第 3 期。

② 曾文：《面向电动汽车领域的专利文献加工和术语抽取方法研究》，《中国科技资源导刊》2014 年第 5 期。

③ 徐川、施水才、房祥等：《中文专利文献术语抽取》，《计算机工程与设计》2013 年第 34 卷第 6 期。

④ Girju R. and Moldovan D. I. , "Text Mining for Causal Relations", Fifteenth International Florida Artificial Intelligence Research Society Conference AAAI Press, 2002.

⑤ Maedche A. and Staab S. , "Discovering Conceptual Relations from Text", *In Proceedings of ECAI - 2000*, Vol. 8, No. 3, 2000.

⑥ 韩红旗、朱东华、汪雪锋等：《专利技术术语的抽取方法》，《情报学报》2011 年第 30 卷第 12 期。

⑦ 谷俊、严明：《基于中文专利的新技术术语识别研究》，《竞争情报》2012 年第 2 期。

特征，针对性较强，以至于通用性较差。后来该作者又提出了句子抽取规则结合 CRFs 抽取术语的方法①，但是因为其匹配规则有限，并且实验的语言均为规则匹配后的文本，使得准确率不高。2014 年刘辉等②通过人工标注训练语料，并采用 CRFs 对标注后的数据进行训练和测试，实现了通信领域专利术语的抽取，该文验证了基于字标注的方法优于基于词标注的方法。由于人工标注费时费力，故该文的实验数据只有 1000 篇，若证实了基于字标注的方法更优的前提下，再对更大规模的数据进行术语抽取则较难实施。

四　连续符号串的语义识别的研究现状

符号串是经常出现的一种文本表达。本书中的连续符号串是指除去汉字和用于断句的标点符号以外的所有符号集合。专利文献由于其特性通常含有大量连续符号串，虽然其中大部分具有明确的语义，但实际上仍存在相当一部分无意义的符号串对术语的自动识别产生负面影响。专利文献中连续符号串的研究具有以下特点：①符号串的组成形式较为复杂，难以用简单的方式描述符号串的构成：连续符号串可能包含数字、字母、标点、特殊符号等，还存在全角符号、半角符号混用的情况。②相同组成形式的符号串在不同的语境中语义不同，为研究中的语义理解带来困难：如"其倾角 α、β、γ 分别满足 $1° \leq \alpha \leq 10°$，$\alpha \leq \beta \leq 15°$，$0 \leq \gamma \leq 3°$"一句中的"$\alpha$""$\beta$""$\gamma$"是特殊的数学符号，在一般情况下视作有语义的符号，但此处为无意义的代称。③针对符号串语义的研究较少，且在专利文本字符串识别领域还远没有形成成熟的标准语料库，甚至缺少机器识别所必需的大规模人工标注语料，因此研究者很难获得足够的高质量学习样本。④同样地，由于相关研究较少，在确定相关研究方法时也缺乏可以借鉴的成熟算法，需要进行开创性的尝试工作。以上这些特点使得专利文献中连续符号串的语义识别成为难题，但如何去

---

① 谷俊、许鑫：《中文专利中本体关系获取研究》，《现代图书情报技术》2013 年第 29 卷第 10 期。

② 刘辉、刘耀：《基于条件随机场的专利术语抽取》，《数字图书馆论坛》2014 年第 12 期。

解决这些问题还可以借鉴一些其他领域符号串的语义识别研究成果。

目前有关符号串语义识别的研究主要采用聚类分析方法。该方法的具体流程为：首先筛选出待分类对象所具有的相对稳定的性状（如形态学、解剖学、生理学等方面）[1]，将其作为分类特征，其次测定特征值并形成相应的特征矩阵[2]，最终选择合适的方法对矩阵进行聚类从而完成待分类对象之间的划分。这种方法可应用于动植物分类[3][4][5][6]、微生物分类[7]、气候分类[8]等方面，在不同领域的对象分类问题中均取得了较为理想的效果。此外，也有部分研究将聚类分析法与主成分分析法结合，即在聚类完成后提取出每个类别中相互独立且对性状影响最大的指标[9]，这些指标可以反映待分类对象的大部分特性，尤其在判断对象的性状以及其变化趋向方面十分有效[10]。需要指出的是，该领域相关研究中提到的模式识别技术（姜武[11]在山茶属植物分类研究中使用的方法）主要仍指聚类分析与主成分分析，与主流方法相同。

该领域其他研究大多采用机器学习方法，虽然数量较少，但它们在

---

① 罗礼溥、郭宪国：《云南医学革螨数值分类研究》，《热带医学杂志》2007 年第 50 卷第 1 期。

② 曾静、窦岳坦、杨苏声：《新疆地区盐湖的中度嗜盐菌的数值分类》，《微生物学通报》2002 年第 29 卷第 3 期。

③ 刘勇、孙中海、刘德春等：《部分柚类品种数值分类研究》，《果树学报》2006 年第 23 卷第 1 期。

④ 刘晓云、陈文新：《三叶草、猪屎豆和含羞草植物根瘤菌 16SrDNAPCR-RFLP 分析和数值分类研究》，《中国农业大学学报》2003 年第 8 卷第 3 期。

⑤ 刘杰、陈文新：《我国中东部地区紫穗槐、紫荆、紫藤根瘤菌的数值分类及 16SrDNAPCR—RFLP 研究》，《中国农业科学》2003 年第 36 卷第 1 期。

⑥ 孙家梅：《白蛉的数值分类和基于 DNA 条形码的分子系统学研究》，博士学位论文，暨南大学，2010 年，第 1—55 页。

⑦ 陈晓琴、陈强、张世熔等：《流沙河流域土壤自生固氮菌数值分类及 BOX-PCR 研究》，《农业环境科学学报》2006 年第 S2 期。

⑧ 么枕生：《用于数值分类的聚类分析》，《海洋湖沼通报》1994 年第 2 期。

⑨ 肖小河、方清茂：《药用鼠尾草属数值分类与丹参药材道地性》，《植物资源与环境学报》1997 年第 2 期。

⑩ 罗俊、王清丽、张华等：《不同甘蔗基因型光合特性的数值分类》，《应用与环境生物学报》2007 年第 13 卷第 4 期。

⑪ 姜武：《模式识别技术（Pattern recognition techniques）在山茶属植物数值分类学和叶绿素含量预测中的应用研究》，博士学位论文，浙江师范大学，2013 年，第 1—73 页。

涉及符号串识别、逗号编码、斜体字符的检测与纠正等方面提供了良好的研究方案或改进措施。李宏乔等[①]使用改进的逻辑回归（Logistic Regression，LR）分析法识别无歧义的符号，而在识别有歧义的符号时则采用层次聚类，将语境距离最短的向量所在类别作为该符号的类别。赵欣欣[②]研究了混合文本中逗号编码替换的检测与还原算法，使用支持向量机对特征向量分类从而区分出正常文本和隐藏文本。金花等[③]检测农业文献中字符的形态特征，依此判断出单词是否为斜体。

综上所述，目前相关领域的研究大多聚焦于仅由数字和英文字母组成的非中文文本，暂未涉及更为复杂的数字、英文字母、特殊符号、标点符号、汉字混合的汉语文本（尤其是专业度较高的专利文献）中符号串的语义判别；并且它们的应用范围较窄，可移植性不强，有很大的局限性。然而本书所关注的连续符号串具有较为复杂的组成形式，研究时需要根据符号串的自身特征以及上下文语境来确定其类别（有/无意义），因此连续符号串的语义识别实质上可以看作序列标注问题。考虑到 CRFs 能充分利用上下文语境和在英文名词短语识别、中文术语抽取、中文分词、中文命名实体识别等领域均取得了较好的效果的优点，本书创造性地采用 CRFs 算法来判别钢铁冶金领域的专利文献中的字符串是否具有语义。

第三节　术语层次关系识别研究现状

术语层次关系研究在本体学习任务中处在第四层，也是目前本体研

---

①　李宏乔、樊孝忠：《汉语文本中特殊符号串的自动识别技术》，《计算机工程》2004 年第 30 卷第 12 期。

②　赵欣欣：《基于字符编码的文本隐藏算法及其攻击方法研究》，博士学位论文，中国科学技术大学，2009 年，第 1—52 页。

③　金花、朱亚涛、靳志强：《农业文献知识获取中斜体字符识别技术的应用研究》，《河北农业大学学报》2015 年第 38 卷第 6 期。

究中相对较多的部分。从国内外的文献来看①，概念关系的抽取与术语关系的抽取一般不作严格的区分，因为术语是概念的外化形式，术语关系可以反映概念间的关系，领域术语进行相应的筛选和处理后即可看作领域概念。在外文相关文献中，层次关系大多被称为分类关系②（Taxonomic Relations）。层次关系的研究任务就是识别所抽取出来的概念、术语、命名实体等知识单元之间的上下位关系③④，并使用本体生成工具将其系统化地组织起来，即可形成只含有层次结构的领域本体⑤⑥。

一 术语层次关系识别研究方法路径

目前国内外学者对术语层次关系的研究主要采用三种方法路径：基于模式匹配的方法；基于词典、知识库的方法；基于统计、聚类的方法。这三种方法是各类研究的基础，大部分的研究将这几种方法融合使用。

（一）基于模式匹配的方法

术语层次关系最早的研究工作是 Hearst 在 1992 年完成的，Hearst 创立了著名的基于规则模板抽取分类关系的 Hearst 模式⑦，该模式之后被广泛沿用，它定义了一些句法模板，如 A such as/include B，C…，则 B 和 C 是 A 的下位词。其主要原理是通过分析领域文本，人工制定适应该领域的规则模板，然后将候选序列与模板进行模式匹配，若匹配则抽取出相应的关系。

---

① 李卫:《领域知识的获取》，博士学位论文，北京邮电大学，2008 年，第 14—28 页。

② Punuru J. R. , *Knowledge-based methods for automatic extraction of domain-specific ontologies*, Baton Rouge: Louisiana State University and Agricultural & Mechanical College，2007，pp. 1 – 107.

③ 江泳、产文、王金华等:《基于混合核方法的上下位语义抽取》，《计算机应用与软件》2014 年第 31 卷第 4 期。

④ 汤青、吕学强、李卓:《本体概念间上下位关系抽取研究》，《微电子学与计算机》2014 年第 31 卷第 6 期。

⑤ Gruber T. R. ,"A translation approach to portable ontology specifications", *Knowledge Acquisition*, Vol. 5, No. 2, 1993.

⑥ Rios-Alvarado A. B. , Lopez-Arevalo I. and Sosa-Sosa V. J. ,"Learning concept hierarchies from textual resources for ontologies construction", *Expert Systems with Applications*, Vol. 40, No. 15, 2013.

⑦ Hearst M. A. ,"Automatic acquisition of hyponyms from large text corpora", *Conference on Computational Linguistics*, 1992.

　　Iwanska 等①在 1999 年采用与 Hearst 类似的方法，加入一条含有"like"的动词模板，但是发现抽取出来的关系含有很多错误的上下位关系，原因在于"like"本身有"像"和"喜欢"等不同含义。因此 Iwans-ka 又制定了一些启发式的约束条件去降低错误率，该方法以《时代》杂志中的文本作为测试语料。

　　接下来 Morin 等②同样基于 Hearst 模式提出了进一步改进的方法。该方法可以在现有的已经抽取的分类关系基础上抽取新的分类关系。该方法融合使用了多种关系抽取的工具：基于单词汇关系的 Promothee 系统，基于多词汇关系的 ACABIT③ 工具以及候选术语识别工具 FASTR④。该方法可以在单词汇术语关系识别的基础上，识别多词汇术语关系。例如，识别水果—苹果之间是上下位关系，那么水果汁和苹果汁之间同样是上下位关系。

　　目前基于模式匹配的方法多有融合改进，如将句法分析和规则模板相结合⑤。汤青等⑥以"是一个"语言规则模板对简单句中的上下位关系进行抽取，并在此模板基础上通过句法依存分析抽取复杂句中的上下位关系。

　　张新⑦也将模式匹配与句法依存分析相结合，方法的大体步骤为：首先将句子进行依存分析，根据依存树结构将语料分类，然后利用迭代的过程处理依存分析三元组，对每一类构建模式，最后人工判断模式对应

---

　　① Iwanska L., Mata N. and Kruger K., "Fully Automatic Acquisition of Taxonomic Knowledge from Large Corpora of Texts: Limited Syntax Knowledge Representation System Based on Natural Language", *International Symposium on Methodologies for Intelligent Systems*, 1999.

　　② Morin E. and Jacquemin C., "Automatic Acquisition and Expansion of Hypernym Links", *Computers & the Humanities*, Vol. 38, No. 4, 2004.

　　③ Daille B., "Conceptual structuring through term variations", *Acquisition and Treatment*, 2003.

　　④ Jacquemin C., "A symbolic and surgical acquisition of terms through variation", *Computer Science*, Vol. 1040, 1996.

　　⑤ Lee C. M., Huang C. K., Tang K. M. et al., "Iterative machine-learning Chinese term extraction", *The Outreach of Digital Libraries: A Globalized Resource Network*, 2012.

　　⑥ 汤青、吕学强、李卓：《本体概念间上下位关系抽取研究》，《微电子学与计算机》2014年第 31 年第 6 期。

　　⑦ 张新：《基于中文科技论文的本体交互式构建方法研究》，博士学位论文，大连理工大学，2006 年，第 16—62 页。

于本体中的哪一类关系。在分类过程中，张新认为一句话中两个术语之间的文字最有可能涵盖了术语间的关系，如："微软开发了 Windows"，但事实上，在很多句子中标志术语关系的词语可能会放在两个术语之后，如："Windows 是微软开发的"。

陈珂①则将模式匹配与统计学习相结合，其大概过程是：首先计算每个术语的细化度，统计每个术语和其共现词的相似度，然后对于相似度高的术语分别用 3 种关系模式生成 google 查询，若符合上下位关系或者同义词关系则直接加入本体结构，否则根据相似度和细化度将术语加入本体结构。

基于规则模板的方法所抽取的关系只存在于事先规定的模式中，从结果来看，该方法所抽取的关系相对于大规模的语料是非常少的。该方法具有较好的准确度，因为所设定的模式基本上可以准确反映对应文本的语法规则，但是因为无法覆盖语料中所有的语言规则，造成稀疏性问题，召回率较低②。进一步说，该方法是移植到其他领域的能力弱，因为不同的领域往往具有不同的语法模式，更主要的是，采用人工方式为某一特定领域制定完善的语言规则模板成本非常高。

（二）基于词典、知识库的方法

WordNet 作为著名的英文语义词典，在术语关系研究中被广泛使用，因为其包含了丰富和规范的通用概念以及概念之间的关系。

Kapasi③ 在其博士论文中详细介绍了 WordNet 中包含的 9 种概念间关系，其目的是将 WordNet 中的语义信息抽取出来，将之转换为可以理解的知识库。

Lee 等④使用 WordNet 测试和生成概念之间的层次关系，主要针对数据库中未标签的数据，首先通过 WordNet 词典消除这些数据在情景中的

---

① 陈珂：《构造领域本体概念关系的自动抽取》，博士学位论文，上海交通大学，2008 年，第 30—51 页。

② Akiba T. and Sakai T., *Japanese Hyponymy Extraction Based on a Term Similarity Graph*, Tokyo：Technical Report, 2011, p. 104.

③ Kapasi, *Transformation of WordNet into a knowledge base*, *Doctoral dissertation*, The University of Texas at Dallas, 2006, pp. 30 – 51.

④ Lee S., Huh S. Y. and Mcniel R. D., "Automatic generation of concept hierarchies using Word-Net", *Expert Systems with Applications*, Vol. 35, No. 3, 2008.

歧义，然后通过覆盖现有情景来构建层次关系，最后将已经建成的层次关系依据使用者的偏好不断进行调整和适应。该工作的目的在于降低构建概念层次关系的成本，减少人工干预。

涂鼎等[①]在对商品评论数据的概念分类中使用 WordNet 提取概念之间的语义关系，计算概念词之间的语义距离，对概念进行多路层次聚类，生成最终概念分类。

在汉语领域，HowNet（知网）则同样被广泛使用。唐一之[②]提出了一种基于 HowNet 的领域概念抽取和关系分析系统模型，该模型利用知网语义关系相关性从文本中生成领域语义词典，结合 TF-IDF 算法建立词—文档矩阵，并利用语义相似度进行聚类。贾文娟等[③]沿用了唐一之的方法，将之应用到本体学习之中。目前，HowNet 已被广泛使用，成为水稻[④]、水环境[⑤]、交通[⑥]等领域的本体自动或半自动化构建的辅助工具。

随着互联网的深入发展，一些新的语义知识库开始被大量使用，如Wikipedia[⑦⑧]。Do Q.[⑨] 指出了 WordNet 应对现今大规模领域文本本体学习任务的不足，一方面 WordNet 中所包含的术语相对于所有的英文词汇来

---

① 涂鼎、陈岭、陈根才等：《基于多路层次聚类的商品评论数据概念分类构建》，《计算机研究与发展》2013 年第 50 卷第 S2 期。

② 唐一之：《基于知网的领域概念抽取与关系分析研究》，《湘潭大学学报》（自然科学版）2009 年第 31 卷第 1 期。

③ 贾文娟、何丰：《基于 HowNet 的中文本体学习方法研究》，《计算机技术与发展》2011 年第 21 卷第 6 期。

④ 李嘉锐：《本体知识库构建研究——以水稻领域为例》，博士学位论文，中国农业科学院，2015 年，第 19—55 页。

⑤ 冯晓宜：《面向非结构化文本的水环境本体自动构建》，博士学位论文，华中科技大学，2014 年，第 31—43 页。

⑥ 马朋云：《本体公理推理及其在交通领域中的应用》，博士学位论文，大连交通大学，2010 年，第 17—50 页。

⑦ Ahmed K. B. S. , Toumouh A. and Malki M. , "Effective ontology learning: concepts' hierarchy building using plain text Wikipedia ", *Effective Ontology Learning*: *Concepts' Hierarchy Building using Plain Text Wikipedia*, 2012.

⑧ Ponzetto S. P. and Strube M. , "Deriving a large scale taxonomy from Wikipedia", *National Conference on Artificial Intelligence AAAI Press*, 2007.

⑨ Do Q. , *Background knowledge in learning-based relation extraction*, Doctoral dissertation, University of Illinois, 2012, pp. 21 – 48.

说是很少的一部分；另一方面 WordNet 大多是单词术语，而文本中组合概念/组合术语则占据了主要的部分。因此，该文使用 Wikipedia 作为关系抽取的知识背景，Wikipedia 的优势在于允许用户自己添加知识，形成一种社会化的知识组织方式，这使得 Wikipedia 的体积和适应性远远高于 WordNet，并且 Wikipedia 还处于不断成长中。同样，在汉语领域百度百科、互动百科也越来越被广泛使用于词语上下位抽取①、人名消歧②、概念知识库构建③。

从现有的研究来看，在术语层次关系识别中，各类型的词典、知识库大多作为领域术语抽取以及关系识别的辅助工具，因为这些词典、知识库给出了数量众多的概念以及丰富的关于概念的定义、解释以及它们之间的语义关系的知识。该方法的实质是通过将短术语扩展到长而准确的定义来增加术语的属性描述，从而更好地揭示术语的特征，提高术语关系识别率。但是就某特定领域的术语关系识别来说，借助词典、知识库的方法依然是有限的，现有的词典、知识库大多是面向通用文本环境的，很难深入某些特定领域，如钢铁冶金领域。因此，在缺乏大规模、规范化词典、知识库的情况下，进行领域术语关系的识别研究，成了构建该领域完整、可应用本体的关键。

（三）基于统计、聚类的方法

相较于基于模式匹配和知识库辅助的方法，基于统计学习和术语聚类的技术具有领域独立、较少依赖人工等良好特性，因此这类技术逐渐成为领域术语层次关系识别的主流技术。聚类的方法基本上建立在 Harris 假设上，该假设又称分布假设，最初由 Harris 提出，其具体内容为：如果

---

① 宋文杰：《汉语词汇上下位关系获取及其应用研究》，博士学位论文，南京师范大学，2015 年，第 9—58 页。
② 范庆虎：《基于多资源的同义词和下位词抽取及在人名消歧中的应用》，博士学位论文，郑州大学，2014 年，第 13—58 页。
③ 王龙甫：《基于中文百科的概念知识库构建》，博士学位论文，浙江大学，2015 年，第 14—51 页。

两个术语的上下文语境相似，那么这两个术语也是相似的[1]。Miller 等[2]经过实验验证发现，人们一般通过对术语上下文语境的比较来确定这些术语的语义相似度。

使得该假设得到具体应用的理论是术语共现理论[3]：如果包含术语的 B 文档集合是包含术语 A 的文档集合的一个子集，那么术语 B 是术语 A 的下位类。

基于以上的理论假设，可以引入聚类方法来进行术语层次关系的识别。用于识别术语层次关系的聚类方法是一种探索式的、无指导或者少指导的学习方法，这些聚类方法通过在语料中抽取术语的上下文特征来描述术语，从而计算术语间的相似度，对术语进行聚类得到术语的层次关系。

Shih 等[4]采用一种介于自顶向下和自底向上的之间的 crystallizing 方法来构建术语关系，主要采用迭代聚类法。在聚类的过程中，采用置信度和 TF-IDF 算法计算两个术语之间的紧密程度。该方法较为准确，却不能发掘术语之间的关系类型（标签），无法进行大规模术语关系识别。Gaeta 等[5]也采用聚类方法构建术语关系，采用字符串比较、图分析和语义分析相结合的办法来衡量概念对间的相似度，该方法依然无法获取标签。

Knijff 等[6]利用语法分析器从文本语料中获取术语，并采用归类和层

① Harris Z. S., *Mathematical Structures of Language*, New York: Interscience Publishers, 1968, pp. 1–60.

② Miller G. A. and Charles W., "Contextual Correlates of Semantic Similarity", *Language and Cognitive Processes*, Vol. 6, No. 1, 1991.

③ Sanderson M. and Croft B., "Deriving concept hierarchies from text", *International ACM SIGIR Conference on Research and Development in Information Retrieval*, 1999.

④ Shih C. W., Chen M. Y., Chu H. C. et al., "Enhancement of domain ontology construction using a crystallizing approach", *Expert Systems with Applications*, Vol. 38, No. 6, 2011.

⑤ Gaeta M., Orciuoli F., Paolozzi S. et al., "Ontology Extraction for Knowledge Reuse: The e-Learning Perspective", *IEEE Transactions on Systems Man & Cybernetics Part A Systems & Humans*, Vol. 41, No. 4, 2011.

⑥ Knijff J. D., Frasincar F. and Hogenboom F., "Domain taxonomy learning from text: The subsumption method versus hierarchical clustering", *Data & Knowledge Engineering*, Vol. 83, No. 1, 2013.

次聚类两种方法获得概念的层次关系。Rios-Alvarado 等①针对具体领域利用聚类分析、语言模式以及上下文信息构建了术语的层次关系。

温春等②提出利用度属性来获取层次概念的方法，将概念关系以图的形式表现出来，利用反向剪枝算法得到概念所在层次，最后补充并修剪层次关系，生成完整的概念层次。季培培等③主要采用多重聚类的方式获得获取层次关系，并使用综合术语相似度计算方法提取层次内部的聚类标签。类似地，彭成等④使用退火技术对术语进行聚类，并通过计算术语综合度计算确定层次内部标签。谷俊等⑤提出先采用蚁群聚类的方法进行初始聚类，再通过 k-means 聚类对初始聚类的结果进一步分层聚类，同样结合术语综合相似度计算获取内部标签。朱惠等⑥使用 BIRCH 聚类算法，采用两步聚类的方式，构建了数字图书馆领域术语层次关系。

二 术语层次关系识别研究述评

结合国内外的研究现状，从以下两个方面对现有研究进行述评。

（一）术语在语义空间的表示方式

采用聚类的方法不可避免地需要用到术语的向量空间，即术语在语义空间的表示，并由此构成聚类的矩阵。聚类方法本质上就是将语义相似的术语聚在一起，使得簇中相似度最大，簇间相似度最小。因此如何表示术语显得尤为重要。温春、彭成等采用的是术语—文档矩阵，以术语为对象，以文档为属性；朱惠则使用术语—词汇矩阵，以术语为对象，

① Rios-Alvarado A. B., Lopez-Arevalo I and Sosa-Sosa V. J., "Learning concept hierarchies from textual resources for ontologies construction", *Expert Systems with Applications*, Vol. 40, No. 15, 2013.

② 温春、石昭祥、杨国正：《一种利用度属性获取本体概念层次的方法》，《小型微型计算机系统》2010 年第 31 卷第 2 期。

③ 季培培、鄢小燕、岑咏华等：《面向领域中文文本信息处理的术语语义层次获取研究》，《现代图书情报技术》2010 年第 26 卷第 9 期。

④ 彭成、季培培：《基于确定性退火的中文术语语义层次关联研究》，《计算机应用研究》2011 年第 28 卷第 9 期。

⑤ 谷俊、朱紫阳：《基于聚类算法的本体层次关系获取研究》，《现代图书情报技术》2011 年第 27 卷第 12 期。

⑥ 朱惠、杨建林、王昊：《中文领域专业术语层次关系构建研究》，《现代图书情报技术》2016 年第 32 卷第 1 期。

并进一步将文档以词汇进行替换，以词汇作为属性，这样降低了矩阵的稀疏性。

不同的术语表示方式对结果有重要的影响。Padó 等[①]、Turney 等[②]、Baroni 等[③]近年发表的研究成果获得了大量的引用，它们详细论证了不同的术语语义空间矩阵之间的差异和对结果的影响。另外，有研究表明简单的基于术语在文档中的频率或者逆文档频率的矩阵空间，可能使得术语的语义有效性打折扣，甚至产生错误[④]。例如，下列的术语 A 和术语 B，假设 x、y 分别是术语 A、B 在文档中的 TF-IDF 值，若按照 VSM 中的余弦计算公式计算二者的相似度，结果为 0，显示二者不相关。

$$A \ (0 \ 0 \ 0 \ 0 \ x \ 0 \ 0 \ 0)$$

$$B \ (0 \ 0 \ y \ 0 \ 0 \ 0 \ 0 \ 0)$$

但是从理论上来讲，虽然术语 A 和 B 没有在同一篇文档中共现，但是如果术语 A 和中介术语 C 共现，而术语 B 也和术语 C 共现，则可以推断术语 A 和术语 B 也是存在某种相关性的。近年来，一个非常有效的工具被不断提及，即潜在语义分析（Latent Semantic Analysis，LSA），其采用奇异值分解（Singular Value Decomposition，SVD）技术对术语空间进行降维，获取原术语空间的近似空间，该近似空间包含了术语的主要语义成分，并且使得重要的语义关系凸显出来，次要的语义关系削弱下去，如例子中的术语 A 和术语 B，若在真实的语义空间中的确具有较强的语义关联，就会被凸显出来。Griffiths 等[⑤]、Ding 等[⑥]验证了该方法的有效

---

① Padó S. and Lapata M. , "Dependency-Based Construction of Semantic Space Models", *Computational Linguistics*, Vol. 33, No. 2, 2007.

② Turney P. D. and Pantel P. , "From frequency to meaning: vector space models of semantics", *Journal of Artificial Intelligence Research*, Vol. 37, No. 1, 2010.

③ Baroni M. and Lenci A. , "Distributional Memory: A General Framework for Corpus-Based Semantics", *Computational Linguistics*, Vol. 36, No. 4, 2010.

④ Zhu W. , *Text Clustering and Active Learning Using a LSI Subspace Signature Model and Query Expansion*, Philadelphia: Drexel University, 2009, pp. 13 –54.

⑤ Griffiths T. L. , Steyvers M. and Tenenbaum J. B. , "Topics in semantic representation", *Psychological Review*, Vol. 114, No. 2, 2007.

⑥ Ding and Chris H. Q. , "A probabilistic model for Latent Semantic Indexing: Research Articles", *Journal of the American Society for Information Science & Technology*, Vol. 56, No. 6, 2010.

性，表明该方法符合齐普夫定律，少部分重要性高的维度可以非常好地近似还原全部矩阵空间。

从目前的研究来看，将该方法应用到术语层次关系识别中，并使用该方法构建完整的领域术语层次结构的探讨非常少。Bast 等[1]在其研究中给出了一些启发式的论证，证明以潜在语义分析为基础的方法框架在识别术语的分类关系中是有效的，但是也并未完整搭建某领域术语层次关系结构。因此，在汉语领域术语层次关系识别研究中，对不同类型术语语义表示空间进行论证，并且使用 LSA 进行探索性的研究，构建完整领域术语层次关系结构，非常有价值。

（二）完整构建有标签的领域术语层次关系结构

国内关于领域术语或者学科关键词层次关系识别的研究，大多没有构建完整的领域术语层次关系结构，主要是停留在选择领域部分术语对方法进行论证，并且局部地展示所构建的层次结构[2]。这些方法所采用的退火聚类、蚁群聚类、k-means 算法或者 BRICH 算法，主要用来识别术语之间的上下位关系，即语义的包含与被包含关系，仅仅依赖聚类算法自身无法一次性地完成参与聚类术语的层次关系构建，还需要搭建相应的算法框架辅助完成，并使用例如 Protégé 本体搭建工具存储和展示整个层次结构，因此较为复杂。

能够完整体现术语之间层次关系的算法有层次聚类（Hierarchical Clustering Analysis，HC）[3]，但是 HC 是典型的小规模高精度的聚类算法，无法面对大规模的领域术语集合。同样能够完整生成术语之间层次关系的方法有形式概念分析（Formal Concept Analysis，FCA），该方法用对象和属性间的二元关系来表达领域中的形式背景，从中派生出包括内涵、外延和泛化或例化关系等在内的概念格，其与本体理论中概念层次的定

---

① Bast H., Dupret G., Majumdar D. et al., "Discovering a Term Taxonomy from Term Similarities Using Principal Component Analysis", *Springer Berlin Heidelberg*, 2006.

② 谷俊：《本体构建技术研究及其应用——以专利预警为例》，博士学位论文，南京大学，2012 年，第 11—100 页。

③ Sung S., Chung S. and Mcleod D., "Efficient concept clustering for ontology learning using an event life cycle on the web", *ACM Symposium on Applied Computing*, 2008.

义相吻合，受到广泛关注①②③，但是其主要缺点在于当术语规模较大时，术语之间的关系就会淹没在复杂的概念格海洋中④，且能够获取的有效层次关系非常有限。所以这两种方法都不适用大规模领域术语层次关系识别。因此，研究适用于较大规模术语识别的实用方法及算法框架将成为趋势。

术语层次关系识别的另一个重要的问题是层次结构内部簇之间的标签确定。可以发现，在早期的研究中，层次关系抽取一般都无法为术语之间的关系打上明确的分类标签，这个问题在近期的研究中得到了一定程度的解决。在基于聚类的方法中，有通过计算术语综合语义相似度来确定簇标签的⑤，也有使用术语空间向量的关联系数和判定簇标签的⑥。层次关系中簇标签的确定，不仅要考虑标签的精确度，也要考虑确定标签的计算方法的效率，对于术语规模在万级别的术语识别，内部标签的数量有好几百，需要耗费大量时间。简洁且高效的标签确定方法更加接近构建完整领域术语层次结构的目标。

综上所述，领域术语层次关系识别是领域本体构建的重要环节。从目前国内外的研究来看，该领域主要的研究方法是基于模式匹配的和基于统计学习、聚类算法的方法，基于词典、知识库的方法往往作为各类型方法的辅助工具。目前，各种方法都在不同程度的使用中，也趋向融合，但是基于统计、聚类的机器学习方法越来越占主导地位。针对目前领域文本大量积累以及学科领域快速发展的现状，研究高效、实用的术

---

① Fowler M. ,"The Taxonomy of a Japanese Stroll Garden: An Ontological Investigation Using Formal Concept Analysis", *Axiomathes*, Vol. 23, No. 1, 2013.

② 王昊、朱惠、邓三鸿：《基于形式概念分析的学科术语层次关系构建研究》，《情报学报》2015 年第 34 卷第 6 期。

③ Tovar M. , Pinto D. , Montes A. et al. , *Patterns used to identify relations in corpus using formal concept analysis*, Switzerland: Springer International Publishing, 2015, pp. 236 – 245.

④ 郝嘉树：《基于关键词聚类的本体层次关系构建研究》，博士学位论文，中国科学技术信息研究所，2008 年，第 38—71 页。

⑤ 朱惠、杨建林、王昊：《中文领域专业术语层次关系构建研究》，《现代图书情报技术》2016 年第 32 卷第 1 期。

⑥ 王昊、邓三鸿、苏新宁：《我国图书情报学科知识结构的建立及其演化分析》，《情报学报》2015 年第 23 卷第 2 期。

语关系识别方法，深入挖掘领域知识之间的关系，构建完整的较大规模的领域术语层次结构，显得非常重要。只有构建了完整的、可展示的领域术语层次结构，才能进行有效的应用，并为领域术语非层次关系识别打下基础。

针对现有研究的不足，本书的探索将着重于两个方面：首先是深入性，本书从两个层面不断深入进行术语层次关系识别，在构建层次性知识结构之后，再利用形式概念分析和潜在语义分析，构建术语语义空间，进而对语义空间进行改造，以获取更多隐含的专利知识，作为层次体系结构的补充；其次是规模性，本书所要面对的领域术语规模较大，是采用人工方式无法处理的，因此在保证结果有效性的前提下，充分降低人工的干预，实现领域知识库构建的自动化或者半自动化，是本书研究追求的另一个目标。

第四节　术语非层次关系识别研究现状

术语非层次关系也称为术语非分类关系，在本体学习任务体系中处在第五层。从目前的研究来看，相较于术语抽取以及术语层次关系识别，术语非层次关系识别的研究相对较少且难度较大，是本体学习中最需要攻坚克难的部分之一。在以下综述中，笔者将从非层次关系的内涵与研究意义、非层次关系研究的任务、现有的国内外非层次关系主要研究方法及其述评四个方面进行相关分析和总结。

一　术语非层次关系的内涵与研究意义

在探讨术语非层次关系的内涵之前，首先要解决的问题应当是术语非层次关系的研究意义是什么，即为什么要研究术语之间的非层次关系。回应这个问题，当然可以回到本体学习的研究体系上来：术语非层次关系的研究处在研究体系的第五层，是本体学习重要的一个环节，是承接术语层次关系研究的更高级部分。

但是，从更本质的角度来看，应该回到对非结构化文本中语义关系的理解上来。从文本语义现象来看，文本中存在丰富的概念或者术语之间的层次关系（Is-a），然而存在数量更多的却是层次关系之外的关系①。以医学领域为例②，"白血病"是"肿瘤"的下位词，"化疗"是"治疗"的下位词，二者之间存在层次关系；在更复杂的层面上，仅考察术语"白血病"，其在文本中就与其他术语存在多种关系，与"骨髓移植"之间是"治疗关系"，表达形式为"治疗（白血病，骨髓移植）"，与"贫血"之间存在"症状关系"，表达形式为"症状（白血病，贫血）"，与"骨髓病变"之间存在"因果关系"，表达形式为"起因（白血病，骨髓病变）"。可见，单个术语不仅与某些术语存在上下位的层次关系，而且与更多其他术语之间存在复杂的关系。从这个例子中可以看出，识别领域术语之间的非层次关系，可以更加深入地了解该领域，挖掘该领域的潜在知识。

另外，在术语层次关系的研究中③，往往构建的是术语与术语之间的严格的等次层次关系，一个术语只直接隶属于一个上位术语，自然无法通过这样的方式识别如以上案例中的术语非层次关系。因此，需要采用一些新的方法来识别术语非层次关系④。

Villaverde 等⑤、Mei 等⑥总结了术语非层次关系研究缺乏的情况。依

---

① 于水：《专利术语知识库的建立与应用》，博士学位论文，沈阳航空航天大学，2010 年，第 12—39 页。

② 王昊、苏新宁、朱惠：《中文医学专业术语的层次结构生成研究》，《情报学报》2014 年第 33 卷第 6 期。

③ Emde W. and Wettschereck D. , "Relational Instance-Based Learning", *Proceedings of the Thirteenth International Conference*, 1996.

④ Faure D. and Nedellec C. , "A corpus-based conceptual clustering method for verb frames and ontology", *Proceedings of the Lrec Workshop on*, 1998.

⑤ Villaverde J. , Persson A. , Godoy D. et al. , "Supporting the discovery and labeling of non-taxonomic relationships in ontology learning", *Expert Systems with Applications An International Journal*, Vol. 36, No. 7, 2009.

⑥ Mei K. W. , Abidi S. S. R. and Jonsen I. D. , "A multi-phase correlation search framework for mining non-taxonomic relations from unstructured text", *Knowledge & Information Systems*, Vol. 38, No. 3, 2014.

据 Ding 等①的调查，在著名的语义网搜索引擎 Swoogle② 中检索发现含有非层次关系的领域本体非常少见。术语非层次关系研究的缺乏重点在于领域术语之间非层次关系的多样性和复杂性。因此，对领域术语的非层次关系进行识别显得尤为重要。

那么什么是术语非层次关系，术语非层次关系的内涵是什么？从目前来看，并没有严格的定义，普遍的解释为术语间的非层次关系即为术语间层次关系以外的所有关系。这个定义显得相当宽泛，由此造成了对非层次关系的不同理解，以典型的整部关系（part-whole）为例，马张华③、李卫④将其归纳为等级层次关系，而大多数的国内外研究将其归属为非层次关系范畴⑤。

不同的研究者对术语间非层次关系有不同的归纳，胡任⑥结合航天航空领域将术语间非层次关系总结为 14 种：因果、特征、场所、方式、方法、材料、分类、部分、所有、目的、相似、施加和使用，且这些关系之间具有指向性。

李卫在其博士论文中将非层次关系分为两大类：一类是序列关系，包括空间关系、时间关系、因果关系、源流关系、发展关系等；另一类是联想关系，称为主题关系或者语用关系，包括推理关系、函数关系、行为动机关系、工具操作关系等。对于自然语言的领域文本而言，各类型的关系实在太丰富，因此在主流的研究中，一般只基于少数确定的关系进行研究，如整部关系，大多数研究都是没有定义关系的类型，而是需要在研究中赋予其关系名称。

从现有的研究来看，术语非层次关系的研究远不如术语层次关系

---

① Ding L., Finin T., Joshi A. et al., "Swoogle: a search and metadata engine for the semantic web", *CIKM* 04, 2004.

② Swoogle (http://swoogle.umbc.edu/).

③ 马张华:《信息组织》，清华大学出版社 2008 年版，第 5—49 页。

④ 李卫:《领域知识的获取》，博士学位论文，北京邮电大学，2008 年，第 14—28 页。

⑤ Girju Badulescu A. and Moldovan D., "Learning semantic constraints for the automatic discovery of part-whole relations", *In Proceedings of HLT*, Vol. 23, No. 1, 2003.

⑥ 胡任:《基于航天领域本体的相关检索技术研究》，博士学位论文，上海交通大学，2010 年，第 16—64 页。

的研究充分，对术语非层次关系的理解也不成体系[1]，更缺乏完整的、实用的领域术语非层次关系结构体系。因此，对领域术语非层次关系进行深入的研究非常有意义。笔者认为，一方面需要深入探讨术语非层次关系识别的理论基础；另一方面针对特定领域，从多角度对术语非层次关系进行研究或更具有实用效果，如外部特征决定的术语关系：题名关系、摘要关系等，语义特征决定的关系：整部关系、因果关系等。

二 术语非层次关系的研究任务

从术语非层次关系的内涵分析中可以看出，类似研究主要面向非结构化文本，识别文本中术语之间的语义关系。一般情况下，非层次关系的识别包括语义相关术语对的发现以及它们之间语义关系标签的识别。例如：（公司，产品）这个术语对，它们语义关系标签的可能情况是销售、制造、消费。基于以上对术语非层次关系的理解，现有的术语非层次关系识别的工作可以分为以下三个方面：

（一） 命名实体间关系的识别

所谓的命名实体，主要是指文本中出现的人物、组织和地址。命名实体之间的关系，如"近日，公司 A 收购了公司 B"。公司 A 与公司 B 之间的关系即为收购关系。早期的研究包括从未标识的文本中自动抽取关系模式[2]，从大规模语料库中发现命名实体之间的关系[3]，从大规模的纯文本中集中以 snowball 的方式抽取关系[4]，这些研究主要采用有监督或无

---

① 连莉：《本体中非分类关系的理论体系研究》，博士学位论文，山东大学，2010年，第 15—20 页。

② Riloff E. ,"Automatically Generating Extraction Patterns from Untagged Text", *Department of Computer Science Graduate School of Arts & Science New York University*, 1996.

③ Hasegawa T. , Sekine S. and Grishman R. ,"Discovering relations among named entities from large corpora", *Association for Computational Linguistics*, 2004.

④ Agichtein E. and Gravano L. ,"Snowball: extracting relations from large plain-text collections", *ACM Conference on Digital Libraries*, 2000.

监督的学习方法①，或者基于文本模式发现实体之间的关系②。近年来，关于命名实体关系的研究更为丰富，如 Zhang③ 的博士论文研究成果为在大规模的网络文本中抽取实体关系，不仅仅是识别实体之间的关系，而且识别实体与状态之间的关系，如关系模式"股价跌（公司名，跌幅）"的实际案例为"股价跌（公司 A，5%）"。

（二）为事先设定的语义关系寻找术语对

典型的研究是对整部关系（part-of 或 part-whole）的探索，Berland 等④、Girju 等⑤、Turney⑥ 对该关系进行了详细的研究。整部关系的研究一般是指抽取出一个大的主体集的组成部分，一般的模式为 A of B、A' B。另一种典型的既定关系为事件—影响关系（cause-effect），最早的研究者大概是 Girju 和 Moldovan⑦，从文本中抽取事件关系。该工作基于大规模语料以及 WordNet 的辅助，其大概步骤为：从 WordNet 中选取含有 cause-effect 关系的名词短语，从语料中抽取含有这些名词短语并且具有 < NP1 verb | verb-expression NP2 > 形式的句子，经过过滤，从中筛选出 < NP1 verb NP2 > 关系对。该方法抽取出来的关系相对于大规模语料是非常少的。近期的研究不仅单纯考虑事件—影响关系，同时也将时间因素加入进来，如爆炸会引发一些恶性事件，那么爆炸和某事件之间存在一前

---

① Zelenko D., Aone C. and Richardella A., "Kernel Methods for Relation Extraction", *Journal of Machine Learning Research*, Vol. 3, No. 3, 2003.

② Yangarber R., Grishman R., Tapanainen P. et al., "Unsupervised discovery of scenario-level patterns for Information Extraction", *Conference on Applied Natural Language Processing*, 2000.

③ Zhang C., *Relation extraction: from ontological smoothing to temporal correspondence*, Doctoral dissertation, University of Washington, 2005, pp. 1 – 21.

④ Berland M. and Charniak E., *Finding Parts in Very Large Corpora*, Rhode Island: Brown University, 1999, pp. 57 – 64.

⑤ Girju R., Dan M., Tatu M. et al., "On the semantics of noun compounds", *Computer Speech & Language*, Vol. 19, No. 4, 2005.

⑥ Turney P. D., "Expressing implicit semantic relations without supervision", *Association for Computational Linguistics*, 2006.

⑦ Girju R. and Moldovan D. I., "Text Mining for Causal Relations", *Fifteenth International Florida Artificial Intelligence Research Society Conference AAAI Press*, 2002.

一后的关系。Ji 等①基于目标事件的类型，抽取了事件以及相关的参数。Riaz 等②则通过 Effect Control Dependency 计算构建一个起因动词文本域（causal verb-headed text spans）来完成事件原因的抽取。

（三）发现文本中的术语对，并为术语对贴上关系标签

相对于前两种任务，第三种任务是术语非分类关系抽取中最本质的部分，因为对于领域文本来说，命名实体的关系、整部关系以及事件关系相对来说是既定的，存在性也不会太高，但是一些未识别的关系则相当丰富，这些关系无法事先由人工全部定义出来，而是要通过相应的方法从领域文本中抽取出来，并依据抽取的结果对术语对进行命名，即贴标签。Kavalec 等③探索性地使用动词来为候选术语对打标签，这种贴标签的方式的基本假设为：在概念附近出现的动词可以用来描述其语义关系。符合（C1，C2，V）的三元模式被认定为存在某种关系。C1 和 C2 为术语对，V 是与术语对相关联的动词。该模式成为后续研究中最为通用的模式。第三种任务将在术语非层次关系研究方法中作详细综述。

从现有的研究来看，术语非层次关系识别的任务分为三个方面：识别命名实体的非分层次关系；已知关系类型，找相应术语对；发现术语对，并为术语对贴上关系标签。现有的研究，主要集中在第三个方面，也是从非结构化文本中识别术语非层次关系中最本质的工作。可以发现，从领域文本中识别术语之间的非层次关系的研究是相当丰富且具有启发意义的。

三 术语非层次关系识别的方法

目前，对术语非层次关系识别主要采用三种方法：基于词汇—句法

① Ji H. and Grishman R., "Refining Event Extraction Through Cross-document Inference", *Proceedings of the Meeting of the Association for Computational Linguistics*, 2008.

② Riaz M. and Girju R., "Another Look at Causality: Discovering Scenario-Specific Contingency Relationships with No Supervision", *IEEE Fourth International Conference on Semantic Computing*, 2010.

③ Kavalec M., Maedche A. and Svátek V., "Discovery of Lexical Entries for Non-taxonomic Relations in Ontology Learning", *Association for Computational Linguistics*, 2004.

模板的方法①，该方法通过对领域文本的分析，人工归纳出频繁出现的语言模式作为模板，然后利用此模板来获取术语的非分类关系，前提是必须有人工制定模板，因此获取到的非层次关系受到模板的限制，且无法全面覆盖领域全部非层次关系类型；基于句法分析的方法，该方法通过完全的句法分析获取非层次关系，并应用卡方检验确定非层次关系所处的层次②；基于关联规则的方法，该方法利用关联规则获取术语的非层次关系，是目前关于术语非层次关系识别的主流方法③。

Ciaramita 等④通过完全的句法分析抽取非层次关系，并利用卡方检验确定定义域和值域所处的概念层次，其准确率较高。Sanchez 和 Moreno⑤采用自动化和无监督的方法，研究领域本体中的非层次关系。该方法基于 web 文本，能够发现领域相关的动词，抽取出非层次关系中涉及的概念以及概念给出的非层次关系的标签，同时使用自动化的方法对获取的非层次关系与 WordNet 进行比较，从而验证方法的有效性。

Serra 等⑥研究了一种命名为 PARNT 的新方法，从文本中抽取本体非层次关系。该方法使用更高层次的参数和更充分的解决方案，使得该方法在区分有效关系和无效关系上有更好的表现。Serra 等⑦也评估了诸多现有的术语非层次关系的研究，并提出采用两个过程对获取的非层次关系与参考本体中的非层次关系进行比较，并且在生物学领域语料库和法律领域语料库中进行验证。

① Girju R. and Moldovan D. I. , "Text Mining for Causal Relations", *Fifteenth International Florida Artificial Intelligence Research Society Conference AAAI Press*, 2002.

② Ciaramita M. , Gangemi A. , Rojas I. et al. , "Unsupervised learning of semantic relations between concepts of a molecular biology ontology", *Morgan Kaufmann Publishers Inc*, 2005.

③ Maedche A. and Staab S. , "Discovering Conceptual Relations from Text", *In Proceedings of ECAI - 2000*, Vol. 8, No. 3, 2000.

④ Ciaramita M. , Gangemi A. , Rojas I. et al. , "Unsupervised learning of semantic relations between concepts of a molecular biology ontology", *Morgan Kaufmann Publishers Inc*, 2005.

⑤ Sanchez D. and Moreno A. , "Learning non-taxonomic relationships from web documents for domain ontology construction", *Data & Knowledge Engineering*, Vol. 64, No. 3, 2008.

⑥ Serra I. , Girardi R. and Novais P. , "PARNT: A statistic based approach to extract non-taxonomic relationships of ontologies from text", *IEEE Computer Society*, 2013.

⑦ Serra I. , Girardi R. and Novais P. , "Evaluating techniques for learning non-taxonomic relationships of ontologies from text", *Expert Systems with Applications*, Vol. 41, No. 11, 2014.

Albert 等①通过集成 DBpedia 和 OpenCyc 这样的外部知识源到本体学习系统中，基于领域非结构化文本获取非层次关系。该方法从语料包含的语义关系中抽取并汇总动词向量，并应用语义推理和验证，从而提高了获取非层次关系的质量。Mohamed 等②采用大文本语料以及一个定义了几百种名词类目的初始本体。首先采用聚类方法计算类目之间的距离，然后使用分类器判断关系的有效性。该方法在 2 亿 web 页面以及从 NELL 系统中获取的 122 个类目的本体中获得了 781 个候选关系，近一半的关系是有效的，验证了该方法的可行性。Martin 等③使用扩展的关联规则获取术语的非层次关系，给出了关系的标签，并且基于已有语义标注的语料库进行了相关的实验，对方法进行了评估。

近年来，国内学术界也开始展开术语非层次关系研究，整体来说，成熟的研究还是非常稀少。

温春等④提出了一种扩展的关联规则算法用于抽取非层次关系，该方法不仅能够得到非分类关系名称，还能够确定其定义域和值域。

王岁花等⑤提出在汉语领域本体学习环境中自动获取概念之间非分类关系的方法，该方法能够发现与某个领域相关的动词，并把这些动词作为自动学习和标记非分类关系的知识库。它使用 Web 作为信息源来提取候选关系并计算信息分布的统计特征，用对术语同时出现概率的分析来挑选领域相关的概念和关系。该方法的学习结果是一个多级分类关系，其中的每个概念又和其他概念之间存在非分类关系。

———————

① Weichselbraun A. , Wohlgenannt G. and Scharl A. , "Refining non-taxonomic relation labels with external structured data to support ontology learning", *Data & Knowledge Engineering*, Vol. 69, No. 8, 2010.

② Mohamed T. P. , Hruschka E. R. and Mitchell T. M. , "Discovering relations between noun categories", *Association for Computational Linguistics*, 2011.

③ Kavalec M. and Vojtech S. V. , "A study on automated relation labelling in Ontology Learning", *Evaluation and Applications*, 2010.

④ 温春、石昭祥、辛元：《基于扩展关联规则的中文非分类关系抽取》，《计算机工程》2009 年第 35 卷第 24 期。

⑤ 王岁花、赵爱玲、马巍巍：《从 Web 中提取中文本体非分类关系的方法》，《计算机工程与设计》2010 年第 31 卷第 2 期。

　　谷俊等[①]使用改进关联规则获取本体非层次关系，尝试首先计算概念间的相似度，再利用基于搜索引擎的关联规则算法来获取概念间的语义关系，以提高非分类关系抽取的准确率。

　　王红等[②]在关联规则的基础上，提出了基于 NNV（名词—名词—动词）关联规则的非分类关系获取与实现方法，解决了非分类关系获取中无法自动获取关系名称的问题，并且在民航领域进行应用。

　　古凌岚等[③]提出基于句法依存分析获取领域术语非层次关系的方法，应用语义角色标注和依存句法分析获得了文本句子的语义依存结构，提取出具有语义依存关系的动词框架，通过语义相似度计算发现动词框架中术语间的非分类关系和关系标签，并进行试验验证。

　　邱桃荣等[④]采用粒计算方法探讨领域信息系统中非分类关系的学习模型，提出在生成领域概念粒度空间的基础上，研究在具有同源关系的不同领域概念粒度空间中进行粒间上下文分析，以此获取概念粒间的交叉关系的一种粒计算方法，以便实现不同概念粒所表示的概念之间的非分类关系学习。

　　董丽丽等[⑤]提出了一种基于非监督学习的非分类关系自动获取方法。该方法首先通过关联规则获取特定领域概念对，然后将概念对之间的高频动词作为候选的非分类关系标签，接着利用 VF × ICF 度量法来确定非分类关系标签，最后通过对数似然比评估方法将得到的非分类关系标签分配给对应的领域概念对。

---

　　①　谷俊、严明、王昊：《基于改进关联规则的本体关系获取研究》，《情报理论与实践》2011 年第 34 卷第 12 期。

　　②　王红、高斯婷、潘振杰等：《基于 NNV 关联规则的非分类关系提取方法及其应用研究》，《计算机应用研究》2012 年第 29 卷第 10 期。

　　③　古凌岚、孙素云：《基于语义依存的中文本体非分类关系抽取方法》，《计算机工程与设计》2012 年第 33 卷第 4 期。

　　④　邱桃荣、黄海泉、段文影等：《非分类关系学习的粒计算模型研究》，《南昌大学学报》（工科版）2012 年第 34 卷第 3 期。

　　⑤　董丽丽、胡云飞、张翔：《一种领域概念非分类关系的获取方法》，《计算机工程与应用》2013 年第 49 卷第 4 期。

　　张立国等[①]则将依存句法分析和维基百科相结合，对领域本体中非层次关系进行研究。该方法经过词性标注和语义分析，得到具有语义依存关系的动词框架，再进行句子相似度计算，识别非分类关系，并标注非分类关系。该方法是一种采用融合方法的新尝试，同时使用维基百科对特定领域的非层次关系进行识别也存在相应问题：一方面，维基百科的条目作为领域概念集对领域的覆盖面不全，还有可能出现非领域概念混在其中的情况；另一方面，条目文本作语料集，对条目的解释可能较为科普，而非专业研究性质，这可能会对非分类关系召回率造成影响。

四　术语非层次关系研究述评

（一）现有研究方法存在的客观问题

　　从国内外的研究中可以发现目前术语非层次关系的研究主流是"动词系"的。之所以这样说，是因为不管是使用最多的基于关联规则的方法或者基于依存句法分析的方法，都离不开所面向的文本语料中的"动词"。其主要基于的语义模式是 < 术语 1，动词，术语 2 > 三元组。动词往往作为术语关系的中心，联结两个或者多个术语之间的关系，并且动词也作为术语关系的类型定义，即关系标签。因此，在各类型的算法中，抽取文本中的动词，并计算其相关参数，进行筛选依据，成为研究的核心。但是，一旦涉及词性，就必然需要使用各类型的分词工具，现有的分词工具对于通用领域已经具有相当好的效果，但将其应用在特定领域中时，准确率就会降低，且需要辅助方法进行多词专业术语的合成。因此，词性判断错误或者"主谓宾"判断错误，成了"动词系"研究不可避免的问题，现有研究的召回率和准确率普遍都相当低。在"动词系"之外，还有没有更适合的方法呢？针对特定领域研发少使用或者不使用词性的方法，成为一项有意义的研究。

---

　　① 张立国、陈荔：《维基百科中基于语义依存的领域本体非分类关系获取方法研究》，《情报科学》2014 年第 6 期。

（二）现有研究方法带来的启发

在众多的研究中，乔建忠①的研究颇有特色。在以 Web 页面作为语料的术语非层次关系研究中，采用了主题爬虫的方法。该方法的特点在于没有使用句法分析以及复杂的算法，使得整个方法显得相当轻快。该方法以网页中的"流感"主题为例，其大致步骤是：首先，利用主题爬虫下载网页中所有与"流感"相关的 Web 页面；其次，采用名词短语识别技术获取网页中的名词，并对名词进行筛选，只保留与"流感"在同样文本中的名词；再次，使用向量空间为名词进行建模，并对基于向量空间的名词集合进行聚类，获取四个聚类中心，分别是"流感""呼吸道""免疫""口腔"；最后，将与主题词重复的"流感"剔除掉，剩下的三个名词即为"流感"的相关语义关系标签。该方法使用对比检索效果的方式进行评估。首先，使用"流感"在选定文档库中进行检索，获取相关文档，进行查全率（P）与查准率（R）的计算；其次，使用"流感"以及其扩展术语"呼吸道""免疫""口腔"等进行检索，获取相关文档，并计算 P/R；最后，对比两次检索 P/R，若值有提升，则说明分类关系的工作有效。通过调整参数和相关阈值，不断改进效果。

该方法的启发性在于：不同于大多数的方法，使用复杂的句法分析，方法效率高；非层次关系的识别形式，虽然显得不够严密，但是却非常有效，抽取出来的非层次关系与实际的检索技术紧密相连，得到有效的应用。在术语非层次关系识别尚没有统一的定义，存在巨大扩展潜力的时机，应当勇于尝试新的研究路径，突破现有思维的局限性，创建统一的、轻量级的、便于规模化应用的术语非层次关系识别方法。

综上所述，领域术语非层次关系识别对于构建完整领域本体至关重要。从现有的研究来看，领域术语非层次关系的研究相对较少，且缺乏完整、有效的理论体系指导，更缺乏可以大规模应用的术语非层次关系识别成果。现有的研究结果普遍效果不佳，准确率和召回率都有待提高。从未来研究发展趋势来看，基于词性分析的"动词系"研究，严重依赖

---

① 乔建忠：《基于主题爬虫的本体非分类关系学习框架》，《图书情报工作》2010 年第 54 卷第 18 期。

词性分析的效果，开发少依赖或者不依赖词性分析，且可以大规模实际应用，提升领域知识挖掘水平的领域术语非层次关系研究方法，具有重要的理论与应用价值。

针对现有研究的不足，本书创新性地将传统的术语共现理论引入术语非层次关系构建中，依据专利文献固有的篇章结构所蕴含的语义特征，设计术语间的非层次关系，并将文本中蕴藏的术语间非层次关系进行系统化的抽取、存储与展现。本书构建了一个以一定规模非层次关系为基础的专利知识库，并且尝试与层次关系进行融合，为专利知识服务提供支持。在方法路径上，本书的方法具有轻便、可移植的特点。

第五节　本章小结

本章内容较为系统地阐述了本体学习的相关关键技术，包括专利术语抽取、术语间层次关系识别以及术语间非层次关系识别；同时，也分析了现有专利本体学习的现状与研究趋势。从研究现状来看，专利本体学习技术已然成为专利领域本体构建，从而实现专利知识组织与服务的重要手段；从研究趋势来看，深入专利文本内容，尽可能自动化、大规模地实现可应用的领域专利知识库构建是未来研究的重点也是难点。正是在现有研究的基础上，本书从专利非结构化文本内容出发，深入研究领域专利术语的抽取、术语间层次关系以及非层次关系识别，从而形成一整套面向专利知识服务的领域专利本体构建解决方案。

第 三 章

面向汉语专利文本的术语自动抽取研究

汉语专利文献的诸多特点，如无关键词，新术语层出不穷等，使得传统术语抽取方法较难实施，所以本章建立了一种基于字角色的领域术语抽取模型，详细介绍完整的建模过程，同时讨论该方法用于术语识别的有效性和效率，然后分析错误识别以及遗漏召回等引起误差的原因。另外，专利文献中存在许多连续符号串，虽然大部分符号串具有明确的语义，但仍有相当一部分符号串是无意义的。本章将探究使用基础特征、汉字特征时符号串的语义识别情况：分别单独使用、依次叠加7个字符特征进行实验，根据符号串语义识别效果确定最佳模型，将最佳模型应用于规则无法判别语义的字符串并进行误判分析。最后将介绍术语自动抽取系统的开发和应用过程。

第一节　术语自动抽取的方法

基于统计量排序方法抽取专利术语存在效果不佳问题，特别是无法识别低频术语；而基于机器学习的方法需要人工标注学习语料，存在可操作性问题。为此，在总结领域术语特征的基础上，提出了一个新的解决方案以应对"在学习语料不充分的环境下应用机器学习方法"的状况，具体包括训练语料的自动生成，基于字角色标注的领域基本术语识别以及领域复杂术语的合成。

一 汉语专利文献中领域术语的特征分析

本书以 I&SM 领域 7597 件专利文献作为研究对象，以其题名和摘要作为术语抽取的实验文本。因此，在构建术语抽取模型之前，首先需要对该领域术语的特征进行分析和描述。

通过对专利文献及其领域术语的抽样调研，并结合 I&SM 领域的相关技术文档，笔者将该领域术语的特征总结如下：①在现有资源中存在 I&SM 领域的汉语基本词汇列表，这意味着能够以列表中词汇如"高炉""马氏体""合金"等作为领域的核心术语，进而在此基础上对领域术语不断进行扩展和丰富；②术语中多含有化学元素名称或符号，如"脱磷""脱硫"中的"磷"和"硫"，"镍铬生铁""镁铝合金"中的"镍""铬""镁""铝"等；③在题名和摘要文本中出现的连续符号/数字串多为命名实体，如"0Cr17Ni7Al""Fe－Al""A356""GH4169"等，有些是化学元素及其组合，有些则是标准术语或固定用法；④除了化学元素外，该领域术语还习惯于使用部分常用字，典型的如"炉""渣""融""熔""脱"等，可由此构建领域常用字集合作为汉字标注的一大特征；⑤领域术语所处的语境即上下文存在一定的规律性或使用了较多的习惯语，如前导词"一种""制造""提炼"，后导词"方法""装置""工艺"等，对规律性语境的学习有利于领域术语的甄别；⑥领域新术语较多，而且多为合成型的新术语，如"转炉出钢挡渣器""镁铝尖晶石""高炉喷煤""熔融还原""低碳低硅铝镇静钢""浇注料"等均可被认为是领域新术语，而且很明显前四者均是若干术语的合成词，而后两者则是若干术语与辅助词"低""料"等结合而形成的。

I&SM 领域术语的上述特征使得基于机器学习的术语识别成为可能，即基于核心词汇列表自动生成学习语料，基于规律性语境以及术语常用字构建特征模板，基于新词生成规律抽取新的领域术语。

二 基于字角色标注的领域术语抽取模型

针对 I&SM 领域的术语特征，本书提出了一种基于字角色标注的领域术语抽取模型，其基本思路如图 3－1 所示。

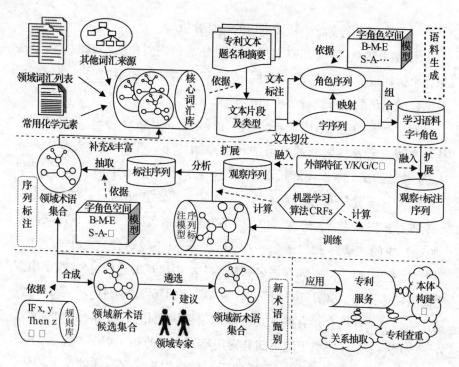

图 3 - 1　专利领域术语抽取模型

　　整个过程分成了三个阶段：①学习/训练语料的自动生成阶段。由于缺乏成熟可利用的训练语料，机器学习方法在专利文本面前显得无用武之地。为此，笔者采用了一种增量迭代（snowball）的训练语料自动生成策略。首先针对特定领域的专利文本收集其领域核心词汇，本书讨论的 I&SM 领域的核心词汇可来自领域词汇列表、常用化学元素表以及其他来源如领域专家、领域文献以及领域知识库等；以核心词汇库作为切分依据，将专利文本（这里主要指题名和摘要）切分成为不同类型（核心词文本和其他文本）的文本片段；然后一方面将文本继续细分成字（汉字或连续符号/数字串）序列，另一方面根据文本片段所属类型，同时参照字角色空间模型中的角色定义，标注出每个字所对应的角色符号；于是字序列及其对应的角色序列一起组合形成了基本的训练语料，其中字序列为观察序列；若将后续过程中产生的领域新术语作为核心词汇库的补充，那么由此生成的文本片段将不同，最终生成的学习语料也将不同，如此反复，可谓增量迭代。②基于机器学习的序列标注阶段。仅以字作为观察序列并不能充分展示观察对象的环境特征，因此有必要融入外部特征，以实现对观察序列的有效扩展；扩展后的训练语料在序列标注算法（CRFs）的计算下，可形成序列标注模型，该模型即是对训练语料中语境特征的学习结果；将获得的序列标注模型应用于仅含有观察序列（序列的数量和含义与训练语料完全相同）的测试语料，可分析出所有观察对象的对应角色，即自动形成标注序列；最后，依据字角色空间模型，可将特定的标注结果所对应的字组合成词汇，形成领域术语集合作为核心词汇库的补充。③领域新术语的甄别阶段。将机器学习后的分析结果进行再处理，可依据规则将部分术语以及其他辅助词汇进行合成，形成领域新术语候选集合，并由领域专家进行遴选，最终获得领域新术语，同样可作为核心词汇库的有益补充。

经过扩充的核心词汇库再次作为专利文本切分依据，可确保自动生成的训练语料更加合理，以更好地识别领域术语来丰富领域核心词汇库，如此循环反复，从而使得机器学习生成的序列标注模型具有越来越高的准确性和可靠性。最后，识别的领域术语可应用于各种专利服务，如利用术语共现规律进一步探测术语间关系，进而构建领域知识本体；利用专利包含的领域术语进行专利查重等。

三　基于增量迭代的训练语料生成方法

机器学习方法的核心要点在于：①将经过标注的大量文本作为训练语料；②有效应用学习算法获得标注模型；③没有经过标注的文本具有类似的语言环境。本书拟采用学习效果较佳的 CRFs 模型作为学习算法，因此要满足上述要点就需要解决以下问题：学习/训练语料的生成，以及学习过程的设置。

所谓的学习语料，实际上就是经过标注的文本。在本书的样本中，就是标注出了领域术语的专利文本。然而专利文本不同于图书、期刊论文等，后者在通常情况下都由作者或标注人员给出了关键词，因此在这类文本的关键词自动标引应用中，一般都具有非常充分的可学习语料；而专利文献在通常情况下是不会进行人工术语标引的。因此，如何构建可学习语料就成了基于机器学习专利术语抽取的一个亟待解决的问题。一般的思路是进行人工标引，即由领域专家根据其知识背景、领域认知手动给出专利文本中的有效领域术语，获得的结果一般来说具有较高的准确性和实用性；但是也很明显，人工方法费时费力，容易受主观意识影响，而且在外部环境的干扰下会产生一些无意识的标引错误。

本书提出了一种增量迭代（snowball）的自动标引方法。①笔者从Web 资源、专业词典、专利常用词、化学元素表以及领域专家处共收集到 I&SM 领域汉语核心术语 6467 个，并按照术语长度由大到小形成术语列表，相同长度的术语则按音序排列；②对所有术语按照排列顺序进行循环：针对每一个术语，探测其在所有普通文本（0，开始时专利文本即为普通文本）中出现与否以及具体位置，若术语在专利文本中存在，则将所有与术语匹配的文本片段标记为术语文本（1），而其他文本片段则标记为普通文本（0），所有文本片段按其在专利文本中出现顺序依次排列；③经过后续机器学习、样本标注、术语组建以及新术语合成等阶段后，将形成大量领域术语，其中可能含有部分之前并没有收录到核心词汇库的新术语，将它们加入核心词汇库后再重复上述过程，重新划分文本片段的类型，进一步细化学习语料，并生成更为精确的序列标注模型。这种方法明显减少了人工参与的程度，使得整个过程更为客观、便利，效率更高；但是，由核心词汇库代替人工标引词很明显将降低被标注术语的准确度和多样性，极大地减弱学习语料的知识性。

四　基于机器学习的字序列标注方法

在这个过程中，需要完成字角色空间模型的定义、字序列及角色序列的生成、观察序列的扩展以及特征模板的构建等相关工作。

（一）字角色空间模型的定义

字角色（R）是指序列标注研究中给予观察对象的标注记号。本书以字（具体包括汉字和符号/数字串）作为观察对象，不同类型的观察对象分别标注成不同的记号，这种记号就称为字角色。字角色应用于两处：在语料生成阶段，参与字序列的角色标注；在序列标注阶段，提供角色组合模板，用于判断连续角色符号所对应的字序列组合是否为领域术语。根据领域术语的字组成规律，笔者共定义了6种角色，如表3-1所示。

表3-1　　　　　　　　　　字角色集合

角色 (R)	说明	示例	角色 (R)	说明	示例
B	术语首字	如"直接还原"之"直"	S	单字术语	如"钢""铬"等
M	术语中字	如"直接还原"之"接""还"	A	非术语词中的字	如"特别稳定"之"特""定"等
E	术语尾字	如"直接还原"之"原"	T	符号数字串	如"Si-Ca-Ti-Fe 合金"之"Si-Ca-Ti-Fe"

定义3-1：集合 $S = \{R, P\}$ 为字角色空间，其中 R 为字角色集合，P 为术语词角色组合模板集合。

定义3-2：集合 $R = \{B, M, E, S, A, T\}$ 为字角色集合。其中，单字术语中汉字标注为S，多字术语则根据其组成汉字在词中位置分别标注为B、M、E；其他汉字则标注为A；连续出现的符号数字串标注为T。根据R，可以将任意字标注成角色，实现字空间到角色空间的映射。

定义3-3：集合 $P = \{S, T, BE, BMnE \mid n = 1, 2, \cdots, N\}$ 为术语角色组合模板集合。其中，S 表示单汉字术语模板，T 为非汉语术语（符号数字串）模板，BE 为两个汉字术语词模板，BMnE 为多汉字术语词模板。P 中模板对应的汉字序列均被认为是术语。

值得注意的是，符号数字串（T）构成的短语有时并非术语，如（2）等，这需要领域专家人工进行判别，可在术语提取后进一步筛选；本书在计算准确率（P）、召回率（R）以及 F1 时暂不考虑 T 的正确性，可能导致指标数值偏高。

（二）字序列及角色序列的生成

经过训练语料生成环节，学习语料将被分成普通文本（0）和术语文本（1）两大类。按照字序列标注的基本要求，这两类文本片段都需要被切分为更小的单元"字"作为基本的观察对象，同时根据文本类型为每个字设置角色。其切分及标注算法如图 3－2 所示。

```
读取文本片段 F 及其类型 C                              If R = = 'B' Then R = = 'M' End If
While F 不为 Null                                     End If
    If C < 1（普通文本）Then 标注角色 R 设置为 'A'         F 设置为截去 Z 后的文本片段
    Else 标注角色 R 设置为 'B' End If                      左侧截取 F 的一个字符 Z
    左侧截取 F 的一个字符 Z                              End While
    While Z 不为 Null                                   读取最后一个记录的（Z，R），进行判断
        If Z 为符号 Then 将 Z 存入串 S 中                 If R = = 'B' Then Replace R with 'S' End If
        Else                                           If R = = 'M' Then Replace R with 'E' End If
            If len（S）> 0 Then 记录（S，R）End If           If R = = 'A' and（Z 为连续符号串）Then
            记录（Z，R）                                       Replace R with 'T' End If
                                                      End While
```

图 3－2　文本片段的字切分及标注算法

（三）观察序列的扩展

字序列标注的训练样本由两部分构成：观察序列和标注序列。经过对不同类别文本的字切分，学习语料被转化为字序列（Z）和角色序列（R），其中前者即为观察序列，而后者对应了标注序列，即认为字自身的特点及其上下文语境特征基本决定了字的表现角色。然而，观察序列是机器学习的重点考察对象，决定了学习的最终效果，因此需要充分展示其所代表文本的特征，而仅仅以字及其排列作为观察对象显得语境特征较为单薄。为此，笔者对观察序列进行了扩展，加入了部分序列以更好地反映字角色的映射条件，如表 3－2 所示。

表 3 - 2　　　　　　　观察及标注序列的标记、取值、描述及示例

观察序列	取值情况	描述	示例						
字序列(Z)	汉字或连续字符串	字形特征	Z	X	Y	K	G	C	R
姓氏特征 (X)	Y	姓氏字(505)	低	N	N	Y	X	Z	A
	N	非姓氏字	碳	N	N	Y	Y	Z	S
音译特征 (Y)	Y	音译外来字(566)	低	N	N	Y	X	Z	A
	N	非音译外来字	硅	N	N	Y	Y	Z	S
领域特征 (K)	Y	领域常用字(559)	铝	N	N	Y	Y	V	S
	N	非领域常用字	镇	N	N	N	X	Z	B
级别特征 (G)	X	一级常用字(2500)	静	N	Y	Y	X	Z	M
	Y	二级常用字(1000)	钢	N	N	Y	Y	Z	E
	Z	其他	的	N	Y	Y	Y	Z	A
分类特征 (C)	X	指事字(184)	生	N	N	Y	X	U	B
	Y	象形字(244)	产	N	N	Y	Y	Z	E
	Z	形声字(3505)	工	N	N	Y	Y	Y	B
	U	会意字(673)	艺	N	N	N	X	U	E
	V	其他类型字							

表 3—2 中示例部分为作为学习语料的某一专利题名，其中前 6 列为其对应的 6 类观察序列值，最后一列则是标注序列值。根据角色模板，其中 "S" "BE" 和 "BME" 为领域术语的角色组合，其所对应的单汉字和汉字组合 "碳" "硅" "铝" 以及 "生产" "工艺" "镇静钢" 等均为 I&SM 领域的术语，于是领域术语抽取问题就被转化为字角色标注问题。

（四）特征模板的构建

观察序列的扩展使得观察对象的内涵更为丰富，其可利用的语境特征也随之增加。结合表 3 - 2 中的示例，不难发现，观察对象的特征主要来源于两个方向：横向序列组合和纵向位置约束。前者主要是利用观察对象自身的特性；而后者则以 "字" 之间的前后位置关系作为上下文约

束特征，其中约束的范围称为字长窗口，常用的有 3 字长和 5 字长窗口，表 3 - 2 示例中的纵向椭圆标志着本书将采用 5 字长窗口，即认为与当前"字"对象位置连续的前 2 和后 2 个对象对当前对象具有语境约束。

本书以 CRFs 作为机器学习中的序列标注算法，以开源软件 CRF + + 0.59 作为 CRFs 算法的运行平台。该算法提供了特征模板的机制来设置观察对象的序列组合和上下文约束等特征。如表 3 - 3 所示，笔者基于观察对象之间的 n-gram 关系建立了一组共 96 个特征模板，用于充分展示观察对象的语境特征。Z_n 等表示观察对象自身特征，n 为字长，即考察当前对象前后 2 个字长范围内的语言特征；$Z_{n-1}Z_n$ 及 $Z_{n-2}Z_n$ 等则表示当前对象与字长窗口内其他对象之间的 2 - gram 关系特征，$Z_n - 2 Z_n - 1 Z_n$ 等表示当前对象与其前后两个对象之间的 3 - gram 关系特征；值得注意的是其中的 2 - gram 特征 $R_{-1}R_0$，其表示前一个字的标注角色对当前字角色标注的影响。

表 3 - 3　　　　　　　　I&SM 领域术语字角色标注的特征模板

模板名称	观察特征	标注角色	n-gram	特征模板
TMPT	ZXYKGC	R	1 - gram	Z_n, X_n, Y_n, K_n, G_n, C_n, $Z_n X_n Y_n K_n G_n$ $C_{同上书}$, $n = -2$, -1, 0, 1, 2
			2 - gram	$Z_{n-1}Z_n$, $X_{n-1}X_n$, $Y_{n-1}Y_n$, $K_{n-1}K_n$, $G_{n-1}G_n$, $C_{n-1}C_n$, $n = -1$, 0, 1, 2; $Z_{n-2}Z_n$, $X_{n-2}X_n$, $Y_{n-2}Y_n$, $K_{n-2}K_n$, $G_{n-2}G_n$, $C_{n-2}C_n$, $n = 0$, 1, 2; $R_{-1}R_0$
			3 - gram	$Z_{n-2}Z_{n-1}Z_n$, $X_{n-2}X_{n-1}X_n$, $Y_{n-2}Y_{n-1}Y_n$, $K_{n-2}K_{n-1}K_n$, $G_{n-2}G_{n-1}G_n$, $C_{n-2}C_{n-1}C_n$, $n = 0$, 1, 2

五　基于合成规则和增量迭代的领域新术语识别方法

基于机器学习方法能够识别的领域术语多为在学习语料中出现过的词典词或者其相关词，这部分汉语术语可称为领域基本术语；然而，在专利文献这个具有较强新颖性和独特性的文本集合中，还存在一类领域新术语，它们多以基本术语为核心词汇（C）并结合辅助词汇（A）构造出来的，具有合成性质，本书姑且称这类新术语为领域合成术语。结合前文对领域术语特征的分析，笔者认为在 I&SM 专利领域中，合成术语呈现出了一定的构造规律。

规则 3-1：在一个断句中，连续出现的基本或合成术语均可合并成一个合成术语。

在"钢铁冶金"领域中，辅助词汇（A）一般被认为是紧邻核心词汇的单字词汇，而且根据其与核心词汇的相对位置可以分为前缀和后缀两种类型。为此，笔者构造了 4 个词表，分别为前缀字、前缀词以及后缀字和后缀词，其中前/后缀词均只含两个汉字。词表中的汉字或 2 字词均为领域术语的频繁前/后缀，并经过领域专家的逐一确定，分别含有词条数量为 16、84、37、56 个。

规则 3-2：有一基本术语 T，若其紧邻的前一个汉字 p 出现在前缀字表中，而其紧邻的前两个汉字组成的片段 pp 却没有出现在前缀词表中，那么 pT 可以构成一个合成术语。

规则 3-3：有一基本术语 T，若其紧邻的后一个汉字 q 出现在后缀字表中，而其紧邻的后两个汉字组成的片段 qq 却没有出现在后缀词表中，那么 Tq 可以构成一个合成术语。

基于上述规则可以获取大量组合型的新术语，而前缀字词表的构建对这些新术语的识别具有重要的影响。而且不可否认，基于规则的术语合成方法也会带来众多的错误召回。因此，新的合成术语仅可作为候选词汇，是否能成为领域新术语还需要领域专家的检验和确认。

第二节 术语抽取的结果与分析

根据本书上一小节所描述的术语识别方法，笔者对 I&SM 领域的专利文本（包括题名和摘要）进行了实验测试和分析。实验数据共包含 7597 件专利，以其中 6597 件作为学习语料，而另外 1000 件作为测试语料。首先介绍实验结果的测评指标，然后将探讨不同的特征模板，角色类型的变化，以及学习参数 c 和 f 变化对实验结果的影响。

一 以核心词汇库为基准的术语识别分析

题名是专利内容的浓缩概括，含有非常丰富的领域术语。本节的主要目的是探测术语识别方法的有效性和效率，讨论影响识别效果的各种可能因素，并分析错误识别或遗漏召回现象。因此，为了研究便利，本节仅以专利题名作为测试对象。

（一）特征扩展实验

采用字角色标注模型，以 CRFs 作为机器学习算法，学习参数 c 和 f 均设置为 1，以表 3-3 所示构建特征模板。实验结果如表 3-4 所示，其中 f_name 表示特征模板的名称，features 则作为观察序列的特征集合，本实验除了以所有可用特征作为观察序列外，还测试了各个扩展特征的影响能力以及扩展特征逐一加入计算时识别效果的变化规律；以核心词汇库作为参照，baseline_num 为基准术语个数，recognition_num 为识别的术语个数，correct_num 则是识别的正确术语个数。图 3-3 作为表 3-4 的补充，显示出了不同特征模板下汉字角色识别正确率（CP）以及术语识别正确率（P）、召回率（R）和 F1 值的变化轨迹，折线上的数字则为各个指标的峰值和谷值。

表3-4　　　　　　　　基于不同特征模板的专利术语识别结果

序号	f_ name	features	baseline_ num	recognition_ num	correct_ num	CP	P	R	F1
1	TMPT	ZXYKGC	3002	2967	2824	95.50%	95.18%	94.07%	94.62%
2	TMPT1	Z	3002	2932	2819	95.85%	96.15%	93.90%	95.01%
3	TMPT2	ZX	3002	2955	2819	95.56%	95.40%	93.90%	94.64%
4	TMPT3	ZXY	3002	2959	2822	95.58%	95.37%	94.00%	94.68%
5	TMPT4	ZXYK	3002	2962	2817	95.43%	95.10%	93.84%	94.47%
6	TMPT5	ZXYKG	3002	2975	2831	95.61%	95.16%	94.30%	94.73%
7	TMPT6	ZY	3002	2956	2819	95.53%	95.37%	93.90%	94.63%
8	TMPT7	ZK	3002	2964	2829	95.71%	95.45%	94.24%	94.84%
9	TMPT8	ZG	3002	2975	2843	95.87%	95.56%	94.70%	95.13%
10	TMPT9	ZC	3002	2953	2824	95.62%	95.63%	94.07%	94.84%

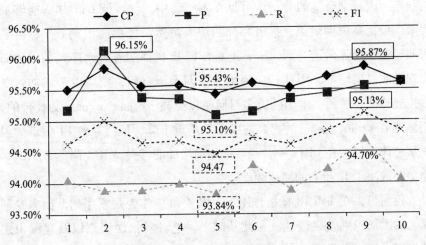

图3-3　基于不同特征模板的专利术语识别结果（CP/P/R/F1）

如图3-3所示，①从总体上来看，基于字角色标注的术语识别的综合效果较佳，即使是最低的F1也超过了94%；而以TMPT8为特征模板时，即仅以汉字（Z）和级别（G）作为观察对象时，识别效果最佳，其

F1 达到了 95.13%，而且此时的 CP 和 R 也均达到最高，但是 P 仅处于第 3 高值；而识别效果最差的则是 TMPT4，即以 Z、X、Y 和 K 等特征作为观察序列时，此时 F1 仅为 94.47%，也是唯一一个低于 94.5% 的 F1，其他指标也均处于最低。②观察序号为 3 以及 7—10 等（表 3 - 4 中的斜体）的识别效果，这些模板均以汉字特征（Z）+某扩展特征作为观察序列，对它们进行比较可分析不同扩展特征的作用。不难发现，就 F1 而言，扩展特征作用的排序为 G > C = K > X > Y，而对于 P 而言，其次序变为了 C > G > K > X > Y，对于 R，G > K > C > X = Y；将这些由两个特征组成的模板与仅以 Z 作为观察序列的模板 TMPT1 做比较，则发现 TMPT1（Z）的 F1 达到了 95.01%，仅略低于居于首位的 TMPT8（ZG），可见在 5 个扩展特征中，仅 G 对术语识别起到了积极作用，而 X、Y、K 和 C 等特征的加入反而降低了识别效果。③观察序号 1—6 等的识别效果，笔者发现，随着扩展特征的逐一加入，术语识别的效果 F1 反而越来越差，只有在加入特征 G（TMPT5）时，F1 出现了一个反弹但也明显低于没有扩展特征的 TMPT1，而在进一步加入特征 C（TMPT）时，F1 又陷入了下滑的状态，因此结合②的分析，可见在本实验中，仅特征 G 的加入能够最大限度地提高识别效果；扩展特征的加入虽然没能提高识别效果，但是很明显能够增强术语召回，correct_num 以及 R 都随着观察序列的增加而出现了明显的增幅，因此若应用更加强调术语召回，则可以考虑加入更多扩展特征；然而，术语的更多召回是以提高 recognition_num 为代价的，而显然 recognition_num 的提高造成了 P 严重下降，最终导致 F1 偏低。因此从总体上讲，在 CRFs 中，观察序列的增加能够提高 R 而降低 P，F1 的趋势则取决于 R 和 P 的变化幅度。

很明显，在 TMPT8 模板作用下，以 Z 和 G 作为观察序列，面向专利题名的术语识别效果最佳。在此基础上，笔者对错误识别以及遗漏识别的汉语术语也进行了考察。结果如表 3 - 5 "初始" 列所示，①在题名文本中，学习/训练语料中含有不同的基本术语 1263 个，测试语料中则有 548 个，而仅包含在测试语料中的有 29 个。②测试语料中被识别的汉语术语有 564 个（另含有非汉语术语 20 个，标记为 T），参照核心词汇库，其中被正确识别的有 479 个，因此从汉语术语被识别情况（不含重复术语）来看，其正确率达到了 84.93%，召回率约为 87.41%，效果颇佳，遗漏识别被控制在可接受范围内；然而，仅出现在测试语料中的 29 个术语则仅仅被正确识别了 5 个，分别为"波纹""放风阀""矿料""冷轧钢筋""小料钟"，召回率仅为 17.24%，可见由于缺乏必要的语境训练，新术语的召回效果较差，但是也不代表不能识别新术语。③参照核心词汇库，被错误识别的汉语术语共有 85 个，然而笔者却发现其中有 77 个术语并非错误召回，而是在核心词汇库中没有记录，如"挡料阀""等温淬火炉""球磨钢""直接还原法""冷却槽""耐火炉"等。可见，被错误识别的汉语术语在领域专家的指导下，可部分加入核心词汇库；若实际应用环境下没有领域专家，笔者认为也可全部作为正确术语参加具体应用。由于被认为是错误识别的词汇中存在大量的领域术语，那么返回术语量最多的观察序列集合有可能成为最佳的特征模板。④将没有记录的新术语共 77 个添加到核心词汇库中，然后以 TMPT8（Z + G）作为特征模板，以 snowball 方式进行若干次题名实验，直至无新术语产生为止，结果如表 3 - 5 所示。在第 1 次 snowball 实验中，共有领域术语 3069 个，识别 2997 个，其中正确为 2930 个，F1 值达到了 96.60%，较初始值均有非常明显的提高；而后的第 2 次和第 3 次 snowball 实验，由于添加到核心词汇库中的新术语量较少，对最终结果的影响并不大。

表 3 - 5　　　　　　　　　　汉语术语正确识别统计

对比参数	数值（个）			
	初始	第 1 次 snowball	第 2 次 snowball	第 3 次 snowball
核心词汇库术语	6467	6544	6548	6549
训练语料汉语术语	1263	1284	1285	1285
测试语料汉语术语	548	614	618	619
仅存在于测试语料的汉语术语	29	81	84	85
被识别的汉语术语	564	570	570	570

续表

对比参数	数值（个）			
	初始	第1次 snowball	第2次 snowball	第3次 snowball
被正确识别的汉语术语	479	551	553	554
仅存在于测试语料中被正确识别汉语术语	5	58	60	61
不含重复术语的正确率（P）	84.93%	96.67%	97.02%	97.19%
不含重复术语的召回率（R）	87.41%	89.74%	89.48%	89.50%
不含重复术语的F1	86.15%	93.07%	93.10%	93.19%
被识别的新术语	77	4	1	0

（二）角色增加以及实验参数变化实验

前面的实验中，角色定义均为B、M、E、A、S共5个角色。为探讨角色定义的增加对实验结果的影响，笔者新增了两个角色P、Q，其中P代表术语首字的前一个字，而Q表示术语尾字的后一个字。当术语为连续术语时，如表3-2中的"铝"和"镇静钢"两个术语，此时术语的后一个字还是术语，优先标注术语，只有当术语的前或后一个字为非术语时，将其标注为P或Q。经过对特征模板的实验筛选，选择改进后的6个模板，以及相同特征组合顺序，测试结果如图3-4所示，在只有字序列本身时，两者差距较小，随着特征的增加，明显可看出无P和Q角色的识别效果较好。这说明角色的定义也需要适当，角色不恰当的增加反而不利于识别。

观察以上特征以及角色组合，选择P值、R值、F1值均最高的模板，即由ZTKG组成的模板进行软件边界参数c值，以及特征函数频次阈值f值的调整实验。c用于调节条件随机场模型中的数据欠拟合和过拟合之间的平衡。f用于限制训练数量中出现不少于f次的特征。①由图3-5上图可知，当f值为1时，识别效果最好，随着f值的增加，准确率、召回率、F1值均下降。这可能与本书所使用的专利文献语料特征较少有关。随着f的增加，低频的特征被过滤，导致识别出的正确术语数量减少。②图3-

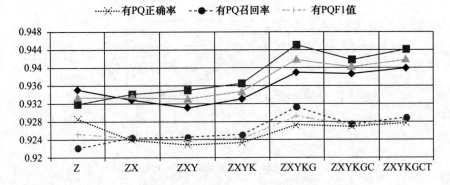

图 3 - 4　增加角色 P 和角色 Q 后的识别效果

5 下图显示，c 值的变化对识别效果整体波动不大，从 1 增大到 4 时，呈现上升趋势，随后迅速下降，而后又逐渐上升，到 c 等于 9 时，各项指标出现最大值。这说明 c 值的变化对识别效果整体影响不大。

二　术语合成实验分析

在 CRFs 机器识别（应用 TMPT8 特征模板）的基础上，笔者对抽取出的专利术语（共 2975 个，初始实验）进行了基于规则的合成计算。最终可获得合成术语 871 个，经由领域专家检验和确认，发现其中 743 个可作为领域术语，正确率达到了 85.30%；另有 128 个词汇为不适宜或错误合成，当然其中也包括了在机器识别阶段就出现差错的词汇。

表 3 - 6 列出了作为测试样本的 1000 件专利的题名中出现最频繁（出现 4 次及以上）以及篇幅最大（包含 12 个汉字及以上）的合成术语。同时，为了便于领域专家对基于 CRFs 机器识别出的基本术语和基于合成规则构建出的合成术语进行人工检测，笔者开发了专利术语抽取系统用于术语抽取和确认，详细功能将在本章第四节介绍。该应用建立在标注模型和合成规则库均已形成的基础上，能够自动抽取输入文本中的基本/合成术语，以供领域专家进一步核实和确认。

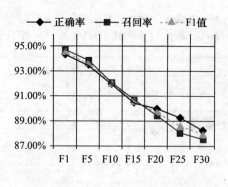

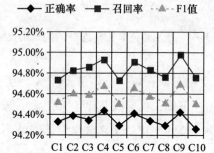

图3-5 频率参数 f 值调整（上）拟合参数 c 值调整（下）

表3-6 合成术语示例

频繁术语						大篇幅术语		
序号	合成术语	出现次数	序号	合成术语	出现次数	序号	合成术语	汉字个数
1	高炉风口	9	13	铁水脱硫	4	1	冲天炉高增碳强还原熔化铸铁工艺	15
1	铜冷却壁	9	13	脱硫喷枪	4	2	加热冷轧钢筋应变时效处理装置	14
3	转炉出钢	8	13	氧枪喷头	4	3	不锈钢管光亮退火炉冷却装置	13
4	高炉炉顶溜槽布料器	7	13	液压泥炮	4	3	感应氩氧喷粉精炼高合金钢炉	13

续表

频繁术语						大篇幅术语		
序号	合成术语	出现次数	序号	合成术语	出现次数	序号	合成术语	汉字个数
4	冷却装置	7				3	高碳高铬系模具钢复合强韧化	13
6	感应器	6				3	红外金属电阻带热处理加热炉	13
6	高炉冷却壁	6				7	高纯度轴承钢炉外精炼方法	12
6	密封装置	6				7	轨道式贝氏体等温淬火装置	12
9	淬火装置	5				7	炼铁高炉炉顶装料布料装置	12
9	热处理炉	5				7	模具激光表面处理数控机床	12
9	热处理设备	5				7	内燃机缸孔激光热处理工艺	12
9	制造方法	5				7	平衡式高炉炉顶溜槽布料器	12
13	淬火机	4				7	热处理炉电辐射管加热装置	12
13	淬火机床	4				7	设备脱水转子筛板清理装置	12
13	高炉炉顶	4				7	氧气顶吹转炉炼钢脉动氧枪	12
13	监测装置	4				7	氧气转炉煤氧复合吹炼工艺	12
13	气动开铁口机	4				7	中频感应加热淬火回火装置	12
13	生产方法	4				7	转盘式贝氏体等温淬火装置	12

三 面向摘要的扩展实验分析

专利的摘要中也含有很多的领域术语，而且其篇幅以及文本的复杂程度也都远远高于题名。为了进一步验证本书所提方法的准确性和实用性，也为了更准确地描述术语共现关系，笔者以专利摘要作为实验对象，进行了基本及合成术语的抽取。本次实验依然以前 6597 件专利作为学习对象，而后 1000 件专利作为测试对象，但是考察的文本是专利的摘要文本；依然采用字角色建模方法，以 CRFs 作为机器学习算法，学习参数 c = 1.0，f = 2（防止特征数量过大，导致无法计算），特征模板及其排序同表 3 - 4。

图 3 - 6 显示了各特征模板作用下专利术语的识别效果，并标出了各指标的峰值和谷值。①从总体上看，专利摘要中的术语总量远远多于题名，而各项评价指标值也远高于题名实验，CP 甚至接近了 100%，主要在于摘要文本的篇幅远大于题名，在相同专利数量情况下，学习样本规模更大，使得机器学习更为充分，识别效果被有效提高了。②就 F1 而言，5 个扩展特征的作用排序为 G > C > Y > K > X，除 X 外，含其他扩展特征的 F1 均高于无扩展特征的模板，可见在这次实验中，扩展特征大多起到了积极的作用，结合前述的"扩展特征的加入能够增强术语召回"的结论，可知在本实验中，扩展特征对 R 的贡献程度要大于它们对 P 的负面影响。③随着扩展特征的逐一加入，P 总体呈现下滑趋势，而 R 则表现出明显的上升势头，导致 P 和 R 之间的区别逐渐缩小，又由于 R 的上升速度明显大于 P 的下滑速度，因此 F1 总体呈现上升，可见扩展特征的加入能够平衡 P 和 R 并提高综合识别效果。④在所有特征模板中，序号为 9 的 TMPT8（Z + G）表现最好，其综合识别效果最佳，P 和 R 也都展示出较高水平，这一点与题名实验结果一致，可见扩展特征 G 对本书实验样本正面影响最大。如果不加说明，后续分析均以该结果为基础。

上述结果是在不考虑术语重复的情况下计算获得的，这也是术语识别率偏高的又一原因。那么，如果仅考虑可区分术语（distinct term），其结果如表 3 - 7 所示。①在测试样本中，共出现了 25310 个领域术语，由汉语术语（BMnE 和 S，核心词汇库中词语）与非汉语术语（T，符号数

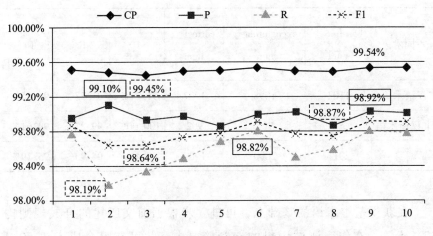

图3-6　面向专利摘要的术语识别结果（CP/P/R/F1）

字串）等两部分构成。前者共计21931个，其中含有1102个可区分（不同）术语；后者共计3379个，包括了909个不同的符号数字串，其中部分并非有效术语，如序号"［1］"等。②而在以TMPT8（Z+G）为特征模板的识别结果中，共抽取出25254个术语，其中汉语术语21888个，含有1098个可区分的不同词汇，非汉语术语3366个，由902个不同符号数字串组成。③在识别的汉语术语中，有1007个为核心词汇库所有，因此其正确率P和召回率R均超过了91%，F1为91.55%；非汉语术语的识别效果更好，P甚至达到了100%，仅有7个符号数字串没有被召回，当然此类对象也可通过正则表达式等基于规则的方法识别；最终，可区分术语的P超过了95%，而R接近95%，F1达到了95.19%，应该说，识别效果非常理想。可见，基于字角色模型的机器学习方法在I&SM领域的专利术语识别中，具有良好的应用效果。④笔者对错误识别的术语也进行了考察，共计91个。类似题名实验，这些术语并非都是错误的或不恰当的，只是在核心词汇库中不存在而已。其中如"奥氏合金钢""顶吹转炉""光亮退火""熔态还原炼铁""装料器"等都可认为是领域术语，这也说明前文提出的snowball方法是可行的、合理的。

表 3 – 7 可区分术语（不含重复词汇）的识别结果

不同术语	baseline_num	recognition_num	correct_num	P	R	F1
汉语术语	1102	1098	1007	91.71%	91.38%	91.55%
非汉语术语	909	902	902	100.00%	99.23%	99.61%
总计	2011	2000	1909	95.45%	94.93%	95.19%

在获得基本术语的基础上，可进一步根据前文所述的合成规则构建新术语。在作为测试语料的专利摘要中，共可获得合成术语 5013 个；笔者从中随机抽取了 100 个，经过领域专家人工检测，其中 23 个有误，正确率约为 77%，低于题名实验。笔者认为术语合成规则更适用于专利题名，一方面是因为题名篇幅较短，术语出现较为密集，而且为了更多地体现新颖性和创新性，很容易产生合成型的新术语；另一方面则因为摘要的语言环境更为复杂，合成规则容易造成更多的错误召回。

至此，在 1000 件专利文献的摘要文本中，共可获得基本术语 21888，合成术语 5013，非汉语术语 3366，当然其中包括了部分错误术语，也有部分术语尚未被召回。在实际应用中，由于字角色标注模型的高分辨率，可以认为据其返回的术语均为有效术语；而合成规则在摘要文本中的错误率较高，据其返回的术语的有效性则需要经过领域专家的进一步检测和确认。

四 术语抽取的实验结论

上面两个小节对 I&SM 领域专利术语的抽取进行了深入的剖析，最终目的是为了实现该领域知识本体的构建。为此，笔者按照本书介绍的方法，以所有专利的题名和摘要为实验对象：先以 CRFs 学习方式获取核心词汇库外的新术语，并以 snowball 方式重复上述过程，直至无新术语产生为止，此时专利文本中识别的术语均作为基本术语；第二步则基于合成规则构造新术语，均作为合成术语。如此，在 7597 件 I&SM 专利的题名和摘要文本中，共可获得基本术语 244672 个（含不同术语 2188 个），合成术语 61536 个（含不同术语 20074 个）。

经过本书的实验分析，不难发现：CRFs 机器学习方法在 I&SM 领域专利术语的抽取中具有非常好的效果，F1 值在 94% 以上，同时合成术语的准确率也可达到 75%，因此本书抽取的专利术语集合具有较强的可靠性。可想而知，若以人工标注构建学习语料，使得机器学习更加充分，那么术语抽取的效果也将更好。本书以核心词汇库代替人工标引来解决机器学习中训练语料不充分问题的方法具有一定的可行性，但是不可避免地也带来了诸多问题：一是准确性的问题，字符串匹配的标注方式无法有效解决交叉性歧义问题，而且长度较短的术语也有可能破坏原有词汇的完整性；二是充分性的问题，基本词汇库中的术语毕竟有限，无法对学习语料进行充分标注，因此会产生大量的无法识别术语，snowball 方法也只能召回其中一小部分。随着术语抽取任务的完成，术语在文本中的位置也得以确定，那么术语间关系的生成将是 I&SM 领域专利本体构建的下一步工作。

第三节　连续符号串的语义识别研究

经过前文的研究，笔者发现汉语专利文献中存在许多连续符号串（角色标注为 T 的对象），虽然大部分符号串具有明确的语义，但还有相当一部分符号串是无意义的。本节针对这些符号串在字序列（基本特征）、汉字特征的基础上提出 7 个符号串特征并进行实验，试图建立最佳模型以判别连续符号串是否具有语义，将其作为汉语专利术语自动抽取的补充研究。

本节将全部专利数据的题名与摘要作为原始语料并进行数据清洗。将以"；""、""，""。"和"《》"这 5 个标点符号分隔的语句作为短句，去除句末的标点符号并使用空格分隔，以一个单字为一个条目的形式拆分为字序列，汉字间夹杂的字符串作为一个整体不进行拆分，得到共计 1708306 条字序列记录。给字序列附上角色标签用于标注汉字和符号串，汉字和符号串可通过 Unicode 编码来区分，由于汉字的 Unicode 码数值较大，将 Unicode 码小于 43580 的条目标记为符号串，剩余的标记为汉字。此外，符号串的组成形式较为复杂，存在全角符号、半角符号混用的情况，如"（Ｅ）"和"（E）"两个字符串分别用了全角符号、半角符号但表达的意义一致，却需要不同的规则来约束。因此，在使用规则判别语义时本节将所有的符号串转化为半角符号以便于挑选字符串，训练、测试阶段仍使用原字符串。

一 基于规则的学习语料获取

首先尝试使用基于规则的方法，由于暂未有学者研究连续符号串的语义判别问题，也就是说，该领域尚未形成统一规则，因此笔者阅读相关文献并请教领域专家后人工总结归纳出规则，通过正则表达式判断字符串的语义，将有语义的字符串标记为 Y，无语义的标记为 N，不能确定的仍然标记为 T。其中，挑选正样本使用了以下规则：

（1）去掉空格后长度大于 2，且；

（2）含有"$""%""+""/""≤""·""〈""=""×""÷""≥""℃"">""±""*""Δ""θ"":"等符号，且；

（3）不在"〔〕""—""-""?""…""①""②""③""④""⑤""⑥""⑦""⑧""⑨""→"":""Ⅰ""Ⅱ""Ⅲ""Ⅳ""（Ⅲ）""（Ⅰ）""（Ⅱ）""（Ⅳ）""$""·"中，且；

（4）不是（一至三位数字）、（一个英文字母 + 一位数字）、（一位数字 +′）、（一个英文字母）、[一个大写英文字母 + 一位数字]、以 $ 开头、<一位数字>、→ [一位数字]、一位数字 +′、一位数字 +″、（δ [一位数字]）等组成形式的字符串。

这些规则需要 25 条正则表达式来约束。

挑选负样本使用了以下规则：

（1）不含"%""+""≤""·""〈""=""×""÷""≥""℃"">""±""*""Δ""θ"":"这些符号，且；

（2）组成形式为 $ [一个英文字母]、[一位数字 + 一个英文字母]、

［一个英文字母］、［一个大写英文字母＋一位数字］、以＄开头、（一至三位数字）、（一个英文字母＋一位数字）、（一位数字＋′）、［一个大写英文字母＋一位数字］、以＄开头、＜一位数字＞、→［一位数字］、一位数字＋′、一位数字＋″、（δ［一位数字］），且；

（3）组成形式不是（一位数字．一位数字）、［一位数字．一位数字］、｜一位数字．一位数字｜。

或者：

（1）不含"％""＋""≤""·""〈""＝""×""÷""≥""℃""＞""±""＊""Δ""θ"":"等符号，且；

（2）在"＄""〔""—""?""‐""①""②""③""④""⑤""⑥""⑦""⑧""⑨""→""——"": ""Ⅰ""Ⅱ""Ⅲ""Ⅳ""（Ⅰ）""（Ⅱ）""（Ⅲ）""（Ⅳ）""·""…""/"""""等记录中的字符串。

执行以上规则共运用了 56 条正则表达式。

借助正则表达式共识别出 12066 条 Y 记录，10866 条 N 记录，占全部符号串的 54.16%，即有近半的符号串无法被识别。因此，在下一步的研究中将已识别语义的符号串作为学习语料，使用机器学习的方法来识别符号串的语义。

由于学习语料较少可能会导致识别的正确率不高，且本文数据中以题名作为原始语料的字序列仅含 739 条符号串，人工识别工作量不大，因此笔者人工判别这些符号串的语义并将其加入学习语料中以增加学习语料规模。人工判别语义的符号串中有 304 条记录被标记为 Y，435 条被标记为 N，同时这些符号串中的一部分在上一步已经通过正则表达式被识别，故最终共获得 12075 条角色为 Y 的符号串记录，11172 条角色为 N 的记录。

二　基于机器学习的判别语义的方法

将标记为 Y、N 的字符串所在的语句加上分类特征，字序列（基本特征序列）、角色序列、汉字特征序列、字符串特征序列一起构成了样本。使用机器学习方法时有三个关键要素需要确定：字符的标注角色、特征

（包括汉字特征与字符串特征）、特征模板。其中，字符的标注角色由字的自身特点及其上下文语境特征决定，笔者定义了8种字符的标注角色，如表3-8所示。

表3-8   **字符的标注角色集合**

角色（R）	说明	示例
B*	术语首字	如"脱氧剂"之"脱"
M*	术语中字	如"脱氧剂"之"氧"
E*	术语尾字	如"脱氧剂"之"剂"
S*	单字术语	如"铁""锰"等
A*	非术语词中的字	如"一种钢水脱氧剂"之"一""种"
T	不能确定是否有意义的字符	如"（63"
Y	有意义的字符	如"A356"
N	无意义的字符	如"-"

*：角色的含义与表3-1相同。

使用特征有助于提高测试阶段的准确率，数据预处理时发现中文专利文献有以下特点：①当符号串长度较长时（如大于6），该字符串有较大可能为有语义的符号串；②标点符号、数字、字母的 ASCII 码有一个固定区间；③一些有意义的符号串（如42CrMo）含有数字；④有意义的符号串往往含有较多字母；⑤相当一部分有意义的符号串含有""*""+""%"":""℃""Δ""θ""×""±""≤""—""≥""λ""<"">"">"等特殊符号；⑥部分无语义的字符串由"-"","",""、""——""/"" """"（）""ⅱ""ⅳ""'""[ ]""$""→""①""②""③""④""⑤""⑥""⑦""⑧""⑨""…""?""""等标点符号、标号组成；⑦多数有意义的符号串以数字或字母开头；⑧专利文献包含较多化学元素如铝、铁、锰等；⑨范畴词较多，如工艺、装置、设备、系统等。根据以上特点，本书使用了5个汉字特征和7个符号串特征，如表3-9所示。

表3-9　　　　　　　　　　分类特征及其取值情况

特征类别	具体特征	取值情况
基本特征	字序列（Z）	汉字或连续字符串
汉字特征*	姓氏特征（X）	Y（姓氏字）／N（非姓氏字）
	音译特征（Y）	Y（音译外来字）／N（非音译外来字）
	领域特征（K）	Y（领域常用字）／N（非领域常用字）
	级别特征（G）	X（一级常用字）／Y（二级常用字）／Z（其他）
	分类特征（C）	X（指事字）／Y（象形字）／Z（形声字）／U（会意字）／V（其他）
字符串特征	字符串长度（L）	非负整数
	第一个字符的 ASCII 码（A）	正整数
	字符串中含有的数字个数（M）	非负整数
	字符串中含有的字母个数（H）	非负整数
	是否含有 "" "＊" "＋" "％" "："" "℃" "Δ" "θ" "×" "±" "≤" "—" "≥" "λ" "＜" "＞" "＞" 等特殊符号（S）	Y（含有）／N（不含）
	是否含有 "-，，、——／ "" （） ii iv' [ ] ＄→①②③④⑤⑥⑦⑧⑨…?"" 等标点符号、标号（P）	Y（含有）／N（不含）
	第一个字符是否为数字或字母（F）	Y（是）／N（否）

*：定义与表3-2相同。

采用 CRF + +0.58[1] 结合不同的特征模板通过 CRFs 算法生成序列标注模型，叠加不同特征来寻找最佳的建模条件，最后将生成的模型应用于标记为 T（无法判别语义）的字符串并判断效果。实验使用的特征模

---

[1]　CRF + +（http：//taku910. github. io/crfpp/）.

板如表 3-10 所示，这些模板主要用于调节训练和测试阶段用到的特征，由 TMPT0 至 TMPT8 依次扩展特征。其中，TMPT0 和 TMPT1 分别采用两种汉字标注角色方式来探究汉字角色对字符串识别正确率的影响。

表 3-10 　　　　　　　　　　CRFs 的特征模板

模板名称	观察特征	字长窗口	汉字标注角色
TMPT0	Z	5	ABEMS
			A
TMPT1	ZXYKGC	5	ABEMS
			A
TMPT2	ZXYKGCL	5	A
TMPT3	ZXYKGCLA	5	A
TMPT4	ZXYKGCLAM	5	A
TMPT5	ZXYKGCLAMH	5	A
TMPT6	ZXYKGCLAMHS	5	A
TMPT7	ZXYKGCLAMHSP	5	A
TMPT8	ZXYKGCLAMHSPF	5	A

三　语义判别的实验及应用结果

（一）基于基本特征的实验结果

将所有的汉字按 A、B、E、M、S 标记，使用表 3-10 中模板 TMPT0 进行实验，所得结果如表 3-11 所示。从总体上看，这 7 种角色的字符串大部分被判别正确了，但 Y、N、B、E 被判为 A 的记录数分别有 165、61、138、131 条，同时分别有 14 条 N、A 被判为 Y，其他误判条目也较多，语义识别效果不够理想。

表 3-11 　　　　　　基于基本特征的实验结果（汉字：ABEMS）

测试 ＼ 实际	Y	N	A	B	E	M	S
Y	1400	14	14	0	6	0	2
N	1	1735	0	0	1	0	0

实际 测试	Y	N	A	B	E	M	S
A	165	61	20350	138	131	31	18
B	2	0	30	4038	12	19	11
E	1	1	36	6	4032	22	14
M	0	0	3	6	9	704	0
S	0	0	0	7	4	1	623
总计	1569	1811	20433	4195	4195	777	668

为了探究汉字角色对符号串语义识别效果的影响，将所有的汉字只标记为 A 角色，使用表 3-10 中 TMPT0 进行实验，结果如表 3-12 所示。与表 3-11 的结果相比，角色 Y 的正确识别条目数从 1400 下降为 1372，正确识别的角色为 N 的记录也从 1735 条减少为 1718 条，分别有 196 条 Y、79 条 N 被判为汉字，表 3-12 的识别效果相对较差。这组实验说明在不扩展汉字特征与字符串特征进行实验时，汉字角色细分也许可突出汉字与字符串的差别，从而辅助符号串的语义识别。

表 3-12　　　　　　基于基本特征的实验结果（汉字：A）

实际 测试	Y	N	A
Y	1372	14	10
N	1	1718	0
A	196	79	30258
总计	1569	1811	30268

（二）基于汉字特征的实验结果

将样本加上汉字特征、汉字按 5 种角色标记，使用表 3-10 中 TMPT1 得到的结果如表 3-13 所示。对比表 3-11 的结果，Y 与 N 识别的正确率明显提高，角色 Y 正确识别条目数从 1400 增加为 1547，N 也从 1735 条增加至 1784 条，只有 2 条角色为 Y 的符号串被识别为 A，角色 A 被识别为 Y、N 的记录数分别为 7 条、4 条，其他角色之间的误判情况也相应减少，表明汉字特征可能会加强符号串的上下文语境的作用，以此帮助判别符号串的语义。

表 3 – 13　　　　基于汉字特征的实验结果（汉字：ABEMS）

实际 测试	Y	N	A	B	E	M	S
Y	1547	27	7	0	0	0	1
N	20	1784	4	0	0	0	1
A	2	0	20281	130	139	30	6
B	0	0	64	4031	13	18	15
E	0	0	67	11	4026	26	11
M	0	0	7	13	10	701	0
S	0	0	3	10	7	2	634
总计	1569	1811	20433	4195	4195	0	1

样本加上汉字特征后，将所有的汉字标注为 A 进行实验得到的结果如表 3 – 14 所示。从 Y、N 判断正确的记录数、Y 或 N 被判为 A 的记录数、A 被判为 Y 或 N 的记录数这几个结果来看，表 3 – 13 和表 3 – 14 相对应的数据差异均较小，说明使用汉字特征后增加汉字的角色对符号串语义识别的效果影响较小，后文为了减少工作量，将所有的汉字均标注为 A 角色进行实验。

从实验结果来看，存在字符串被识别为汉字、汉字被识别为字符串的情况。实际上汉字与字符串的区分较为简单，通过比较 ASCII 码即可修正，即人工将实际角色为 A/B/E/M/S 却被判为 Y/N 的条目的角色调整为 T。但微调对后续结果影响很小，且并不能提升实验结果的 P、R、F1 值，故后文不再对实验结果进行微调。

表3-14　　　　　　　　基于汉字特征的实验结果（汉字：A）

测试 ＼ 实际	Y	N	A
Y	1547	26	6
N	20	1785	4
A	2	0	30258
总计	1569	1811	30268

（三）基于字符串特征的实验结果

本小节着重讨论字符串特征对识别效果的影响，所有的实验将汉字统一标注为 A 角色，并使用前文列举的 5 个汉字特征。先分别使用单个字符串特征比较实验效果，然后依次叠加 7 个字符串特征来寻找最佳模型。

1. 单个特征

将字符串长度（L）、第一个字符的 ASCII 码（A）、字符串中含有的数字个数（M）、字符串中含有的字母个数（H）、是否含有指定特殊符号（S）、是否含有特定标点符号、标号（P）、第一个字符是否为数字或字母（F）作为字符串特征来实验，各角色在使用单个特征时的识别情况如表 3-15 所示，对比表 3-14 与表 3-15 进行分析：①使用特征 L 后角色 Y 与 N 识别正确的记录数略有增加，汉字被识别为字符串的情况也有改善，但是有 1 个无语义的字符串被识别为汉字。②使用特征 A 时角色 Y 识别正确的数目稍有降低，但角色 N 正确的数目明显增加。③从总体上说，使用特征 M 后角色 Y 正确识别的条目数并不算多，但 N 正确的记录数稍有提高。④特征 H 使得 Y、N 识别正确的记录数均有增加，且 Y 的正确数在 7 组实验中达到最高。⑤换用特征 S 后角色 Y 正确识别数略微降低，但角色 N 的正确识别数较高。⑥采用特征 P 时角色 Y 正确识别条目数相对较低，角色 N 正确的记录数增加得也并不明显，将汉字识别为字符串、将字符串识别为汉字的个数也相对增加，该特征可能对语义判别的作用相对较小。⑦运用特征 F 后 Y 识别效果相对较差，但 N 的识别效果较为理想，值得注意的是 Y 被判为 N 的条目数较多。

表 3 - 15　　　　　　　各角色在使用单个特征时的识别情况

实际角色	测试角色	使用的特征						
		L	A	M	H	S	P	F
Y	Y	1548	1541	1537	1550	1539	1538	1515
	N	19	26	29	17	25	28	48
	A	2	2	3	2	2	3	3
N	Y	20	13	20	22	19	22	16
	N	1790	1798	1791	1789	1792	1788	1795
	A	1	0	0	0	0	1	0
A	Y	1	6	6	6	6	7	1
	N	4	4	4	4	4	3	10
	A	30258	30258	30258	30258	30258	30258	30257

2. 特征叠加

将之前单独实验过的 7 个字符特征：L、A、M、H、S、P、F 依次叠加进行实验，根据实验效果确定最佳模型以便后续应用，各角色在依次叠加这些特征时的识别情况如表 3 - 16 所示：①叠加 2 个特征后 Y 和 N 识别正确的条目数明显提升，Y 被判为 N、N 被判为 Y 的记录数显著减少，说明特征 A 可以提升识别效果。②使用 3 个字符串特征时 Y 的正确数略有减少，N 的正确记录数增加 1 条，Y 被识别为 N、N 被识别为 Y 的情况略有减少，A 被识别为 N 的增加 1 条，表明叠加 3 个特征后识别效果得到了提升但不明显。③继续叠加第 4 个字符特征，从 Y 正确识别的记录数、Y 被判为 N/A 的情况来看效果有改善，但角色 N 的正确数略微减少且 N 误判为 Y 的条目数增加，说明叠加 4 个字符串特征对 Y 的识别效果提升显著，对 N 的识别效果作用不大。④叠加 5 个字符特征后 N 识别的正确记录数增加 4 条，角色 Y 的识别情况与使用 4 个特征时的效果相同，汉字被误判为字符串的条目数减少，这说明叠加 5 个特征又改善了 N

的判别效果。⑤叠加6个特征时，角色Y、N正确识别的数目与使用5个特征时的基本一致，减少了2条A被识别为N的记录，语义识别效果进一步提升。⑥当所有的字符特征叠加时没有汉字被误判为字符串，Y、N识别的正确数均较高，是识别效果最佳的一组。

表3-16　　　　　各角色在依次叠加特征时的识别情况

实际角色	测试角色	叠加特征个数						
		1	2	3	4	5	6	7
Y	Y	1548	1556	1551	1554	1554	1554	1554
	N	19	10	15	12	12	12	12
	A	2	3	3	3	3	3	3
N	Y	20	8	7	22	7	7	8
	N	1790	1802	1803	1789	1803	1803	1802
	A	1	1	1	0	1	1	1
A	Y	1	1	1	6	1	1	0
	N	4	3	4	4	3	1	0
	A	30258	30264	30263	30258	30264	30266	30268

（四）实验结果分析

本书使用正确率（P）、召回率（R）、F1值三个指标来评价识别效果。正确率被定义为分类正确的样本数与样本总数的比值，正确率越大误判的可能性越小；召回率的表示方式为正确识别的样本数与标注样本数的比值，召回率越高，漏标的正确样本数越少。F1值是P值和R值的加权调和平均值（权重$\alpha = 1$）。将使用表3-10中TMPT1（运用汉字特征且汉字按A标记）的结果、使用单个字符串特征的结果、依次叠加7个字符串特征的结果用这三个指标来横向比较，以确定最佳模型。

所有实验结果的正确率如图3-7所示。Y的正确率的最小值为98.15%，最大值为99.62%；N的正确率的最小值为96.87%，最大值为

99.34%。使用任一字符特征后 Y 的正确率均得到提升，效果最好的是特征 A。仅使用单一字符串特征 L、H 后 N 的正确率均上升了；A、M、S、P、F 这些特征使得 N 的正确率下降，尤其是使用特征 F 后 N 的正确率下降非常明显。依次叠加字符特征进行实验，Y 的正确率先提高后下降最后趋平，N 的正确率趋势总体为波动上升。当 L、A、M、H 叠加使用时，Y 的正确率最高；所有特征叠加使用，N 的正确率最高。

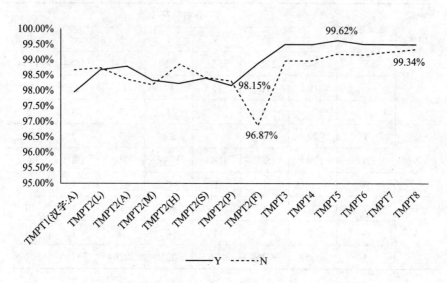

图 3 - 7 Y 和 N 的 P 值（注：使用表 3 - 10 中的模板）

各个实验的召回率的变化情况如图 3 - 8 所示。Y 的 R 值最低为 98.73%，最高为 99.67%；N 的 R 值最低为 96.56%，最高为 99.04%。除了 L、H 这两个特征对 Y 的召回率有改善效果外，其他特征都使 Y 的召回率降低了，尤其是使用特征 F 后 N 的召回率达到最低。单独使用 7 个字符串特征后 N 的召回率均得到提高，特征 A 对 N 的召回率的提升效果非常显著。依次叠加字符特征进行实验后，Y 的召回率呈先上升后趋于平稳的走势，N 的召回率总体呈先平稳上升后缓慢下降的趋势。当 L、A、M、H 叠加使用时，Y 的召回率最高；全部特征叠加使用时 N 的召回率达到峰值。

实验结果的 F1 值如图 3 - 9 所示。Y 和 N 的 F1 值变化趋势大致相同，Y 的 F1 值的峰值为 99.42%，谷值为 97.98%；N 的 F1 值最大为 99.33%，最小值为 97.71%。使用 M、P、F 这 3 个特征后两种角色的 F1 值都降低了，尤其是使用特征 F 后两个 F1 值均最低；使用其他特征时 F1 值均提高了。依次叠加字符特征进行实验后，Y 与 N 的 F1 值呈现波动上升后平稳的趋势。当 L、A、M、H 叠加时 Y 和 N 的 F1 值均为峰值，所有特征叠加使用时 Y 的 F1 值同样达到最大值。

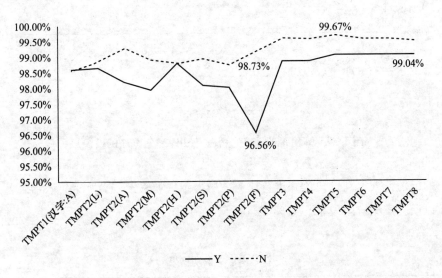

图 3 - 8　Y 和 N 的 R 值（注：使用表 3 - 10 中的模板）

综合上述实验结果及分析可知，前 4 个字符串特征叠加使用对语义识别效果起到了决定性作用，后 3 个字符串特征继续叠加时效果有提升但相比之下不够显著。Y 和 N 的正确率、召回率、F1 值的峰值并不在同一个模型中达到，同时考虑到全部特征叠加使用时没有字符串被误判为汉字，因此确定最佳模型为基本序列、汉字特征、所有字符特征叠加使用。

（五）基于机器学习方法在符号串语义识别中的应用

经过正则表达式判别后还剩余 19095 条是角色为 T 的字符串未能识别，对这些字符串应用最佳模型得到角色标注（Y 或 N），由于记录数较多全部由人工识别工作量巨大，因此各随机选取 100 条模型标注为 Y、N

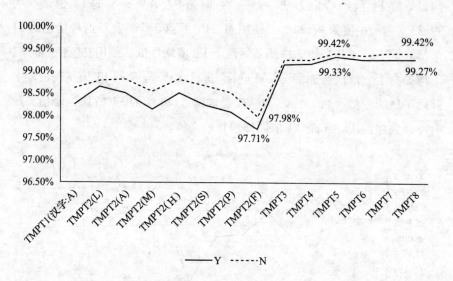

图 3 - 9　Y 和 N 的 F1 值（注：使用表 3 - 10 中的模板）

的记录，人工判别角色并进行比对，所得结果如表 3 - 17 所示，该结果可以反应模型应用效果。

表 3 - 17　　　　　　　　　符号串语义识别结果

测试 / 实际	Y	N	总计
Y	90	10	100
N	4	96	100
总计	94	106	200

计算可得 Y 的正确率 $P_Y = 90\%$，召回率 $R_Y = 95.74\%$，F1 值 $F1_Y = 2.78\%$；N 的正确率 $P_N = 96\%$，召回率 $R_N = 90.57\%$，F1 值 $F1_N = 93.21\%$，总体效果较为理想，误判条目如表 3 - 18 所示。

表 3－18　　　　　　　　　　　　　　　　误判条目列表

误判类型	序号	误判条目	所在语句	训练样本中条目数
N 判为 Y	1	1	其特征在于塞棒头 2 垂直固定在球弧状体 1 的弧面中部	0
	2	5	渣池内的水经过过滤器 5 过滤后	0
	3	8	渣池内的水由过滤器 8 过滤后	0
	4	10	吊挂螺杆 10	0
	5	11	通过将还原性气体 11 含有的硫分在还原炉 4 内移动到还原铁 3 上	0
	6	18	2 的加工区域 MA 附近设置的向导装置 16 自如移动的滑鞍 18 上	0
	7	25	25 抵接到轴向端面 801	0
	8	A	再根据阿仑尼乌斯关系式算出系数 A 和再结晶激活能	1
	9	9)	9) 中至少部分焙烧菱镁矿	0
	10	a)	重复步骤一 a) 过程	0
Y 判为 N	11	－200	磨细到－200 目 60% 以上	0
	12	B	B 及 Nb 中的一种以上	0
	13	(LT-H	该发明主要用特制的净化加热主包芯线（LT-H 主线）和辅助料微调钢水成分副包芯线（LT-H 副线）净化加热钢水	0
	14	"U"	倒 "U" 字型管的前后内壁分别设有阶梯形施感板	0

　　分析被判错的条目，总结得到以下可能原因：①大部分误判条目都是由于样本中该类型的条目较少，缺乏足够的学习样本，因此该类型的字符串容易判错。需要指出的是，每个语句中的纯数字条目无法使用规则判断语义，需要人工根据上下文语境识别（如"带动框架梁 7 向下快速运动"一句中的数字"7"是无语义的代称，而"第二级冷却器由吸收

式制冷机组提供7℃的冷却水"中的"7"是有语义的),但人工判断语义工作量太大,因此学习样本中该类型的条目极少,误判的情况相对多些。②某些语句较短不利于判断,如表3-11中"吊挂螺杆10"这个短句,字符"10"缺乏下文且其上文仅有四个汉字,判断难度较大,第7、12条同样属于这种情况。③同一字符串在某个语句中重复出现,前面字符串的角色会影响后面字符串的语义判断。例如,"从在第1加热位置进行的第1加热22(1)到在第n加热位进行的第n加热22(n)进行n次的加热"这句话中连续出现了4次"n",前3个"n"均为无语义的标号,可能导致了第4个"n"的误判。

不难发现误判的主要原因为缺乏足够的学习样本,因此可以通过将被确认为正确的测试结果加入样本中学习、再次实验并重复这一过程来解决,这种snowball的方式可以完善学习语料,提高模型识别的正确率。

分析这些规则无法判别语义的字符串,发现可大致分为以下几种情况:①如"III""34'"等出现频次极少、且无相同类型的条目,若使用规则判断只能一一列举;②纯数字条目以及B、C、S、P等需要人工根据上下文语境识别的条目(B、C、S、P等可能是化学表达式,也可能是代称);③一些书写不规范的记录,如"复吹转炉脱(S)率",此处的"(S)"应作硫的化学符号理解,应写作"复吹转炉脱硫(S)率",原文书写不规范导致使用规则容易误判。这些字符串使用本书构建的模型获得了较为理想的识别效果,说明机器学习算法可以通过上下文语境较好地判别字符串的语义。

四 连续符号串语义判别研究的结论

本节使用钢铁冶金领域的专利文献,首先通过正则表达式判断符号串的语义并将其作为训练及测试样本,然后采用机器学习方法,使用CRFs算法判别专利文献中的符号串是否有意义,寻找特征、建立了最佳模型并对规则无法判别语义的符号串进行应用。这种方法在其他领域具有较强的可移植性,且移植代价较小,原因如下:①在使用规则来获得样本阶段,所有的规则对含有连续符号串的中文文本具有普适性,并不具备领域特点。②在采用机器学习方法阶段,本文使用5个汉字特征和7

个符号串特征来辅助判别语义，仅汉字特征中的"领域特征"涉及领域常用字，与该领域关联较密切，其他特征与该领域联系较小。因此，在其他领域使用该方法时，仅需要改动汉字特征中的"领域特征"。

通过本文的若干组实验可以发现，不添加汉字特征与符号串特征进行实验时，符号串的识别效果均不够理想，但汉字角色的细分有利于符号串的语义判别。加上汉字特征后，识别效果显著提升，但增加汉字的角色对语义识别效果几乎没有影响。在此基础上本文还寻找了符号串长度（L）、第一个字符的 ASCII 码（A）、符号串中含有的数字个数（M）、符号串中含有的字母个数（H）、是否含有指定特殊符号（S）、是否含有特定标点符号与标号（P）、第一个字符是否为数字或字母（F）这七个字符特征，先分别单独使用这些特征并分析实验结果，然后依次叠加进行实验，根据实验效果确定最佳模型为基本特征、汉字特征、所有字符特征叠加。对正则表达式未能判别语义的符号串应用最佳模型得到角色标注，与实际角色对比总体效果较为理想。经过分析发现误判的原因大致有以下三种：缺乏足够的学习样本；部分语句较短不利于判断；同一符号串在某个语句中重复出现，前面符号串的角色会影响后面符号串的语义判断。

本书的局限性在于未将已判别角色的语料不断加入样本中学习、测试，进而通过 snowball 式的重复实验来完善学习语料，从而提高模型识别的正确率。

第四节　汉语专利术语抽取系统的开发和应用

经过第二节的实验，笔者总结获得了包括标注角色，特征集合以及特征模板组合等在内的 I&SM 领域术语抽取的最佳条件。在此基础上，为了进一步扩展核心词汇库，衍生出更准确的特征序列，并得到更精准的抽取模型，笔者开发了冶金领域汉语专利术语抽取系统。该系统以之前的实验为基础，增加了开放测试模块。下文将从系统设计以及系统功能对比两个方面对该系统进行介绍。

一 汉语专利术语抽取系统的设计

首先笔者将如图 3 – 1 所示的基于字角色标注的领域术语抽取模型转化为软件系统的不同模块，并形成了图 3 – 10 所示的模块图。

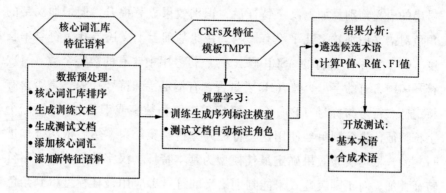

图 3 – 10　术语抽取系统模块

根据前期的实验操作，术语抽取过程被划分为语料生成阶段、序列标注阶段、新术语甄别阶段和应用阶段。而在本节开发的系统中，语料生成阶段对应"数据预处理"部分，序列标注阶段对应了"机器学习"部分，新术语甄别阶段也基本包含在"机器学习"部分的测试文本学习过程中，应用阶段则主要体现在"开放测试"部分。除此以外，系统还加入了"结果分析"模块，主要用于计算实验结果中的正确率、召回率等指标，同时还可直观观察到测试语料中识别出的新术语（未在核心词汇库中出现过的词汇），这部分术语通过领域专家的审核后可加入核心词汇库中，从而扩展核心词汇的数量，提升术语抽取准确率。

图 3 – 10 所使用的术语与第一节模型建立和验证时所使用的术语基本一致。详细功能和使用流程将在下一小节中说明。

（一）开发语言与运行环境

本书的专利术语抽取系统用 C#窗体开发；

开发环境：Windows 7 ＋IDE（Microsoft Visual Studio 2013）；

运行环境：Windows 7 Intel © Core™ i5 – 2310 CPU3.2GHz 内存 8.00GB。

鉴于该系统处理的文本数量较小，故系统所需文档均存放于文本文档中，生成的训练和测试文档也存储于在文本文档中，从而使其拥有依赖小，可移植性强的优点。系统的初始界面见图 3 – 11。

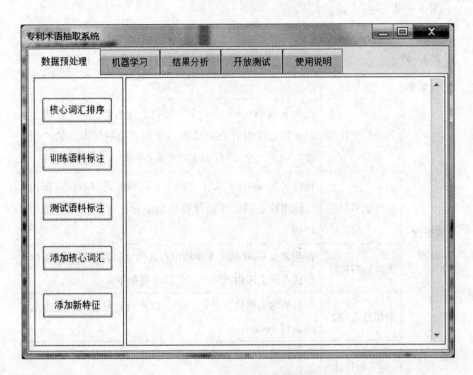

图 3 – 11　专利术语抽取系统初始界面

（二）基本设计概念和处理流程

本系统架构较简洁，菜单栏以机器学习过程为基础，共包括 5 个标签，依次为：数据预处理、机器学习、结果分析、开放测试与使用说明。由于该系统的运行依赖于 CRFs、核心词汇库以及训练语料等文件，因此"使用说明"部分的数据路径配置是该系统最基本且最重要的操作前提。系统中"数据预处理""机器学习"和"结果分析"标签分别对应机器学习的基本过程，在完成"结果分析"之后，可在"开放测试"标签中使用训练语料之外的其他领域文本作为测试语料，以便直观地对标注模型的术语抽取性能进行检测。若测试效果较好，可获得该领域的基本术语和合成术语，经领域专家确认后，可将新识别出的术语添加至核心词汇库，进行增量迭代；如果测试效果较差，可针对性地根据前期建立模型的步骤，采取适当的改进措施，如减少特征序列等。表3-19逐一介绍了图3-11中各个按钮的功能。

表 3-19　　　　　　　　　　　　系统功能描述

一级菜单	二级按钮	详细说明
数据预处理	核心词汇排序	在命名为 dictionary0 的文本文档中存入核心词汇，因为对语料标注时存在长术语包含短术语的情况，如"冶金"包含"金"，故需先对文本进行排序，长术语优先
	训练语料标注	在命名为 train0 的文本文档中存入训练语料后，该按钮将调用核心词汇库以及特征词汇标注观察序列和角色序列
	测试语料标注	在命名为 test0 的文本文档中存入测试语料，该按钮将调用核心词汇库以及特征词汇标注观察序列
	添加核心词汇	在右侧输入框输入核心词汇，以换行符号分隔，点击后添加到 dictionary0
	添加新特征	在右侧输入框输入特征词汇，以换行符号分隔，点击后添加到 features
机器学习	训练	将标注好的训练语料结合特征模板，以及 c 值默认为 1，f 值默认为 1 输入 CRFs 中，得到序列标注模型
	测试	将标注好的测试语料结合特征模板以及序列标注模型输入 CRFs 中，得到测试语料的角色序列
结果分析	性能分析	计算测试中术语抽取的正确率、召回率和 F1 值
	候选术语	计算测试中未出现在核心词汇中的新抽取词

续表

一级菜单	二级按钮	详细说明
开放测试	测试	输入待测试的语料，利用前期试验中效果最佳的序列标注模型抽取术语，得到基本术语后，再利用基本术语合成规则得到合成术语，该结果可供专家审核判断该术语是否正确。如果正确可在"添加核心词汇"处添加到核心词汇
使用说明	文件路径配置	所有语料放置的文件夹路径以及各文件名的含义说明，因为路径为基础也是所有后续工作的前提，所以稍作详细说明，参见图 3 –12 以及图 3 –13

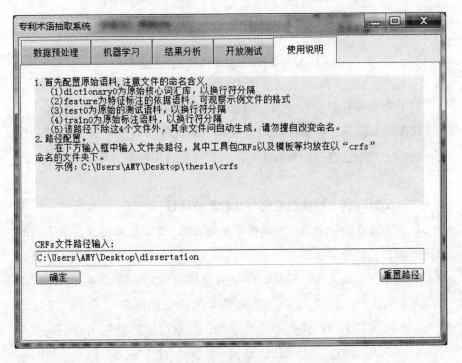

图 3 –12　专利术语抽取系统"使用说明"页面

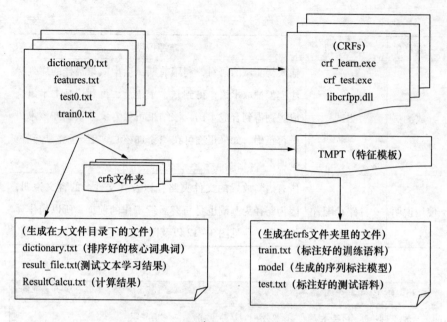

图3-13 专利术语抽取系统文件夹说明

以上功能和界面设置基本与术语抽取的流程一致，在已经得到序列标注模型的前提下，可直接使用"候选术语抽取"以及"开放测试"功能，在标注的角色符号一致的前提下，该功能通用性较为理想。

二 汉语专利术语抽取系统与其他系统比较

目前，国外较为成熟的术语抽取系统有 GATE，被认为是语言工程的软件架构，尤其是信息抽取插件 ANNIE，提供了英文分词，英文词表查询，英文分句，英文词性标注，英文抽取规则定义，英文命名实体识别和英文共指消解的功能，从而可以实现英文的信息抽取[①]。但是由于汉语分词存在较大的困难，词表不够专业化，以及汉语抽取规则并不成熟等原因，该系统较难应用于汉语信息抽取。而本书开发的专利术语抽取系统较好地弥补了这一缺陷。虽然核心词汇库有待进一步完善，但是经过

① You W. , Fontaine D. and Barthès J. P. , "An automatic keyphrase extraction system for scientific documents", *Knowledge & Information Systems*, Vol. 34, No. 3, 2013.

实验，已证实该方法行之有效，可以在后续的实验中，不断完善本系统以期待汉语术语抽取效率达到类似 GATE 的效果。

国内也有较为成熟的关键词或者命名实体抽取系统，国内较有代表性的张华平博士研发的 NLPIR 大数据搜索与挖掘共享平台（又名 ICTCLAS2013）能够全方位多角度满足应用者对大数据文本的处理需求，包括处理大数据完整的技术链条：网络抓取、正文提取、中英文分词、词性标注、实体抽取、词频统计、关键词提取、语义信息抽取、文本分类、情感分析、语义深度扩展、繁简编码转换、自动注音、文本聚类等。网页演示平台支持 Chrome、Firefox、IE（9 +）、UC、360（极速模式）等主流浏览器。为验证本书开发的系统的功能以及反思不足之处，本书选取 NLPIR，使用相同的测试语料做两者简要对比。由于本书中定义的术语抽取跟关键词抽取较为类似，所以该小节的对比主要利用其中的关键词提取功能，使用 Chrome 浏览器。

为便于下文对比实验效果，首先对对比的标准做简要说明：①由于句子较短，笔者在通读句子后能较完整理解语义，故比较的标准并非常用的评价指标如正确率、召回率等，而是人工审核两系统抽取出的术语，或是扩展到一般领域的关键词是否能较为准确全面地概括测试文本的主旨内容。此处仅以笔者的判断为标准，因为相同的实验语料以及不同的结果均在下文全部展示，不同的读者可对此有其他启发。②由于运行环境不一致，NLPIR 为浏览器服务器的模式（B/S）在线运行，其响应时长易受网速、并发数等因素的影响，本书开发的专利术语抽取系统为客户端服务器模式（C/S），而且主要在本机运行。它们的响应时间均不超过 10 秒，故在用时的效率上，本书不做对比。③此外由于选取语料范围的广阔性以及偶然性，该对比结果不能下一般性的定论，但仅说明在一些条件下，该系统功能较优。

实验语料对比条件的简要说明：①短句的界定：本书约定长度不超过 50 字为短句。②NLPIR 的在线语义分析系统的网址为：http://ictclas.nlpir.org/nlpir/。使用时间为 2016 年 12 月 21 日，最新的版本为 2016 版，刚刚增添关键词抽取的功能。③为方便下文说明，本书开发的汉语专利术语抽取系统简称为 PTES（Patent Terms Extraction System）。

（一）钢铁冶金专利领域术语抽取对比

为探究本书开发的 PTES 在领域术语方面是否具有一定的优势以及用途，故首先以钢铁冶金专利领域文本为实验语料。表 3 – 20 和表 3 – 21 详细描述了实验语料以及实验结果。其中带下划线部分的词汇为 PTES 与 NLPIR 抽取出的相同的词。因为初次使用两个抽取系统，故有截图显示。后续的实验将省略截图，根据实验条件描述，所有实验结果在 NLPIR 系统未改版的前提下均可重现。

表 3 – 20 短句术语抽取对比

语料来源	专利文献摘要
测试语料	本发明涉及带有环形布置垂直向上喷射燃烧器的球形顶燃式热风炉，有效解决热风炉燃烧气流温度与速度分布不均（50 字）
PTES	见图 3 – 14
基本术语	<u>喷射</u>；<u>燃烧器</u>；<u>热风炉</u>；<u>燃烧</u>；<u>气流</u>；<u>温度</u>；分布；顶燃式热风炉（22 字）
合成术语	喷射燃烧器；热风炉燃烧气流温度
NLPIR	见图 3 – 15（A），由于该系统图像界面较宽，故只截取了结果部分
所有关键词	<u>喷射</u>；<u>燃烧器</u>；<u>热风炉</u>；<u>燃烧</u>；<u>气流</u>；<u>温度</u>；<u>分布</u>；环形；向上；布置；发明；解决；垂直；带有；球形；速度；涉及（36 字）

如表 3 – 20 所示，首先在词语数量上，显然 PTES 抽取出的术语较少，为总字数的 44%，其中只有一个专业术语"顶燃式热风炉"NLPIR 未识别出来。而 NLPIR 词语字数达到总字数的 72%；从词语语义上分析，PTES 识别出的词语较能反映该测试语料的主旨。

长文本的语料为完整的一段摘要，并且短文本测试的语料为其开始的斜体部分。本书这样设置主要是为了探讨筛选关键词的依据，也就是说当测试文本变长的时候，之前识别出的关键词跟后面筛选出的关键词对比之后，是否会被突出或忽略。从表 3 – 21 中可看到，NLPIR 在短句中识别出的"温度"一词未在长度识别中出现。而 PTES 是将每个小句子作为一个整体进行识别，然后去除重复的术语。当然，PTES 依赖核心词汇库，识别出的大部分术语都出现在核心词汇中，但是也出现了核心词典未出现的词，如表 3 – 21 中带下划线的"环道"。从总体词语数量来看，两者抽取出的关键词数量相近。从抽取的不同的关键词来看，PTES 中的合成术语更能反映语义。如"煤气预热""烟气预热"等。除此之外，PTES 中包含的部分术语 NLPIR 未能识别出，如"顶燃式热风炉"，当然NLPIR 抽取出了"助燃空气""燃烧器墙体"等词，说明其具有更好的通用性。总体而言，在钢铁冶金专利领域，PTES 能抽取出大部分的术语，体现了较好的效率。同时，在进行此实验时，可以将 PTES 识别的关键词中被专家认为是术语的词添加到核心词汇库。该实验将在下一小节进行。

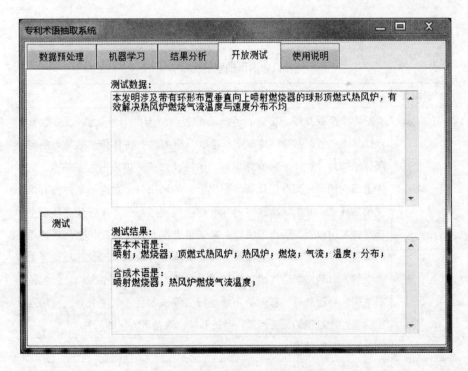

图 3 – 14　PTES 短文本开放测试结果界面

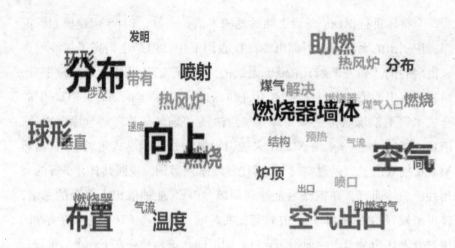

图 3 – 15   （A）NLPIR 短文本关键词提取   （B）NLPIR 长文本关键词提取

表 3 – 21   长句术语抽取对比

语料来源	专利文献摘要
测试语料	本发明涉及带有环形布置垂直向上喷射燃烧器的球形顶燃式热风炉，有效解决热风炉燃烧气流温度与速度分布不均，整体传热效果差的问题，结构是，炉体下部有烟道口、炉底及炉箅，炉体内为蓄热室，炉体上部与炉顶之间有燃烧器，炉顶上有热风出口，燃烧器墙体内有煤气预热环道，其上部膨胀体内有助燃空气预热环道，煤气预热环道上部有煤气出口及其顶部的喷口，燃烧器墙体上有与煤气预热环道连通的煤气入口，煤气入口上部的燃烧器墙体上有助燃空气预热环道与助燃空气入口和助燃空气出口相连通，空气出口上部有空气喷口。本发明结构独特而新颖，有效而巧妙地解决气流混合，气流分布，与烟气预热等燃烧过程的关键问题，经济和社会效益巨大（293 字）
PTES	见图 3 – 16
基本术语	燃烧器；助燃；热风炉；燃烧；气流；分布；煤气；预热；炉顶；喷口；温度；传热；炉体；烟道；炉底；炉；蓄热；热风；环道；烟气；过程；喷射；顶燃式热风炉（74 字）

续表

语料来源	专利文献摘要
合成术语	喷射燃烧器；热风炉燃烧气流温度；煤气预热；预热环道；气流分布；烟气预热；燃烧过程
NLPIR	见图 3-15（B），由于该系统图像界面较宽，故只截取了结果部分
所有关键词	<u>燃烧器</u>；<u>助燃</u>；<u>热风炉</u>；<u>燃烧</u>；<u>气流</u>；<u>分布</u>；<u>煤气</u>；<u>预热</u>；<u>炉顶</u>；<u>喷口</u>；解决；燃烧器墙体；煤气入口；结构；空气；入口；问题；出口；助燃空气；空气出口（70 字）

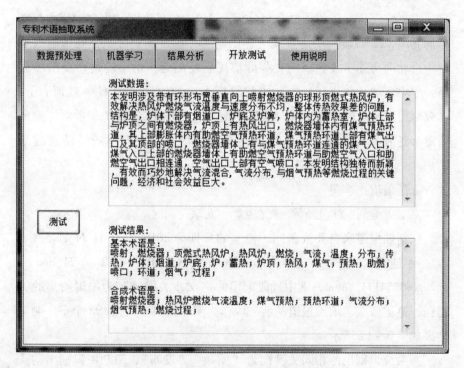

图 3-16 PTES 长文本开放测试结果界面

（二）非钢铁冶金专利领域术语抽取对比

本节所有实验条件与（一）一致，仅将短句的语料更换为："北京今晚24 时解除空气重污染红色预警 明日恢复五日制尾号限行。"而长句的语料更换为：

"刚刚从北京市空气重污染应急指挥部获悉，12 月16 日启动的空气重污染红色预警将于今晚24 时解除，明日恢复机动车五日制尾号限行，尾号3 和8 车辆停驶。"

市空气重污染应急指挥部发布消息，全市将于2016 年12 月21 日24 时解除空气重污染红色预警。届时各项应急措施随即终止，如机动车单双号行驶等应急措施随即解除，恢复执行车辆尾号限行交通管理措施；教育主管部门也将组织开展全市中小学、幼儿园等的复课工作。此次北京市空气重污染红色预警的启动与解除指令均提前发布，是为了各单位、各部门提前准备，便于市民朋友及早知晓、提前安排。

根据空气质量监测预报会商分析，12 月21 日夜间，我市中层大气转为偏北风，22 日凌晨中高空风力逐渐增强，温度明显降低，我市空气质量将自北向南逐步改善。需要提醒市民朋友的是，由于前期污染浓度较高，冷空气渗透作用较慢，污染清除需要一段时间，22 日早晨到上午，部分时段局部地区空气质量改善还不明显，预计至22 日中午前后，空气质量将达到良好水平。请市民朋友根据实时空气质量状况，注意健康防护。

责任编辑：李鹏

文章关键词：红色预警 空气质量　北京"

该新闻报道来自新浪新闻，检索的日期为 2016 年 12 月 21 日下午 5 点，网址是：http：//news. sina. com. cn/c/nd/2016 – 12 – 21/doc – ifxytqaw0254171. shtml，其中选段末尾的"文章关键词"为编辑给出的关键词，笔记截取了该篇报道的前 3 段作为实验语料，共计492 个字。测试结果如图 3 – 17 所示。

两系统识别出的相同关键词为"质量""发布"，NLPIR 识别出的关键词包含：应急，空气质量，全市，部门，机动车，车辆，措施，改善，需要，应急措施随即，质量，市民朋友，启动，空气，提前，恢复，污染，解除。PTES 抽取出的关键词此时显得有些拙劣，因为部分词语通过机器学习以后被错误地分隔了，如"应急"一词几次被分隔，但是在合成术语里，在标题以及关键词中均出现过的词语"重污染红色预警"，以及较为重要的关键词"预警"均被抽取出来了，而该词并没有在核心词

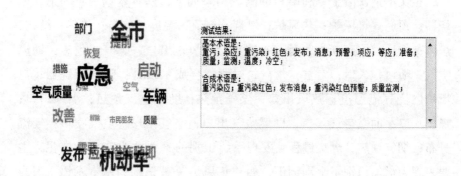

图 3 - 17　非钢铁冶金专利领域语料
（A）NLPIR 术语抽取结果　（B）PTES 抽取的结果

典中出现。这说明 PTES 在相关领域也表现出了一定的积极作用，即当 PTES 应用于其他领域时，能更集中地抽取与本领域相关的信息，而忽略和过滤其他因素。

三　专利术语抽取系统的实验分析

结合上小结的分析，笔者将 NLPIR 识别出的关键词中认为能反映主题的词，以及笔者认为较能反映主题的词加入核心词汇库，再次训练生成新模型，并使用新模型进行测试以观察变化。添加的核心词汇为：应急，空气，煤气入口，空气出口，助燃空气，空气质量，恢复，结构，出口，入口。整个实验用时 17 分钟。

使用上文新浪新闻的测试语料得到的结果中基本术语有：空气；重污染；应急；红色；市空气；发布；消息；预警；项应；等应急；准备；监测；温度；冷空；气渗；质量；合成术语是：空气重污染应急；空气重污染红色；市空气重污染应急；发布消息；空气重污染红色预警；冷空气渗等。与之前相比，新识别的术语有"市空气"；同时把之前误识别的"染应""重污""等应"等词进行了修正，还原为"应急""重污染""等应急"等；在增添核心词汇之后，合成术语变得更能突出主题了。

　　长文本钢铁冶金专利语料的测试结果如下，基本术语有：喷射；燃烧器；顶燃式热风炉；热风炉；燃烧；气流；温度；分布；传热；结构；炉体；烟道；炉底；炉；蓄热；炉顶；热风；出口；煤气；预热；助燃空气；喷口；入口；空气；烟气；过程；合成术语是：喷射燃烧器；热风炉燃烧气流温度；热风出口；煤气预热；助燃空气预热；煤气出口；煤气入口；助燃空气入口；助燃空气出口；空气出口；空气喷口；气流分布；烟气预热；燃烧过程。发现系统识别的术语并没有太大变化，主要表现为增加识别了个别词汇，如"热风炉"被识别为基本术语。因为模型的训练基于统计来进行，所以小范围地增加核心词汇，对领域内语料的识别效果影响不大，但是不断地积累以后，将会有明显的效果。

　　鉴于文章篇幅，本小节没有对大量外部语料进行测试。但是 PTES 能较方便地进行此类实验，这也是开发该小型系统的目的之一。

第五节　本章小结

　　从总体上看，本章的研究内容可以归纳为三个部分。

　　本章第一部分旨在介绍一种术语抽取的模型，该模型在无训练集的情况下，利用收集到的核心词典进行基于字角色的序列标注，同时利用搜集到的特征集合扩展观察序列，通过 CRFs 得到序列标注模型。实验结果表明：角色和特征的数量不一定成正比，模型对语料的依赖性很强，也就是说，它由特定的语料而定。但是总体而言，特征数量的增加能在一定程度上提高召回率。在本书涉及的 I&SM 领域中，级别特征 G 的扩展效果最佳，能得到较高的正确率。当 7 个特征同时扩展观察序列时得到的召回率最高。本书涉及的领域中较适合用 3 字长窗口，同时不带横向间隔特征约束。c 及 f 设为 1 即可，其改变对结果的影响不大。

　　本章第二部分探究了字序列（基本特征）、汉字特征、字符角色的标注方式对符号串语义判别效果的影响，在此基础上寻找了字符串长度（L）、第一个字符的 ASCII 码（A）、字符串中含有的数字个数（M）、字符串中含有的字母个数（H）、是否含有指定特殊符号（S）、是否含有特定标点符号与标号（P）、第一个字符是否为数字或字母（F）这 7 个字符特征，先分别单独使用这些特征并分析实验结果，然后依次叠加进行实验，根据实验效果确定最佳模型为基本特征、汉字特征、所有字符特征叠加。对正则表达式未能判别语义的字符串应用最佳模型得到角色标注，与实际角色对比总体效果较为理想。经过分析发现误判的原因大致有以下三种：缺乏足够的学习样本；部分语句较短不利于判断；同一字符串在某个语句中重复出现，先出现的字符串的角色会影响后出现的字符串的语义判断。

本章第三部分首先提出了 PTES 系统的设计结构图，然后详细介绍了其功能与使用流程，接着笔者将 PTES 与国内较有代表性的张华平博士开发的 NLPIR 大数据搜索与挖掘共享平台（又名 ICTCLAS2013）中的关键词抽取功能进行了对比。很明显，NLPIR 针对的是通用领域，而 PTES 则以 I&SM 专利领域作为其学习和应用场所，因此在对非 I&SM 专利领域文本抽取关键词时，PTES 显示出了较多不完善的地方。然而，PTES 系统允许用户自行构建学习样本，因此，在保证学习样本和使用场景均为同一领域（如 I&SM 专利领域）的情况下，PTES 系统的表现较通用型的 NLPIR 更为出色。此外，PTES 系统在现阶段仅实现了汉语术语抽取功能，即本章第一部分的研究内容，但并没有集成连续符号串的语义识别功能（本章第二部分的研究内容），可见 PTES 系统的功能尚有缺陷，有待于今后进一步丰富和完善。

第 四 章

汉语专利术语间的层次
关系识别研究

　　本章以本体学习技术作为理论指导，对从专利文本的标题和摘要中
抽取出的较大规模领域术语进行层次关系识别，并构建含有上下位关系
的专利知识本体。现有的针对专利文本进行术语层次关系识别的研究，
以人工操作为主流，所构建的领域专利知识本体规模有限，难以应对规
模化应用需求。因此，本章的研究工作，建立在自动化或者半自动化的
总体方向上，尝试通过多重方法的融合来实现领域专利术语层次结构体
系的自动化形成。所采用的多重方法体系主要包括以下三种：基于多层
次聚类的方法，形式概念分析（FCA）的方法以及基于奇异值分解
（SVD）的方法。从方法的功用上来说，基于多层次聚类的方法是层次关
系识别和构建的主体方法，形成层次结构的骨架；FCA 则主要识别在词
素上具有重叠部分的术语关系以及严格满足文档共现原则的术语关系；
SVD 则尝试获取具有潜在特征的术语关系。最终，本书尝试将以上三种
方法获取的层次关系进行融合。本章内容的结构亦如以上所论述的次序
展开。

第一节　基于多层次聚类的汉语专利术语
间的层次关系识别

　　本节论述采用多层次聚类的算法框架，进行汉语专利术语间的层次

关系识别的研究。在传统的采用聚类算法进行层次关系识别的基础上，重点就基于复杂语料构建共现矩阵、聚类类目数确定方式以及类目标签抽取等方面进行探讨。本节研究的特点在于较为系统、完整地阐述了基于聚类算法进行专利术语层次关系识别的理论模型及方法路径，并自动化实现了一定规模的专利本体构建。本节所构建的仅含有层次关系的专利知识本体，在形式上是术语按照概念的宽泛程度有序组织而形成的知识库，是专利术语层次结构的骨架。

一 多层次聚类层次关系识别模型

专利术语层次关系识别的主要理论模型与方法路径如下：以经典的K-means 算法为基础搭建主算法框架，采用多重聚类的方式对由领域术语构建的语义空间矩阵进行层层划分，自动化生成每个术语所属的层次类目号，并将之转换为树状层次结构进行存储，最终形成较大规模的、只含有层次结构的领域知识本体，进行可视化展示。所设计的针对从非结构化专利文本中抽取领域术语来构建知识本体的方法，是一套完整专利本体构建方案中的几个重要环节。我们首先搭建了从领域专利术语抽取到专利知识服务这一过程的总体框架模型，并将本节重点论述的四方面主要内容，在这一逻辑框架中标注出来，其具体内容呈现在图 4－1 中。

在图 4－1 中，标注①的虚框部分主要涉及基于复杂语料背景构建术语共现矩阵的方法，其主要理论基础在于两个方面：一是术语—文档共现矩阵的构建，二是术语在标题中与在摘要中的信息量权重比例的确定；标注②的虚框部分是基于 PCA 降维辅助确定 K-means 聚类的首层 K 值，其核心在于如何采用降维可视化的方式将术语集合"黑箱"以直观的方式呈现出来，从而方便用户进行观察，降低类目确定的盲目性与主观性，提高层次结构的准确性；标注③的虚框部分是在多重聚类的过程中抽取非重复性类目标签，主要考量如何使得层次结构中的标签不重复，从而保证层次结构的清晰性以及底层知识类目的可解释性；标注④的虚框部分则是专利知识本体的存储与可视化，重点在于将生成的术语层级类目坐标转换为层次结构，进而在 OWL 的辅助下实现知识结构的本体化与可视化。因此，接下来每小节的具体论述将一一对应图 4－1 中所标注的序列，在论述过程中将更为详细地阐述所涉及的理论基础、逻辑框架以及方法过程。

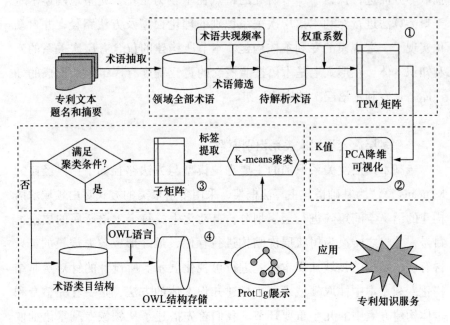

图4-1 基于多层次聚类的层次关系识别及本体生成研究模型

二 基于位置加权的术语共现矩阵构建

(一) 数据预处理

在本体学习的6层次理论体系中，本节的研究处在第4层，建立在领域术语抽取的基础上。本节研究的专利术语，由课题组成员采用机器学习的方法从"钢铁冶金"（Iron and Steel Metallurgy, I&SM）领域的专利文献中获得，该方法以领域核心词汇库为基础，采用基于字角色标注的术语识别模型，通过循环迭代方式重复条件随机场的学习过程，并在此基础上，基于合成规则构造新术语。该方法的基本术语（或简单术语）抽取F值高于94%，合成术语的准确率也达到75%，为术语层次关系识别的研究打下了良好基础。本节从数据的清洗、频次统计以及基于共现原则的术语筛选三个方面，对数据预处理工作进行说明。

1. 数据清洗

此处的数据清洗主要包含两个方面的工作，一方面，删除错误术语。在术语抽取阶段，受机器学习方法以及合成规则准确率的限制，术语抽取难免存在一定错误，然而由于术语数据量较大，不可能将所有的错误术语全部识别并剔除，因此笔者仅依据简单的规则，去掉一些明显错误的术语。例如，"转炉炉"，造成错误的原因是基于合成规则的误识别，"转炉"是基本术语，在专利文本中存在这样的句子"转炉炉内……"，合成规则将"炉内"的"炉"与"转炉"组合，造成错误；"方法包""工艺流程包"等，造成错误的原因可能是机器学习的误识别，在专利文献中存在术语"铁水包""钢水包"等术语，"铁水包""钢水包"是用于冶炼铁、钢的浇注设备，术语"方法""工艺流程"后面往往接连"包括以下步骤"的句子，机器学习在学习阶段将"包"单独与前缀术语合并，造成了类似的识别错误。数据清洗阶段共删除类似错误术语 39个，共计 677 频次。错误术语的删除在一定程度上提升了基于术语分布的共现矩阵的有效性。

另一方面，保留合理术语。所谓的保留合理术语，意思是保留在术语抽取阶段获取的同一位置的基本术语。例如，编号 CN100999768 的专利标题为"一种高炉冷却壁"，按照机器学习的抽取规则会输出"高炉""冷却壁""高炉冷却壁"三个术语，即在同一位置同时出现了简单术语和组合术语，在语义上存在冗余现象，理应将简单术语删除，但是在本节的研究中却同时保留这三个术语。理由是，本节研究的内容是术语的层次关系，以整个领域为关注范围，因此类似以上的案例，"高炉"或"冷却壁"即是"高炉冷却壁"的上位类，依据术语语义空间的构造和计算规则，保留"高炉"和"冷却壁"，即增加了两个术语向量之间的语义关联度，有助于类似上下位关系的识别。

2. 频次统计

术语频次统计是传统科学计量学的重要内容，透过术语频次统计以及术语分布情况的分析，可以从一定程度上了解术语所对应领域的知识概况。首先，依据术语的出现频次对术语进行统计，统计的原则是某术语在专利文献中出现 1 次则记为 1，出现 N（N > 1）次则记为 N。表 4-1

展示了出现频次前 30 位的高频专利术语。

表 4-1　　　　　　I&SM 领域出现频次前 30 位的术语展示

序号	术语名称	频次	序号	术语名称	频次
1	方法	9383	16	还原	2735
2	装置	6808	17	设备	2389
3	炉	5680	18	碳	2042
4	工艺	4292	19	技术	2007
5	冷却	3976	20	转炉	2004
6	生产	3886	21	过程	1678
7	钢	3750	22	炼钢	1673
8	高炉	3625	23	合金	1671
9	淬火	3572	24	铝	1592
10	加热	3474	25	制造	1584
11	热处理	3296	26	工件	1529
12	金属	3184	27	钢水	1523
13	温度	3176	28	铁水	1483
14	控制	3056	29	冶炼	1417
15	铁	2860	30	退火	1375

在术语抽取阶段，经过数据清洗后共获得领域术语 22207 个。在出现频次在前 30 位的术语中，前 4 位分别为"方法"9383 次、"装置"6808次，"炉"5680 次，"工艺"4292 次。可以发现高频术语均是领域概念宽泛的术语，通过观察高频术语可以大致了解对象领域的知识概况。为进一步对术语分布情况进行刻画，绘制了术语频次分布趋势图，如图 4-2所示。

图中将术语频次分成 8 个等级：等级 1（频次为 1）、等级 2（频次为2）、等级 3（频次为 3）、等级 4（频次为 4）、等级 5（频次为 5）、等级6（频次为 6—10）、等级 7（频次为 11—99）、等级 8（频次为 100—

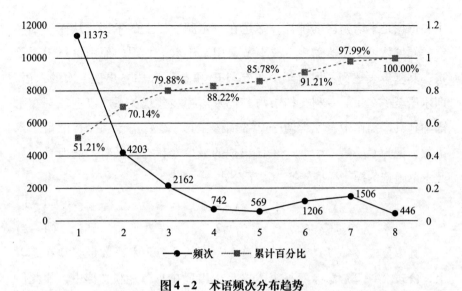

图 4 - 2　术语频次分布趋势

10000)。图 4 - 2 展示了 8 个等级各自的术语总频次，以及每个等级术语占术语总量的累计百分比。从图 4 - 2 中可以发现，随着等级增加，术语的总频次呈降低趋势，累计百分比增长趋势变慢。在所有 22207 个领域术语中，仅出现 1 次的术语有 11373 个，占术语总数的 51.21%，超过了一半；频次为 2 以上的术语占总量的 48.79%；频次在 100 以上的术语总数为 446，仅占总数的 2%。由此可见，在作为研究案例的 I&SM 领域，存在大量的低频术语，或者称为新术语。

3. 术语筛选

本书所研究的术语是在领域核心词典的基础上，采用增量迭代的方式获取部分新术语，再通过合成规则生成大量组合术语。因此，从理论上来说，所有的 22207 个术语均是领域相关术语，都可以纳入术语层次关系识别的范畴，但是实际上依然需要对术语进行筛选。筛选的基本考量原则为：提升所有算法和运算的基础——术语共现矩阵的稠密性。本节采用的算法框架的数学基础之一即为术语—文档共现矩阵，由于矩阵的稠密度在算法和结果的有效性上起到重要作用，因此术语频次统计数据可知，频次为 1 的术语占总数的 51.21%，若将这一部分术语纳入共现矩阵中，矩阵必然处于极度稀疏状态。又因为一般来说，进行术语筛选的主要依据是术语频次的统计，筛选在一定频次以上的术语，从而达到一定的领域认可度和覆盖率。故本节采用基于术语共现的原则进行术语筛选，其基本表述为：保留至少在专利 P_i 和专利 P_j 中各出现 1 次的术语，即术语至少在 2 篇专利文档中与其他术语存在共现关系。以上原则在术语筛选具体操作中，隐含两个基本阈值：其一，每篇专利文档的最小术语数，记为 C_d；其二，每个术语出现的最少专利文档篇数，记为 C_t。如此术语筛选的操作标准转换为以下公式：

$$C_d \geq 2 \tag{4-1}$$

$$C_t \geq 2 \tag{4-2}$$

其中公式（4-1）意味着每篇专利文档的最小术语数量必须在 2 以上，公式（4-2）意味着每个术语至少出现在两篇专利文档中，如此便能保证术语—文档共现矩阵中，每个术语均能与其他术语产生语义关联，不存在孤立的术语；提高共现的频率（大于 2）则相应提高了矩阵的稠密性，从而在最基本的层面保证了矩阵的稠密性。经检验，I&SM 领域的 7957 篇专利文献（包括标题和摘要）数据中，每篇文献的术语量均大于 2，因此满足公式（4-1）的标准。接下来，从共现频次统计的角度，对公式（4-2）的标准进行分析，统计原则是：若术语在某专利文档中出现则记为 1，在同一篇专利文档中出现多次的不重复计算。

使用上文的 8 个等级对所有术语进行划分，结果如图 4-3 所示：只在 1 篇专利文档中出现的术语为 15500 个，占到总数的 69.8%，显然该领域大量的术语仅在一篇文档中出现；共现频次在 100 以上的术语有 251 个，仅占 1.13%。依据公式（4-2），保留共现频次在 2 以上的术语，从而得到术语 6707 个，占总数的 30.2%，其中简单术语（如"高炉""冷却壁"）1745 个，组合术语（如"高炉冷却壁"）4962 个。若依据术语频次为标准进行术语筛选，出现频次在 2 以上的术语为 10834 个，数量远超过按照共现频次获取的术语，可见以共现频次作为筛选标准更为严格。以出现频次为 2 的共有 4202 个术语为例，其出现在两篇文档中的仅有 1527 个，63.7% 的术语仅出现在 1 篇文档中，由此进一步说明采用共现频率获取的待识别术语，生成的术语—文档共现矩阵稠密性更好。

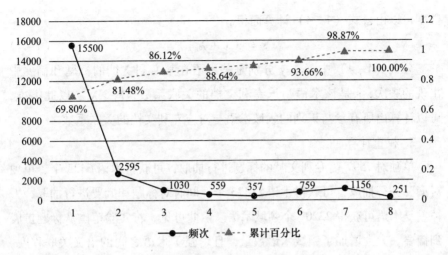

图 4 - 3　术语共现频次分布趋势

（二）位置加权

1. 加权公式

本节研究利用从专利非结构化文本的标题和摘要两部分抽取的领域术语数据进行。将术语关系的识别从单纯的标题范围扩展到摘要，不仅增加了领域术语的数量，也提升了术语之间的语义关联程度，使得术语之间的语义关系更为复杂。标题所蕴含的语义信息往往比摘要具有更高的浓缩性，因此在构建术语与专利文档的关联性时，必须考虑术语出现的位置信息，针对术语出现在标题或者摘要对术语赋予不同的权重，故笔者设计公式（4－3）确定基于位置信息的术语权重。

$$\frac{\sum_{1}^{n} \frac{f_a}{f_t}}{n} \approx \frac{\lambda_t}{\lambda_a} \tag{4-3}$$

公式（4－3）的含义是，取所有在标题和摘要中同时出现的术语作为统计对象，若某术语在摘要中出现的总频次为 f_a，在标题中出现的总频次为 f_t，统计所有 n 个术语在摘要中出现频次和在标题中出现频次的比值的平均数，该平均数可以近似地看为领域术语在标题中和在摘要中的权重比例。设定某术语出现在摘要中和标题中的权重分别是 λ_a 和 λ_t，那么对于某个特定的术语在特定的专利文档中，其术语与专利文档的关联系数则可以由公式（4-4）计算而得。

$$s = \lambda_t x + \lambda_a y \qquad (4-4)$$

公式（4-4）中，x，y分别是某术语在某专利文档的标题和摘要中出现的频次，s是该术语与该专利文档的关联系数，$\lambda_t > \lambda_a$。以此类推，可以计算出所有参与识别的领域术语与对应专利文档的关联系数。

2. 权重计算

单独对7597篇专利文献的标题进行抽取，可获得术语6423个，单独对摘要进行抽取，可获得术语21473个，同时对标题和摘要进行抽取，去掉重复术语可获得22207个领域术语。由此可见，将实验范围从标题扩展到摘要，大大增加了领域术语数量，且增强了术语之间的语义关联程度。依据公式（4-3）对术语权重系数进行统计，如表4-2所示。

表4-2　　　　　　　　术语权重系数统计（局部）

序号	术语名称	标题中频次	摘要中频次	比值
1	方法	3421	5962	1.74
2	装置	1462	5346	3.66
3	炉	524	5156	9.84
4	冷却	247	3729	15.10
5	工艺	897	3395	3.78
6	加热	137	3337	24.36
7	钢	454	3296	7.26
8	生产	620	3266	5.27
9	温度	36	3140	87.22
10	淬火	499	3073	6.16
11	控制	260	2796	10.75
12	高炉	834	2791	3.35
13	金属	400	2784	6.96
14	热处理	706	2590	3.67
15	铁	334	2526	7.56

续表

序号	术语名称	标题中频次	摘要中频次	比值
16	还原	226	2509	11.10
17	技术	60	1947	32.45
18	设备	449	1940	4.32
19	碳	196	1846	9.42
...	...	...	...	...
5646	装置布料器	1	1	1.00
5647	装置淬火炉	1	1	1.00
5648	准晶	1	1	1.00
5649	钻孔方法	1	1	1.00
5650	钻孔装置	1	1	1.00
合计	—	—	—	28148.13

表中参与计算的范围为领域全部术语,同时参与计算的术语需在专利标题和摘要中同时出现过,经统计有 5650 个术语满足条件,以此为基础统计出来的权重系数将作为其他所有术语的代表。例如,术语"方法"在标题中共出现 3421 次,在摘要中共出现 5962 次,则二者的比值为 1.74。所有 5650 个代表术语的比值总和为 28148.13,以之为分子,以 5650 为分母,依据公式(4-3)获得数值 4.98,约等于 5,此数值含义为某术语出现在标题中的重要性大概是出现在摘要中重要性的 5 倍。因此为了便于计算,确定了术语—专利关联系数的计算公式,即令 $\lambda_t = 1$,则 $\lambda_a = 0.2$,将公式(4-4)转换为 $s = x + 0.2y$。

(三)共现矩阵生成分析

在本节研究中,采用 F = (T, P, S) 的三元组来描述术语与专利文档的对应关系。其中包含 3 个集合:T 是对象的集合,P 是属性的集合,

S 是 T 和 P 之间的一个二元关系集合，即 S ⊆ T×P。tSp 表示 t∈T 与 p∈ P 之间存在关系 S，读作"对象 T 具有属性 P"。因此，令术语作为对象，文档作为术语的属性，将 F 用自然语言表示就是 <术语，文档，关联系数>，作为一个整体转换为术语—专利矩阵（Term-Patent Matrix，TPM）。在 TPM 矩阵中，每一行代表一个术语，每一列代表一个专利文档，而术语与文档关联的数值，即关联系数，正是公式（4-4）左边的 s，因此当完成了每个术语与专利文档的关联系数后，即可通过程序将 F 三元组转换为 TPM 矩阵。从 TPM 行的视角来看，每个术语即是一个向量，以术语 T 为例，其模型如下：

$$T = (0, 0, 0, s_i, \cdots, s_j, 0, 0)$$

若文档数量为 N，则向量 T 的维度为 N，其中 s_i 是术语 T 与文档 i 的关联系数，s_j 是术语 T 与文档 j 的关联系数；术语在某文档中出现，则向量中对应位置的关联系数非零，其余位置均为 0。经典的基于 one-hot 编码的术语—文档矩阵构建规则是，术语在文档中出现记为 1，不出现记为 0，则单个术语的向量简易模型为：

$$T = (0, 0, 0, 1, \cdots, 1, 0, 0)$$

由此可以发现，本节研究所采用的矩阵或语义空间的主要特点在于术语与文档关联系数的设定与计算。生成 TPM 矩阵的具体步骤为：（1）透过公式（4-4）获得该领域术语位置权重系数；2）完成每个术语与所有文档之间一一对应的关联系数计算；3）将关联系数纳入术语向量中，生成各自术语的 N 维（文档个数）向量；4）将所有术语的向量组合起来，即形成完整的 TPM 矩阵。例如，"高炉"在专利 Pi 的标题中出现 1 次，在摘要中出现 5 次，则其与 Pi 的关联系数为 $1+0.2×5=2$；以此类推，可以获得"高炉"与其他专利的关联系数，并生成"高炉"的术语向量；利用该方法获得所有其他术语与所有专利的关联系数，生成术语向量，将所有术语向量组合，即完成了 TPM 的生成。本节研究的术语对象共有 6707 个，专利文档 7597 篇，因此生成规模为 6707×7597 的 TPM 矩阵，该矩阵中共有 140337 个非零术语—专利语义关联。表 4-3 展示了 TPM 的部分结构。

表4-3   TPM 矩阵局部展示

P T	P_1	P_2	P_3	P_4	P_5	P_6	P_7	P_8	P_9	P_{10}	P_{11}	P_{12}	…
…	…	…	…	…	…	…	…	…	…	…	…	…	…
工艺	0	0	1.6	0	0	0	0	1.6	0	0	0.2	1.8	…
过程	0	0	0.4	0.2	0	0	0	0	0.4	0	0	0	…
回转	0	0	0	0.6	0	0.2	0	0	0	0	0	0	…
机械	0	0	0	0	0	0	0	0.4	0	0	0.2	0	…
技术	0	0	0.4	0	0	0	0	0.2	0	0	0	0.2	…
加热温度	0	0	0	0	0	0	0	0	0.2	0	0.2	0	…
镇静钢	0	0	1.8	0	0	0	0	0	0	0	0	0	…
制备方法	0	1.4	0	0	0.2	0	0	0	0	0	0	0	…
苯	0	0	0	0	0	0	0	0	0	0	0	0	…
变形	0.4	0	0	0	0	0	0	0.2	0	0	0	0	…
电炉钢	0	0	0	0	0	0	1.2	0	0	0	0	0	…
钙	0	0	0.2	0	0.4	0	0.2	0	0	0	0	0	…
钙粉	0	0	0	0	0.2	0	0.2	0	0	0	0	0	…
钢	0.2	0	0.2	0	0	0	0	0	0	0	0	0	…
钢包精炼	0	0	0.8	0	0	1.2	0	0	0	0	0	0	…
…	…	…	…	…	…	…	…	…	…	…	…	…	…

三 基于 PCA 降维辅助聚类的类目确定

（一）聚类算法及类目

本节研究以聚类算法作为基础，进行术语层次关系的识别。首先要解决的问题是聚类算法的选择。面对本节的研究任务，有三种经典的算法可供选择：基于层次的聚类算法，如层次聚类[①②]（Hierarchical Clustering，HC），HC 可以从底层开始逐层将聚类对象聚合成簇，并形成连贯的树状结构，对象之间层层相连，然而 HC 是典型的小而精的算法，适合小型的、内容清晰的数据，难以应对本研究涉及的大规模数据集；基于密度的算法，如 DBSCAN[③]（Density-Based Spatial Clustering of Applications with Noise），它基于一组"邻域"参数来刻画样本分布的紧密程度，从数据集中选择一个核心对象作为"种子"，并由此出发确定相应的聚类簇，然而该算法在运行的过程中会将扩散在语义空间外围的数据点识别成噪声点而剔除，因此面对本书所采用的数据集会造成大量术语的损失；基于划分的聚类算法，如 K-means 算法，其优势是算法简单易行、处理速度快、划分效果好，适宜规模较大的数据集，因此本节即采用 K-means 作为基础算法。然而，K-means 的内在特性，决定其在使用过程中需要关注一些基本问题，本小节从算法的阐述、聚类类目的确定两方面进行探讨。

1. K-means 聚类算法

针对本节研究术语，存在术语集合 $M = \{x_1, x_2, \cdots, x_n\}$，$x_i$ 表示一个术语向量，共有 n 个领域术语。*K-means* 算法的目标就是将 n 个术语划分成 K 个簇，即 $C = \{C_1, C_2, \cdots, C_k\}$，使得公式（4-5）即最小平方差获得最小解。

$$E = \sum_{i=1}^{k} \sum_{x \in C_i} \| x - \mu_i \|_2^2 \qquad (4-5)$$

其中 $\mu_i = \dfrac{1}{C_i} \sum_{x \in C_i}$，是簇 C_i 的均值向量，公式（4-5）从一定程度上刻画了簇内术语围绕均值向量的紧密程度，E 的值越小簇内数据相似

---

① Knijff J. D., Frasincar F. and Hogenboom F., "Domain taxonomy learning from text: The subsumption method versus hierarchical clustering", *Data & Knowledge Engineering*, Vol. 83, No. 1, 2013.

② Sung S., Chung S. and Mcleod D., "Efficient concept clustering for ontology learning using an event life cycle on the web", *ACM Symposium on Applied Computing*, 2008.

③ 易明、操玉杰、沈劲枝等：《社会化标签系统中基于密度聚类的 Web 用户兴趣建模方法》，《情报学报》2011 年第 30 卷第 1 期。

度越高，如此便将同质术语尽可能聚在了一起。找到公式（4－5）的最优解属于 NP 难题[①]，而 K-means 算法采用了贪心策略，通过迭代优化来求近似解，其算法的简略步骤如下：

输入：$M = \{x_1, x_2, \cdots, x_n\}$；

聚类簇数 K。

步骤：

（1）从 M 中选择 k 个样本作为初始均值向量 $\{\mu_1, \mu_2, \cdots, \mu_k\}$；

（2）计算每个术语向量 x_i 与均值向量 μ_i 的距离（本节采用余弦距离），按照距离最近原则，将每一个术语归到一个类别中，计算新的均值向量 μ_i，并替代原来的均值向量 μ_i；

（3）用新的均值向量重新聚类，聚类结束再次计算各簇的均值向量，均值向量不断迭代，直到不再更新。

输出：簇划分 $C = \{C_1, C_2, \cdots, C_k\}$。

通过以上算法的描述可以发现，在 K-means 运算过程中 k 值的确定以及初始聚类中心，即初始均值向量的选择对结果的影响至为关键。在本节的专利术语层次关系识别中，首先将术语整体集合划分成 K 个大类，使得概念相似的术语聚成簇，因此接下来探讨 K-means 算法的 K 值确定问题。

2. K 值确定

K-means 最大的特征之一，就是需要用户在使用中，首先确定即将划分的簇的个数，即 K 值。一般情况下，是用户通过对聚类对象进行分析，依据领域特点确定 K 值的大小，或者先确定一个 K 值的范围，通过不断的运算后选取最佳结果。用户自主确定 K 值的基本条件是对聚类对象有充分的了解，并且数据集不能太大。显然，在数据集较大、数据内部状态不明朗的情况下，人工确定 K 值主观性较大。尤其在类似本节的研究任务中，第一层聚类的结果，会直接影响接下来聚类的有效性，因此确定好首层聚类 K 值显得十分重要。

---

① Aloise D., Deshpande A., Hansen P. et al., "NP-hardness of Euclidean sum-of-squares clustering", *Machine Learning*, Vol. 75, No. 2, 2009.

由于上述原因，很多学者尝试各种方法探索 K-means 的 K 值确定问题。其中最为经典的研究是 Tibshirani R 等人[1]（2000 年）以及 Pelleg D 等人[2]（2002 年）发表的启发性方法。前者引入了"gap statistic"，通过观察 gap statistic 的数据趋势图，将数值下降最快的点所对应的 K 值作为最优聚类数；后者则通过不断的迭代获得最好的 BIC 得分参数，从而确定最佳 K 值。在此方法的启发下，不断有人提出确定最佳 K 值的方法，总结来说，就是先设计一个指标，在聚类的过程中，得到不同的指标值，找出最符合条件的指标值所对应的 K 值作为最佳聚类类目[3][4]。基于一定指标或算法确定 K 值的方法，在特定的数据集上可能具有不错的效果，但是很难保证其移植能力，而且很多指标在算法的实际运行中过于复杂，需要调整的参数较多，因此面对不同的领域，依然需要结合领域特点采用适当的 K 值确定方法。

（二）PCA 降维

本节获取 K 值采用的思路是，通过将术语数据集可视化，从而直观地、辅助性地进行 K 值的确定，该方法对于本节所研究的数据对象是有效的。谈到数据可视化，以矩阵形式表达的术语—文档数据往往是高维、稀疏的，必然需要将数据降低到二维或者三维空间中，然后才能实现可视化，而 PCA 就是最为常用和经典的降维方法之一。本节从 PCA 的引入以及应用两个方面进行阐述。

1. PCA 的思想及算法

主成分分析[5]（Principal Component Analysis，PCA）是一种重要的数

① Tibshirani R., Walther G. and Hastie T., "Estimating the Number of Clusters in a Data Set via the Gap Statistic", *Journal of the Royal Statistical Society*, Vol. 63, No. 2, 2010.

② Dan P. and Moore A. W., "X-means: Extending K-means with Efficient Estimation of the Number of Clusters", *Seventeenth International Conference on Machine Learning Morgan Kaufmann Publishers Inc*, 2005.

③ 边鹏、赵妍、苏玉召：《一种适合检索词推荐的 K-means 算法最佳聚类数确定方法》，《图书情报工作》2012 年第 56 卷第 4 期。

④ 王勇、唐靖、饶勤菲等：《高效率的 K-means 最佳聚类数确定算法》，《计算机应用》2014 年第 34 卷第 5 期。

⑤ 周志华：《机器学习》，清华大学出版社 2015 年版，第 226—232 页。

据降维方法。其基本原理是将原始高维矩阵的多变量转换为少数几个综合变量，即主成分，从而达到对原始矩阵的线性降维。其解释是，假设在一个正交属性空间中，有一些样本点，使用某一个超平面，将样本点重新投影到超平面上，可以对样本点进行重新表示，所要达到的目标就是在去掉样本点噪声的同时，充分保留样本点原有的信息。这样的超平面具有两方面的性质：最大重构性，即样本点到整个超平面的距离足够近；最大可分性，样本点在这个超平面上的投影能尽可能分开。可以证明这两个特性能同时推导出 PCA 的最优解，下文以最大可分性进行说明。

样本点 x_i 在新的超平面上的投影是 $W^T x_i$，如果所有样本点的投影尽可能分开，则应该使得投影后样本点的方差最大化。投影后的样本点方差是 $\sum_i W^T x_i x_i^T wW$，于是通过推演优化将目标变成 $XX^T W = \lambda W$。故只需对协方差矩阵 XX^T 进行特征值分解，将获得的特征值排序：$\lambda_1 \geq \lambda_2 \geq \cdots \geq \lambda_d$，再取前 d' 个特征值对应的的特征向量构成 $W = (w_1, w_2, \cdots, w_{d'})$，便为 PCA 的解。其算法描述如下：

输入：$M = \{x_1, x_2, \cdots, x_n\}$；

期待降低的维度 d'。

步骤：

（1）对原始矩阵 X 进行特征中心化；

（2）计算 X 的协方差矩阵 XX^T；

（3）对协方差矩阵 XX^T 做特征值分解；

（4）取最大的 d' 个特征值所对应的特征向量 $w_1, w_2, \cdots, w_{d'}$；

输出：$W = (w_1, w_2, \cdots, w_{d'})$。

通过 PCA 降维，舍弃了原始矩阵的部分信息，增大了样本的密度，同时消除了数据中噪声的影响，达到了去噪的效果。

2. PCA 的应用

针对本节研究，使用 PCA 技术对 TPM 矩阵进行降维，并在二维空间中进行可视化，直观地展示数据在语义空间的分布，使得术语集合不再是难以琢磨的黑箱，而是可以观察的，并能够从一定程度上了解其内在分布与特征。

结合 TPM 矩阵的特点，近 80% 的术语向量仅含有个位数的非零属性值，整个矩阵呈现稀疏状态，适合 PCA 所采用的线性降维方式；其中小部分术语的关联系数和远高于大部分术语的关联系数，这样的术语（如"方法""工艺""装置""炉"等）必然有规律地散落在二维空间的外围，由此可以从整体上判定领域术语应当划分的类目数。由于 PCA 降维的结果是稳定的，通过二维术语分布图，不仅可以判定术语划分的类目，还可以启发性地确定每个类别的代表性术语，即标签术语，这在接下来的无监督多重聚类过程中将起指导性作用，从而筛选出与术语分布图较一致的聚类结果。

本节使用 PCA 降维技术确定整个领域术语层次结构的第一层类目数，从而把握整个层次结构术语分布的大方向，并以此作为多重聚类过程的指导标准。

（三）基于术语分布的 K 值确定分析

本书使用 Matlab[①] 自带的 PCA 降维函数，对 TPM 矩阵进行降维处理，将矩阵降到二维并使用 compute_ mapping 函数将术语在二维空间的分布可视化展示出来。接着依据坐标数据，对相应的术语进行标记。坐标数据如表 4 - 4 所示，术语分布图如图 4 - 4 所示。

表 4 - 4　　　所有术语数据集降到二维后的空间坐标值（局部）

术语序号	术语名称	x 轴坐标值	y 轴坐标值
1024	方法	73. 6144382	- 22. 870795
6708	装置	26. 4017853	50. 3112227
3677	炉	17. 7878328	6. 631138
4898	生产	16. 9634073	- 5. 2685552
4511	热处理	14. 72583	8. 30783868
1979	工艺	14. 7015212	4. 06746508

---

① Matlab 官网（https：//www. mathworks. com/products/matlab. html？s_ tid = hp_ products_ matlab）。

续表

术语序号	术语名称	x 轴坐标值	y 轴坐标值
1280	钢	13. 9996903	- 4. 9873408
2903	金属	12. 72748	0. 61758602
1586	高炉	11. 9198399	11. 909595
3320	冷却	11. 5120532	8. 97490496
519	淬火	11. 4628762	12. 7030245
2150	还原	11. 2917155	- 1. 5343689
5249	铁	11. 2311713	- 4. 7865621
6448	制造	10. 4714119	- 5. 1810654
3148	控制	10. 1954596	3. 40476132
…	…	…	…

　　首先，对所有的 6707 个术语组成的语义空间进行 PCA 降维处理，结果如图 4 - 4 所示。显然术语"方法"和"装置"分布在图 4 - 4 的上下两端，因此可以将分布的术语切割成 3 大块，上部以"装置"为代表，下部以"方法"为代表，中间部分的术语另作一块。然后，从 TPM 矩阵中剔除术语"装置"和"方法"，再进行 PCA 降维处理。去掉了两个关联系数和较大的术语后，图 4 - 4 框中原本较为集中的术语分布被放大，且术语之间的相对位置有所变化，具体情况由图 4 - 5 展示出来，所对应的术语空间坐标在表 4 - 5 中显示。

表 4 - 5　　　　　　去掉"方法""装置"后术语数据集降到
二维后的空间坐标值（局部）

术语序号	术语名称	x 轴坐标值	y 轴坐标值
1979	工艺	27. 74653471	- 4. 204040248
3677	炉	24. 40035318	6. 842765266
4511	热处理	19. 74936064	- 20. 9446947
4898	生产	19. 37482624	10. 14559923

续表

术语序号	术语名称	x 轴坐标值	y 轴坐标值
1280	钢	15. 75527266	3. 628214321
519	淬火	15. 38077449	− 29. 40302549
3320	冷却	12. 89264301	− 10. 07206374
2150	还原	12. 73227507	11. 9563455
2903	金属	11. 93117049	1. 676191678
5249	铁	11. 48130754	9. 83354104
1586	高炉	11. 24810688	12. 22809384
4858	设备	11. 13544338	0. 132208879
2686	加热	11. 03717896	− 6. 577877316
3148	控制	9. 94104332	− 2. 194930802
5594	温度	8. 622777622	− 2. 726185853
…	…	…	…

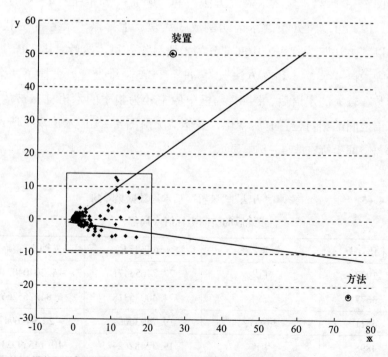

图 4 - 4　PCA 降维后术语在二维空间的分布

观察图 4 - 5 可以发现，术语分布大致被纵轴 y = 0 切割成上下两块，其中上部分以术语"炉"为代表，下部分以术语"工艺"为代表。综合图 4 - 4 和图 4 - 5 的术语分布结果，笔者启发性地将整个领域术语划分为 4 大类，分别以术语"装置""方法""炉""工艺"为代表，并将此作为多重聚类过程的指导标准。因此，在多重聚类的过程中，首层聚类的 K 值设定为 4，其余层聚类的类目数将由设定的类目公式自动确定。

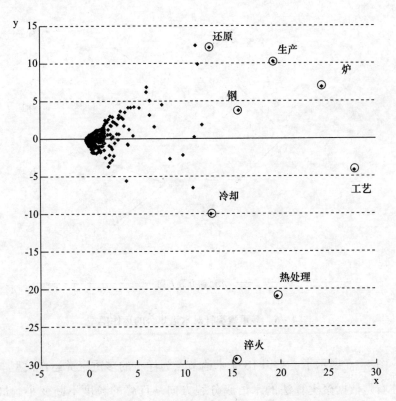

图 4 - 5　剔除"方法""装置"PCA 降维后术语在二维空间的分布

四　层次结构中的类目标签抽取

（一）层次结构模型

众所周知，K-means 作为经典的聚类算法多被用来划分对象集合，使完整的数据集合分成若干簇，并满足簇内相似度最大，簇间差异性最大的条件，常见的应用有文本聚类、关键词聚类和图像分类等。本节研究则将 K-means 用在术语层次关系的构建和识别中，从算法的运作模型、生成的层次结构模型以及所要达到的两重目标三个方面进行说明。

1. 算法运作模型

本研究算法运作的核心就是以 k-means 为基础不断重复聚类的过程，称为多重聚类或多层聚类。以若干术语节点为例，展示这一模型过程，如图 4-6 所示。

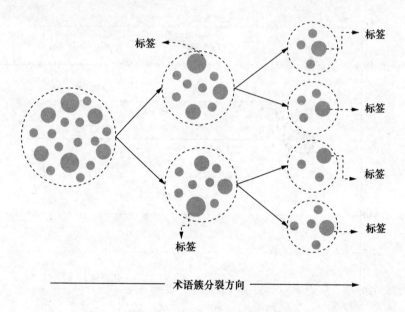

图 4-6　多重聚类针对术语集合的运作模型

图 4-6 展示了一个以 18 个术语节点为样本的多重聚类运作模型。从左往右是依据聚类算法的术语簇分裂方向，且簇的粒度不断变小。最左边的簇是完整的 18 个样本点，簇样本标签由用户指定，对其进行第一次聚类，K=2；第二层出现 2 个簇，各有 9 个术语节点，其中每簇最大的节点被抽取为该簇的标签，并在下一层的聚类中被剔除；再一次对 2 个子簇进行聚类运算，K=2，第三层出现 4 个簇，每簇中最大的节点被抽取为该簇的标签，如此便完成了整个层次结构的生成。

2. 层次结构模型

对图 4-6 的多重聚类结果进行整理，便可获得以 18 个术语为样本的层次结构模型（如图 4-7 所示）。

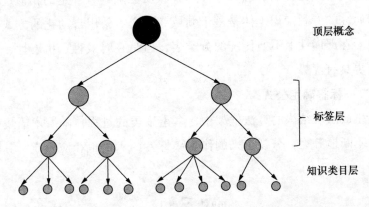

图 4-7 术语层次关系结构模型（以 18 个术语节点样本，4 层结构为例）

图 4-7 所示的结构模型中，最顶层的节点代表整个领域，一般依据领域的性质人为命名；中间若干层则是由领域术语中概念较宽泛的术语组成的类目标签层（对应图 4-6 中标记的标签），理论上上层节点是下层节点的上位类；底层则是由去除作为标签的术语之外的所有术语，依据彼此之间的语义相似度组成的一个个簇，即领域知识类目。中间层术语的确定是术语层次关系识别的重要环节，意味着底层术语不仅依据彼此的相似程度组合在一起形成知识类目，而且具有了明确的含义。

3. 两重目标

通过以上模型的展示和分析，可以清晰地看出本节采用的基于 K-means 多重聚类算法对领域专利术语识别有着两重目标：一方面是将领域术语按照彼此之间的语义相似程度以簇为单位进行划分，使得语义相似度接近的术语尽可能聚集在同一个簇中，如此形成一个个专利知识簇；另一方面是使领域术语整体形成一个具有层次等级的树状结构，使得语义概念较宽泛的术语处在层次结构的上层，语义概念较专深的术语处在层次结构的下层。最终形成如图4-7所示的由领域术语组成的层次结构，即只含有层次关系的专利知识本体，其本质是为专利知识服务提供支持的知识库，术语在层次结构的约束下概念明晰、彼此关联。这与传统的等级列举式分类表和叙词表在形式和功能上具有一定的相似性，只是本节研究的专利知识本体是基于领域专利文本采用自动化的方式生成的，虽然在严谨性上不如传统的分类表，但是在时效性、扩展性、应用性上则更具有优势。

（二）标签确定公式

在生成层次结构的算法框架中，多重聚类的过程伴随着术语集合自顶向下不断地分裂，分裂出来的作为簇标签的术语也相应确定，其确定标准为：

$$\max\left(\sum_{i=1}^{N} S_i\right) \tag{4-6}$$

S_i是簇中某术语与专利文档P_i的关联系数，式（4-6）的含义即是取簇中关联系数和最大的术语作为该簇的类标签。对于较大规模数据来说，该方法效率较高。一旦该簇的类标签确定，那么作为类标签的术语，就被从术语集合中剔除不参与下层聚类，如此概念较宽泛的术语就不会随着多重聚类的进行不断在下层聚类中被选定为标签，保证了每一个簇都有其特定的类标签，明确了各知识类目所属的语义范畴。为了进一步说明该公式针对本领域的研究有效性，依据式（4-6）的标准对术语进行统计，并展现部分统计结果（如表4-6所示）。

表4-6展示了部分术语的关联系数和，其中排在前四位的术语分别是"方法"（4613.4）、"装置"（2531.2）、"工艺"（1576）、"炉"（1555.2），这与基于PCA降维进行术语可视化的结果是一致的，这四个术语被确定为首层聚类的四个簇标签。表4-6所展示的术语全部在后续的层次结构生成中被确定为较上层的类目标签。

表 4 - 6　　　　　　　　　术语关联系数和统计（部分）

术语序号	术语名称	关联系数和
1018	方法	4613.4
6670	装置	2531.2
1970	工艺	1576
3651	炉	1555.2
1578	高炉	1392.2
4864	生产	1273.2
4479	热处理	1224
516	淬火	1113.6
1272	钢	1113.2
3295	冷却	992.8
2881	金属	956.8
5213	铁	839.2
4825	设备	837
3125	控制	819.2
…	…	…

（三）非重复性类目标签分析

首层聚类类目 K，以及簇标签抽取准则确定后，就需要在多重聚类框架的指导下进行术语层次关系的识别，该过程伴随着术语层次结构中间层标签术语的确定，以及知识类目的聚合。作为标签的术语明确了底层知识类目的语义，在依据准则式（4 - 6）确定各层标签术语的过程中，一旦某术语被选定为标签术语后即被剔除，不再参与下层聚类。因此，笔者选择部分术语的层次关系进行展示，并以在标签确定过程中不剔除标签术语的实验结果作为对照，分析该方法的有效性。结果如图 4 - 8、图 4 - 9 所示。

图4-8 实验组——剔除标签术语生成的层次结构样例

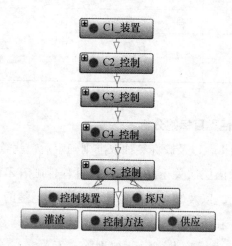

图4-9 对照组——保留标签术语生成的层次结构样例

图4-8和图4-9展示了采用两种不同标签术语确定方式所生成的术语层次关系识别结果，图4-8即本书采用的方法，图4-9为参照对象。图4-8层次清晰地展示了术语"装置"→"高炉"→"控制"→"电动"→"控制器"的上下位层次关系，同时展现了包括"探尺""控制

板""控制线""控制探尺""电磁线圈"等在内的 11 个术语的以"控制器"为语义标签的知识类目，该方法在逻辑性以及效果上都比较理想，可解释性强。参照组图 4-9 在多重聚类的过程中，术语"控制"在第二次聚类中被确定为标签后，未在术语集合中被剔除，因此在以下各层的聚类中被不断选中作为标签术语，导致所显示的整个层次关系显得冗余而缺乏逻辑性，底层知识类目在整个领域范畴中的语义含义也单薄且不清晰。

五 知识结构生成、存储与可视化分析

本小节主要论述在多层聚类框架指导下的知识结构生成过程，包括知识结构生成算法的探讨，多层聚类过程中相关参数的调试和选择，采用 OWL 语言对知识结构的本体化存储以及最终结果的可视化的展示和分析。

（一）知识结构生成

专利术语知识结构生成的第一个算法是以 K-means 聚类算法为核心的一系列过程，其主要结构以嵌套调用术语类目号生成函数 GetCategory 为基础，以 TPM 矩阵以及相关参数为输入，以矩阵中对应的每个术语层次类目号为输出。具体内容呈现在图 4-10 中。

依据图 4-10 的知识结构类目号生成算法，即可获得表 4-7 所展示的术语类目。因为初始类目号矩阵 Idx0 是一维单位矩阵，所有术语类目号的首位数字均为 1，可见术语"方法"属于第 1 大类，"工艺"属于第 2 大类，"炉"属于第 3 大类，"装置"属于第 4 大类，并且这些术语是各自所属大类的标签。除此以外还可以看出，术语类目号可以看作每个术语在整个知识层次结构中的坐标，它清晰地标明了术语的位置，通过简单的程序即可将类目号转换为层次结构，再使用 OWL 语言进行重新描述，即可生成专利知识本体。在图 4-10 所展示的算法中，有两个参数的设置对最终结果的影响至为关键：（1）中间层聚类的类目数 K，该值由事先设定的公式计算而得；2）继续进行下层聚类的条件参数 MaxNum 和 MinSumD。下一小节，将对这两个参数的选择和设置进行详细讨论。

输入：术语—文档矩阵 TPM，记为 X；

　　　允许聚类的最小术语量 MaxNum；

　　　允许聚类的最小簇内距离和 MinSumD；

　　　初始术语类目号矩阵 Idx0（为一维单位矩阵）．

过程：

1：术语类目号生成函数 GetGategory（X，MaxNum，MinSumD，Idx0）

2：repeat

3：　　for 以当前术语簇在下层聚类过程中生成的子簇个数为循环单位

4：　　　获取当前簇的术语个数 m，以及对应父簇的术语个数 p

5：　　　获取关联系数和最大的术语行号 i

6：　　　将行号为 i 的术语节点从当前簇剔除，不参与下层聚类

7：　　　if 当前簇为顶层术语集，即全部术语集

8：　　　　聚类的类目 K = 4

9：　　　else

10：　　　　计算下层聚类的 K 值，K = min（4 + floor（3 * m/p），ceil（m/MaxNum））

11：　　　end if

12：　　　if 判断继续聚类的条件，m 大于 MaxNum && 当前簇内距离和大于 MinSumD

13：　　　　调用 matlab 自带 K-means 函数，距离计算采用 cosine，迭代次数 10

14：　　　　获取当前子簇各术语类目号 Idx，并与 Idx0 合并，生成新的 Idx0

14：　　　　获取当前子簇簇内距离 SumD

15：　　　end if

15：　　　嵌套调用函数 GetGategory 函数

16：　　end for

16：　　until 所有子簇均不满足继续聚类的条件

输出：所有术语的层次类目号

图 4 - 10　术语类目号生成的算法描述

表4-7 术语类目号展示（局部）

术语序号	术语名称	类目号
1018	方法	11
6670	装置	14
1970	工艺	12
3651	炉	13
1578	高炉	142
4864	生产	134
4479	热处理	144
516	淬火	1444
1272	钢	114
3295	冷却	141
2881	金属	132
5213	铁	1342
4825	设备	1324
3125	控制	1423
2666	加热	143
…	…	…

（二）相关参数选择

首先讨论的是中间层聚类 K 值公式的设定，及对生成结果的影响；其次讨论继续聚类条件的 MaxNum 和 MinSumD 选择，及其对生成结果的影响。

1. K 值公式

K 值公式可以自动化确定中间层聚类的类目数，本书设定的 K 值公式如下：

$$K = \min\ (4 + \text{floor}\ (3 \times m/p),\ \text{ceil}\ (m/\text{MaxNum})) \qquad (4-7)$$

其中，m 是参与聚类簇（当前术语簇）的术语数量，p 是参与聚类簇对应的父簇术语数量，MaxNum 是允许聚类的最小术语量，函数 ceil

（X）表示取大于 X 的最小整数，函数 floor（X）表示取小于 X 的最大整数。该公式一方面保证了知识结构的逻辑深度；另一方面增大了类目结构的均衡性。因为随着聚类层次的深入，m/MaxNum 处在不断变小的过程中，当聚类进入深层次后，m/MaxNum 便发挥作用，从而保证聚类继续进行；floor（X）则考虑到上下层簇之间的数量关系，当某簇的术语量较大时，设定其下层聚类的类目数较多，从而避免该簇层数过深。

2. MaxNum 和 MinSumD

从知识组织的逻辑合理性来看，知识结构的宽度和深度应当在一定范围之内。层次太浅，则无法充分显示术语所属的知识类目，术语之间的属分关系模糊，知识结构的逻辑性弱；层次太深，底层知识节点在整个知识结构中的专指度过高，术语内涵限定过多。所以一个合理的知识层次结构的层级应当适中，且底层知识类目的簇数也需要保持在一定范围之内，从而使得整个结构的深度和宽度合理。因此，本书设定几个指标来考察术语层次结构的合理性：总知识类数（C_num），簇平均术语量（Ave_num），最大簇术语量（MaxC_num），最小簇术语量（MinC_num），最大深度（MaxDep）和最小深度（MinDep）。

多层聚类中的继续聚类条件参数 MaxNum 和 MinSumD 是调控知识结构合理性的重要指标。其中，MaxNum 是允许聚类的最小节点数，即当类中节点数目大于该值时，则该类进入下层聚类，否则停止；MinSumD 是允许聚类的最小簇内距离和，即当簇内各节点到中心节点的距离和大于该值，则该类进入下层聚类，否则停止。聚类中只有两个值均大于设定值时，聚类继续，只要有其中一个值小于设定值，则聚类结束。MaxNum 的作用是防止知识类目的粒度过小，造成语义偏差，目的为放大簇内的耦合程度；MinSumD 的作用是防止知识类目中的节点过于密集造成类目生成错误或者无法聚类现象的产生，目的为控制簇的内聚程度。这两个值结合，使得聚类条件更具有约束性，聚类效果也更加可控。为了获得最终采用的参数值，笔者令 MaxNum = {5，10，15，20}，SumD = {3，4，5，6}，组合进行了 16 次试验，最终得到的结果如表 4-8 所示。

表 4 - 8 MaxNum 和 SumD 的值对 I&SM 领域

术语层次结构的影响

序号	MaxNum	SumD	C_num	MaxDep	MinDep	MaxC_num	MinC_num	Ave_num
1		3	1355	9	5	13	2	4.95
2		4	1232	9	5	14	2	5.44
3	5	5	1141	10	5	14	2	5.87
4		6	1086	9	5	17	2	6.18
5		3	810	8	5	15	2	8.28
6		4	817	9	5	15	3	8.21
7	10	5	809	9	5	17	3	8.29
8		6	795	10	5	16	2	8.44
9		3	593	9	5	16	4	11.31
10		4	595	9	5	16	3	11.27
11	15	5	595	9	5	16	2	11.27
12		6	594	10	5	17	4	11.29
13		3	465	10	5	21	5	14.42
14		4	458	10	5	21	4	14.64
15	20	5	465	10	5	21	4	14..42
16		6	468	9	5	21	4	14.33

从表 4 - 8 中可以看出，从上而下随着聚类条件的放宽，整个知识结构也发生微妙的变化。首先，随着 C_num 的不断减小，Ave_num 则不断增大，即领域总的知识类目数变少时，相应的每个知识类目的术语量则逐渐增加；其次，从整体上来看，一定程度上 MaxDep 值的波动，使整体有增大趋势，而 MinDep 的值则一直保持稳定，意味着知识结构被拉长，层次有变深的趋势；另外，MaxC_num 和 MinC_num 的值明显逐渐变大时，最大簇的术语量也不断增大，当 MaxNum 的值在 5 和 10 时，最大簇的术语量均大于 MaxNum，当 MaxNum 的值在 15 和 20 时，最大簇的术语量和限制条件值相差不大。从知识结构的合理性来看，领域知识类目的

总量不宜太多或太少，每个簇的平均术语量应当处在中间水平且不能与最大簇术语量相差太多，整个结构的深度也应当处于适中的水平，因此笔者最终选择 MaxNum = 15，SumD = 3 这一参数组合作为层级结构生成的聚类控制指标。

（三）知识结构存储

通过程序将每个术语的层级类目号转换为层次结构存储在关系数据库中，然后使用 OWL 语言（Ontology Web Language）[1] 将其转换为本体展示工具可以识别的代码文件，并在 Protégé[2] 中利用 OntoGraf[3] 插件进行可视化。OWL 语言中用于描述 IS_ A 关系的标签主要有 < Owl：Class > 和 < Owl：subClassOf > ，其基本语法有两种方式：

< owl：Class rdf：ID = "Class Name" > Content < /owl：Class >

$$(4-8)$$

< owl：Class rdf：ID = "Subclass Name" >

　　< rdfs：subClassOf rdf：resource = "#Superclass Name" / >

　　…

< /owl：Class >

$$(4-9)$$

< owl：Class rdf：ID = "Subclass Name" >

< rdfs：subClassOf >

< owl：Class rdf：ID = "Superclass Name" > Content < /owl：Class >

　　< /rdfs：subClassOf >

　　….

< /owl：Class >

$$(4-10)$$

公式（4-8）和公式（4-9）描述了两个类及其之间的父子关系：先定义父类，然后在定义子类的同时指定其父类；而公式（4-10）则将以上的两步合并为一步，即在定义子类并指明其父类的同时，定义父类。下面根据以上两种方式编码显示了"钢铁冶金"和"高炉"的父子关系。

---

① OWL（https：//www. w3. org/TR/owl-features/）.

② Protégé（http：//protege. stanford. edu/products. php）.

③ OntoGraf（http：//protegewiki. stanford. edu/wiki/OntoGraf）.

以此类推，通过两个公式均可以对整个 I&SM 知识体系进行编码，最终形成仅包含层次关系的 I&SM 知识本体。

```
< owl：Class rdf：ID ＝"钢铁冶金" > </
owl：Class >
  < owl：Class rdf：ID ＝"高炉" >
  < rdfs：subClassOf rdf：resource ＝ "#钢
铁冶金"/ >
</owl：Class >
```

```
< owl：Class rdf：ID ＝"高炉" >
  < rdfs：subClassOf >
    < owl：Class rdf：ID ＝"钢铁冶金"
> </owl：Class >
  < rdfs：subClassOf >
</owl：Class >
```

（四）知识本体可视化与分析

综合以上的论述，专利知识本体生成步骤为：

（1）以术语共现为基础，构建基于位置加权的 TPM 矩阵；

（2）在 PCA 降维的基础上，进行术语分布的可视化，并启发性地将 I&SM 领域术语分成 4 个大类，将其作为首层聚类的 K 值；

（3）在多层聚类算法框架的指导下，选择合适的首层之外的聚类 K 值公式，并选定最佳聚类控制参数，生成术语层次类目号；

（4）将层次类目号转换为层次结构，然后根据 OWL 中类和子类定义的基本语法和标签，采用公式（4 - 8）和公式（4 - 9）相结合的方式对 I&SM 专利领域 6707 个专业术语所生成的复杂层次结构进行自动编码（如图 4 - 11 所示），并在 Protégé4.2 中使用 OntoGraf 画图插件，生成了可视化的仅包含上下位关系的 I&SM 领域本体（如图 4 - 12 所示）。

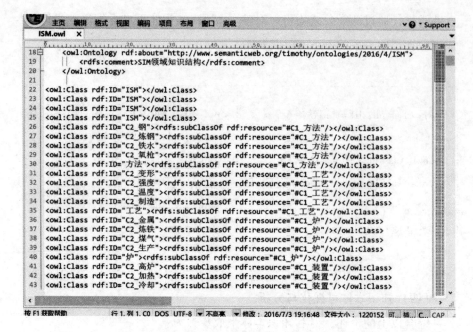

图 4-11　I&SM 领域专业术语 OWL 编码文件（片段）

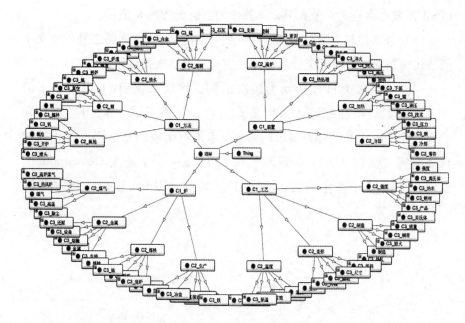

图 4-12　I&SM 领域知识本体的结果展示（1—3 层部分术语）

从整体结构的外在特征来看，最终生成的 I&SM 领域专利本体，最大深度为 8 层（以"方法""装置"等术语为第一层），最小深度为 4 层，总的知识类目数为 576 个，最大簇含有 16 个专业术语，最小簇含有 2 个专业术语。从知识类目在整个层次结构的分布上来看，大部分知识类目集中分布在第 5 层，占总知识类目数的 79.5%，可以看出该方法形成的知识结构在形式上是比较合理的。笔者列出了知识结构第 1 层至第 3 层的所有类目标签（见表 4 - 9）。

表 4 - 9　　　　I&SM 领域大类术语分布及 1 - 3 层标签术语列表

大类类别	C1 标签	C2 标签	C3 标签	大类术语量
第 1 大类	方法	氧枪	喷头/开炉/搅拌/钒	2042
		炼钢	合金/石灰/钛/锰	
		钢	氧/真空/碳/转炉	
		铁水	浇注/炉渣/脱硫/钢渣	
第 2 大类	工艺	制造	热轧/质量/退火/钢带	1254
		变形	坯料/尺寸/晶粒/焊接	
		强度	产品/奥氏体/纳米/贝氏体/钢材	
		温度	保温/控制方法/时效/线材	
第 3 大类	炉	炼铁	炉底/煤粉/竖炉/铬	1575
		煤气	热风炉/除尘/高温/高炉煤气	
		生产	冶金/氧化/直接还原铁/铁	
		金属	熔炉/生铁/设备/还原	
第 4 大类	装置	冷却	压力/技术/铜/零件	1836
		加热	下部/液压/辊/高压	
		热处理	回火/工件/感应/淬火	
		高炉	密封/控制/支架/分口	

进一步从术语层次关系的逻辑性以及知识类目的相似性考察 I&SM 领域专利本体的内在特征效果。由于 I&SM 领域缺乏完善的知识库以及可以

参照的成熟语料，并且生成的知识本体规模较大，因此很难采用定量的方法对本体的内在特性进行评估。笔者尝试从有效性以及偏差性两个方面：以局部举例的方式对生成的领域本体，即术语层次关系识别结果进行定性的效果评估，所评估的细节包含两个方面，一是术语之间的层次关系即上下位关系的逻辑性；二是底层知识类目中术语之间的相似性。

（1）有效性方面：有效性指本体结构中，从上层到底层，术语之间形成的有效的上下位等级关系，且要求形成的底层知识类目相似性较高。如"C1_工艺"→"C2_变形"→"C3_尺寸"→"C4_校正"→"变形校正、尺寸精度、机械振动、校正方法、淬火变形、焊接件、设备装置"这样一个共 5 层，底层含有 7 个术语的知识结构中，标签术语之间构成了清晰的层次关系，组成底层知识类目的术语相似性较高，其整体反映了钢铁冶金中产品变形校正的相关工艺。虽然整个本体结构中，有相当一部分类似的有效层次关系，但在层次关系得以有效识别的术语中，还存在部分术语的层次关系识别不够充分，其主要原因是某些术语含有不止一个上位类，本书所采用的方法却只能体现出术语的一个上位术语。例如，"淬火"在冶金领域是一种热处理工艺，因此术语"淬火"是术语"工艺"的下位类，但同时淬火工艺涉及诸多装置，这样"淬火"又是"装置"的下位类。本书的识别结果是："同上书"→"C2_ 热处理"→"同上书"→"同上书"，该层次关系是有效的，但是更为理想的结果应当同时呈现出"淬火"与"工艺""装置"的上下位关系。

（2）偏差性方面：偏差性是指术语之间的上下位关系出现错误，所形成的知识类目术语之间的相似性不高。如"同上书"→"C2_金属"→"C3_设备"→"C4_铁矿石"→"C5_喷射装置"→"含碳物、富氧气体、气化剂、火法冶金、热海绵铁、熔炼气化炉、熔炼还原"这个共 6 层，底层含有 7 个术语的知识层次，其术语之间的层次关系出现错误，典型的是术语"设备"应当是术语"炉"的上位类，却在该结构中被相反呈现，且底层知识类目含义并不明确。

通过大量的分析发现，在整个本体结构中，若标签层术语之间的层次关系清晰，则其所约束的底层知识类目之间的相似程度也较高，反之相似程度低。因此，提高术语标签抽取的有效性，有助于提升整体术语识别的有效性。

一旦形成了完整的领域知识本体，并在 Protégé 中可视化展示，即可以进行基本的浏览和术语检索功能。在 Protégé4.2 的左侧，以树形结构显示了 I&SM 领域本体包含的所有类及其上下位关系，可以以层级展开，实现本体概念的顺序浏览；右侧上方有"Search"框，可实现本体类的随机定位。如在输入框中输入"高炉煤气"，则可在右侧下方以树状图方式显示出与"高炉煤气"相关的所有术语，本书选择类标签为"C3_ 高炉煤气"与产品节能、余热发电相关的完整知识类采用 spring 图进行展示，结果如图 4 – 13 所示。

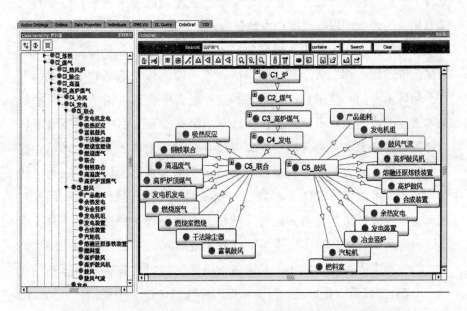

图 4 – 13　"C3_高炉煤气"类层次结构的部分术语 spring 图展示

第二节　基于 FCA 的汉语专利术语间层次关系识别

本节试图将术语共现理论和 FCA 方法应用于 I&SM 领域，借助专利文献中描述的术语间关联自动建立汉语专利术语的层次结构，并将其作为专利本体的组成部分进行 OWL 描述存储和可视化展示。本节识别出的汉语专利术语间的层次关系，将作为 4.1 节构建的术语层次结构主骨架的补充。

一　基于 FCA 的术语间层次关系识别方法

（一）　FCA 层次关系识别模型

笔者对采用 FCA 方法的领域术语层次关系的构建过程和实现方法进行了系统建模，如图 4 - 14 所示。模型的基本目标是在没有其他知识库的支持下，从专利文献文本中衍生出领域专业术语的分类体系；以专利文献及相关的领域词表等资源作为数据输入，领域术语层次结构的 OWL 文件及可视化视图作为输出。模型的基本思路被划分为三个部分：①专利数据清洗过程。首先从专利文献中抽取关键词或从领域词表中选取词汇作为领域术语的候选集合；根据专利文献集合中候选术语的出现频率筛选术语，以明确领域术语集合；然后对术语在专利文献中的出现概率进行计算，抽取术语文档关联信息，以建立相对完整的 < 文档，术语，权重 > 三元组。②形式概念分析过程。将 < 文档，术语，权重 > 三元组转化为文档 × 术语矩阵 DTM，形成专利领域的形式化背景，然后利用现有的概念格生成算法，将形式化背景转化为专利领域主题概念格，并根据主题概念间的直接和间接继承关系抽取主题属性（术语）之间的层次关联。③专利术语本体的描述过程。将术语之间的层次关联用国际标准化语言 OWL 进行形式化描述，以文本形式存储以备进一步使用，包括以图形可视化方式展示专利术语概念的分类体系、实现专利语义检索等。

（二）　专利数据的清洗

本节所使用的专利领域候选术语来自两个方面：一是钢铁冶金专业词表中的词汇；二是从专利文献中自动抽取的术语，其中专利文献集合与本章第一节一致。文中将对两个来源的领域术语分别构建层次结构并进行比较分析。

来自词表的词汇术语与专利文献间不存在直接关联，大量词汇在专利文献中没有出现；而机器抽取的专业术语则存在一定的差错率，需要

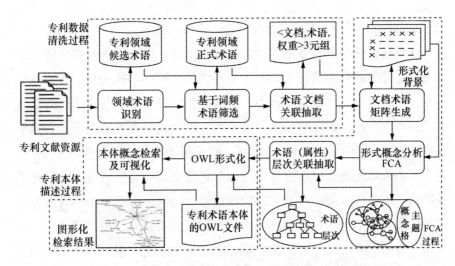

图 4 - 14 基于 FCA 的专利领域术语层次体系构建模型

进行验证。为此，有必要对领域候选术语进行预处理，具体包括两项工作：一是对候选术语做进一步过滤筛选，以获得具有较高领域认可度的专利术语集合；二是对领域术语与专利文献之间的共现语义关联进行抽取，以作为 DTM 生成的数据基础。

一般来说，领域术语是专业文档内比较重要的词汇。英文术语抽取的传统做法是：对文档分词，去除停用词后计算术语对文档的词频—逆向文档频率（Term Frequency-Inverse Document Frequency，TF-IDF）值作为术语在文档中的权重，继而根据权重筛选出满足阈值的术语作为专业术语或候选术语。然而在汉语专利文献中，上述方法却无法操作，一方面汉语领域术语通常是篇幅较长的短语，无法通过简单分词操作实现完整获取；另一方面在汉语专利文献中，很多重要的领域术语出现的频次甚至低于其他词汇，使得 TF-IDF 的作用无法全面发挥。为此，笔者采用候选术语在整个专利文献集合中的出现篇次 N_k 作为筛选条件，即：

$$N_k > C \qquad (4-11)$$

即包含候选术语 k 的专利数 N_k 大于指定的阈值 C，那么认为该候选术语被专利领域普遍认可，可以作为该专利领域的专业术语。其中 C 为词频阈值，可根据筛选出的术语集合文档覆盖情况进行综合确定，以保证专利术语的领域认可度。从本质上来说，公式（4-11）与公式（4-

2）是一致的，只为本节论述的完整性，而另作阐述。

从领域候选术语集合中筛选出正式术语后，即可检查这些正式术语在专利文献中的存在状况，抽取术语与文档之间的共现关联。其基本思想是：对所有正式术语进行检测，若该术语字符串在专利文献的题名或摘要文本中存在，则说明该术语与专利文献之间存在共现关联，若这种关联在术语文档关联集合中不存在，则进行添加补充。需要说明的是，本书采用的形式概念分析方法不考虑形式化背景中对象属性之间具体的关联值，不考虑术语在专利文献中出现频次，也不考虑术语出现在专利文献的题名文本中还是摘要文本中，只记录是否出现，也就是说，领域术语与专利文献之间的关联权重均记为1。通过上述计算，可以抽取出所有术语与文档间语义关联以形成＜文档，术语，权重（1）＞三元组集合。结合术语的筛选结果可以保证每个专业术语至少与 C 篇以上专利文献存在关联，在一定程度上强化了术语间的语义关系。

（三）基于 FCA 的专利术语层次体系构建方法

形式概念分析（Formal Concept Analysis，FCA）是 Wille 在 1982 年提出的一种数学理论[1]，后来逐渐演化成一种用于数据分析、知识表示以及信息管理的重要方法[2][3]。FCA 用对象和属性间的二元关系来表达领域中的形式化背景，从中派生出包括内涵、外延以及泛化/特化关系等在内的概念格（concept lattice）[4]。由于概念格与本体理论中概念层次的定义不谋而合，因此，利用概念格生成算法来自动构建本体概念层次结构成为

① Wille R. , "Restructuring lattice theory: an approach based on hierarchies of concepts", Springer-Verlag, 2009.

② Priss U. , *Formal concept analysis in information science*, New York: John Wiley & Sons, 2006, pp. 10 – 39.

③ Pei Z. , Da R. , Meng D. et al. , "Formal concept analysis based on the topology for attributes of a formal context", *Information Sciences*, Vol. 236, No. 1, 2013.

④ Xu W. , Li W. , Wu M. et al. , "Deriving event relevance from the ontology constructed with formal concept analysis", *International Conference on Computational Linguistics and Intelligent Text Processing*, 2006.

一种典型的方法①②。于是，研究人员试图将 FCA 与 DTM 相结合来构建领域术语本体（仅包括层次结构）③④⑤。然而，FCA 是基于属性集合的包含关系来生成概念及其层次结构的操作模式与领域术语的，这与其原始存在以及术语的属性描述相对匮乏形成了固有矛盾⑥，即：①FCA 作用于 DTM 生成的概念是抽象主题，而非术语实体；②以文档作为术语的描述属性，具有属性越多对象越泛化的特点，与 FCA 的描述正好相反。下文将详细讨论上述问题的解决方法。

定义 4 - 1：形式化背景（Formal Context，FC）是一个三元组 F = (O，A，R)，其中 O 是对象的集合，A 是属性的集合，R 是 O 和 A 之间的一个二元关系集合，即 $R \subseteq O \times A$。oRa 表示 $o \in O$ 与 $a \in A$ 之间存在关系 R，读作"对象 o 具有属性 a"。

FC 实际上就是对象×属性矩阵。于是，在信息检索中被广泛应用的文档—术语矩阵 DTM 也可以映射为形式化背景 FDTM =（D，T，I）⑦，其中 D 表示文档集合，T 表示术语集合，I 则是文档与术语之间的共现关联，可以用术语在文档中是否存在或存在频次来表示。在 FDTM 中，术语被认为是文档对象的属性。表 4 - 10 为 FDTM 的一个示例，其中列出了部分 I&SM 领域专利文献与专业术语之间的假设关联，表中"√"表示

① Şefki Kolozali, Barthet M., Fazekas G. et al., "Automatic ontology generation for musical instruments based on audio analysis", *IEEE Transactions on Audio Speech & Language Processing*, Vol. 21, No. 10, 2013.

② 张云中、徐宝祥：《基于形式概念分析的领域本体描述模型研究》，《图书情报工作》2010 年第 54 卷第 14 期。

③ Weng S. S., Tsai H. J., Liu S. C. et al., "Ontology construction for information classification", *Expert Systems with Applications*, Vol. 31, No. 1, 2006.

④ 黄美丽、刘宗田：《基于形式概念分析的领域本体构建方法研究》，《计算机科学》2006 年第 33 卷第 1 期。

⑤ Kuznetsov S. O. and Poelmans J., "Knowledge representation and processing with formal concept analysis", *Wiley Interdisciplinary Reviews Data Mining & Knowledge Discovery*, Vol. 3, No. 3, 2013.

⑥ 刘萍、高慧琴、胡月红：《基于形式概念分析的情报学领域本体构建》，《图书情报知识》2012 年第 3 期。

⑦ Poelmans J., Ignatov D. I., Viaene S. et al., "Text mining scientific papers: a survey on FCA-Based information retrieval research", *Industrial Conference on Advances in Data Mining: Applications and Theoretical Aspects*, 2012.

相应专业术语在对应专利文献中存在，"－"则表示不存在，由此可构成集合 I，且 D = ｛PD1，PD2，PD3，PD4，PD5，PD6，PD7，PD8｝，T = ｛高炉，高炉炼铁，炼铁，炉腰，还原炼铁，马氏体不锈钢，不锈钢｝。

表 4－10　　　　　I&SM 领域专利文献与术语的形式化背景示例

T ＼ D	高炉	高炉炼铁	炼铁	炉腰	还原炼铁	马氏体不锈钢	不锈钢
PD1	√	√	√	－	√	－	－
PD2	－	－	－	－	－	√	√
PD3	－	－	√	－	√	－	－
PD4	√	－	－	－	－	√	√
PD5	√	√	√	－	√	－	－
PD6	√	√	√	√	－	－	－
PD7	－	－	－	－	√	√	√
PD8	√	－	－	√	－	－	√

定义 4－2：在一个形式化背景 F = （O，A，R）中，可以定义两个映射 f 和 g：$\forall O_x \subseteq O$：$f(O_x)$ = ｛$a \in A$｜$\forall_o \in O_x$，oRa｝：对象集合 O_x 中所有对象的共同属性集合；$\forall A_y \subseteq A$：$g(A_y)$ = ｛$o \in O$｜$\forall_a \in A_y$，oRa｝：具有相同属性集合 A_y 的所有对象集合。如果 $f(O_x)$ = A_y 且 $g(A_y)$ = O_x，则称 c = （O_x，A_y）为概念，其中 O_x、A_y 分别称作概念 c 的外延（extent）和内涵（intent）。F 中所有概念 c 的集合用 C 表示。

在 F_{DTM} = （D，T，I）中，设 $X \subseteq D$，$Y \subset T$，根据定义 4－2 可得：

$\sigma(X)$ = ｛$t \in T$｜$\forall_d \in X$：$(d, t) \in I$｝，文档集合 X 包含的公共术语集合

$\tau(Y)$ = ｛$d \in D$｜$\forall_t \in Y$：$(d, t) \in I$｝，术语集合 Y 所在的公共文档集合

若 $X = \tau(Y)$ 且 $Y = \sigma(X)$，那么 c = （X，Y）被称为专利主题概念。例如，表 4－10 中专利文献集合 X1 = ｛PD1，PD5，PD6｝的公共术

语集合为 Y1 = ｛高炉，炼铁，高炉炼铁｝，而专利术语集合 Y1 所在的公共专利文献集合也正好为 X1，于是，c1 = （｛PD1，PD5，PD6｝，｛高炉，炼铁，高炉炼铁｝）被称为一个专利主题概念，其内涵为 Y1 = ｛高炉，炼铁，高炉炼铁｝，外延为 X1 = ｛PD1，PD5，PD6｝，这个专利主题描述的是"高炉""炼铁"以及"高炉炼铁"的相关内容，而专利文献 PD1，PD5 和 PD6 均是有关这个主题的专利，即若某个术语集合中的每个术语均出现在了文档集合中的每个文档中，那么这个公共的术语集合和文档集合一起形成了一个主题概念，文档集合被称为这个主题的外延，而所有术语一起形成了其内涵。

在这里，笔者发现一个现象，对象的属性一般是从不同角度对对象进行描述，如汽车，可以从排量、颜色、形状等方面进行描述，这些属性一般来说属于不同类且相互之间没有交叉。然而在 FDTM 这一特殊的形式化背景中，作为"文档"对象的属性却可以是同一类对象的"术语"，它们之间不可避免地存在一定内容交叉。例如，"高炉炼铁"似乎既是"炼铁"的一种方式，又是"高炉"的一个功能或任务。由此可见，在 FDTM 的主题概念中可能隐藏着术语属性间的某种关联。

定义 4 – 3：如果 c_1（O_1，A_1），c_2（O_2，A_2）都是形式化背景 F 中的概念，并且 $A_2 \subseteq A_1$，那么 c_1 被称作 c_2 的子概念（sub-concept），c_2 是 c_1 的超概念（super-concept），记为 $c_1 \leqslant c_2$。"≤"称为序，反映了概念间的继承关系。由序所描述的 F 中的所有概念及其继承关系记作 C（F，≤）[1]，称为概念格（concept lattice）[2]。

定义 4 – 3 表明了上层概念的属性集合应该包含于下层概念的属性集合，即特征越多概念级别反而越低；映射到文档—术语环境中，可认为文档包含的术语越多，其阐述的主题（术语的交叉部分）就越专业，应该处于主题概念的下层，反之亦然。例如，在表 4 – 10 中，令 c1 = （｛PD1，PD3，PD7｝，｛炼铁，还原炼铁｝），c2 = （｛D1，D3，D5，D6，

---

① Formica A. , "Ontology-based concept similarity in Formal Concept Analysis", *Information Sciences*, Vol. 176, No. 18, 2006.

② Quan T. T. , Hui S. C. , Fong A. C. M. et al. , "Automatic Fuzzy Ontology Generation for Semantic Web", *IEEE Transactions on Industrial Informatics*, Vol. 18, No. 6, 2006.

D7}，{炼铁}），不难发现 A2{炼铁}⊆A1{炼铁，还原炼铁}，因此 c1 是 c2 的子概念；c2 的主题为"炼铁"，而 c1 则专门探讨"炼铁"中的"还原炼铁"法，可见就专利主题而言前者研究范围更大，是后者的上位概念，显然有关上位概念的专利文献（外延）相对更多。

根据上述 FCA 的定义，笔者基于概念格生成算法计算出了表 4 – 10 所示形式化背景的概念格，用图 4 –15 所示的 Hasse 图展示。①图中圆形节点表示专利主题概念 c，圆形大小表示主题外延的个数；处于上层为父概念，下层为子概念，自上而下概念层次降低，但属性集合逐渐增大，对应的外延数量将会越来越少；最上层的概念包括了所有外延，其内涵为所有外延的共有属性，而最下层概念包含了所有属性，一般具有所有属性的对象是不存在的，即其外延一般为 Φ。在本例中，没有一个专利术语出现在了所有文档中，即最上层概念内涵为空，而含有所有术语的专利文献也不存在，即最下层概念外延为空。②每个概念由两部分构成，上半部分代表属性（内涵）A，下半部分代表对象（外延）O。为了简化概念格，图中每个节点仅显示出了相对其父节点新增的属性和相对其子节点新增的对象。因此，若属性半圆呈蓝色表示有新增属性分布于该节点上，对象半圆呈黑色表示有新增对象分布在该节点上，而每个概念节点的属性集合和对象集合分别为以该节点为根节点的上子树上所有属性的总和（继承其父类的所有属性）和下子树上所有对象的总和（涵盖了其所有子类的外延）。例如，图中最左侧"PD2，马氏体不锈钢"节点，其属性集合应为{马氏体不锈钢，不锈钢}，对象集合为{PD2，PD4，PD7}，形成一个完整的主题概念 c{{PD2，PD4，PD7}，{不锈钢，马氏体不锈钢}}。

重点考察图中上半部分，发现作为概念属性的术语之间可能存在一定关系。概念格描述的是概念之间上下位关联，即下层概念通过新增属性从上层概念中派生出来，根据 Hasse 图的示意，新增属性所在概念的外延等于以其为根节点的下子树所有概念的外延总和。映射到本例中即为，新增术语所在主题概念的专利文献集合为以其为根节点的下子树上所有专利文献总和，包括了下位概念新增属性所在的专利文献集合。例如，图中"炉腰"节点，新增"炉腰"属性，该属性出现在专利 PD6 和 PD8

中，而该节点的父节点，新增了"高炉"属性，该属性出现在专利 PD6
和 PD8 以及 D5/D2/D4 中，即父节点新增属性所在专利文献集合必然包
括了子节点新增属性所在专利文献集合。那么，根据术语共现理论"当
且仅当包含术语 A 的文档集合是包含术语 B 文档集合的超集时，术语 A
包含术语 B"的论断，术语"高炉"则是"炉腰"的上位术语。如果一
个术语出现的文档比较多或其分散度较大，那么其泛化程度比较高。同
理可得，"高炉"是"高炉炼铁"的上位术语，"炼铁"是"高炉炼铁"
和"还原炼铁"的上位术语，"不锈钢"是"马氏体不锈钢"的上位术
语。于是，用于构建概念之间层次关系的 FCA 应用于文档术语环境中，
不仅可以生成主题概念之间的层次结构，同时根据"概念格中子概念新
增的属性是父概念新增属性的下位类，且新增的属性均为首次出现"的
结论，可以构建作为属性的术语之间的层次关联。

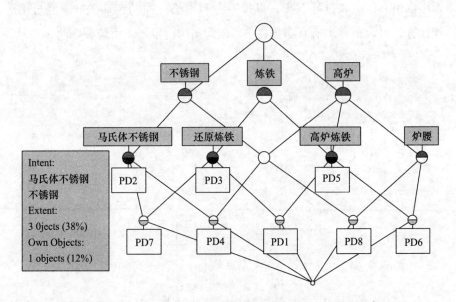

图 4 – 15 根据表 4 – 10 所示形式化背景示例生成的概念格

Hasse 图的上半部分清晰地展示了术语属性之间自上而下的层次结
构，那么如何将这种图形化的上下位关系转化为诸如 < 父术语，子术
语 > 的二元组形式以作为 OWL 文件生成的基础是需要解决的下一个问

题。Hasse 图有其对应的文本文件存在，部分内容如图 4 - 16 所示，该文件存储了 4 个方面的内容：POINTS（概念节点的编号及位置）、LINES（概念节点间的直接关联）、OBJECTS（节点编号与对象名之间的对应关系）、ATTRIBUTES（节点编号与属性名之间的对应关系）。例如，图 4 - 15 中，最上层节点编号通常为 0，最下层节点一般为 1；"PD2，马氏体不锈钢"节点编号为 3，其有两个名称，分别对应对象名和属性名。那么，根据节点对应的术语属性以及节点之间的继承关系可以推导出术语属性之间的上下位语义关联。基本算法如下：①用 ATTRIBUTES 中的术语属性名代替 LINES 中二元组的编号；②对 LINES 中二元组 < 父术语，子术语 > 实行自连接操作，直到父端和子端均为术语名，或者子端为最下层概念标识 1 为止，其实质是将专利主题之间的继承关系转化为了术语属性之间的层次关系；③对每一对术语层次关系进行评价，判断其是否可以由其他关联推导获得，以排除专利术语之间的传递关联。经过上述计算，可以推导出所有隐含在主题概念格中的术语上下位关联。

```
                        (8, 9)
                        (8, 11)
                        (9, 4)
                        (9, 10)
                        (10, 1)
                        (11, 10)
                        (11, 12)
                        (12, 1)
                        (13, 6)
                        (13, 11)
                        (13, 14)
                        (14, 7)
                        (14, 12)
            OBJECTS
                10 G0 "PD1" ",,,, (-7.01,-4.56),1"
                3 G1 "PD2" ",,,, (-7.01,-4.56),1"
                9 G2 "PD3" ",,,, (-7.01,-4.56),1"
                5 G3 "PD4" ",,,, (-7.01,-4.56),1"
                11 G4 "PD5" ",,,, (-7.01,-4.56),1"
                12 G5 "PD6" ",,,, (-7.01,-4.56),1"
                4 G6 "PD7" ",,,, (-7.01,-4.56),1"
                7 G7 "PD8" ",,,, (-7.01,-4.56),1"
            ATTRIBUTES
                13 M0 "高炉" ",,,, (-9.82,15.07),1"
                11 M1 "高炉炼铁" ",,,, (-24.54,14.02),1"
                8 M2 "炼铁" ",,,, (-14.37,14.72),1"
                14 M3 "炉腰" ",,,, (-3.16,12.97),1"
                9 M4 "还原炼铁" ",,,, (-15.42,18.23),1"
                3 M5 "马氏体不锈钢" ",,,, (-50.13,13.32),1"
                2 M6 "不锈钢" ",,,, (-28.75,14.72),1"
```

图 4 - 16　根据表 4 - 10 生成的概念格属性文本

综上所述，基于 FCA 的概念格理论以及术语的文档共现理论可以自动推理出作为属性的术语的层次结构，具体过程分为 4 个步骤：①根据术语在专利文献中的出现状况，建立专利领域形式化背景，即文档×术语矩阵；②将形式化背景转化为概念格，即生成专利主题概念之间的层次结构；③根据概念格中术语属性首次出现的概念（可用术语代替）之间的上下位（包括传递）关系推导出术语属性之间的层次语义关联，其依据是"父概念的外延（专利文献）集合必然包含子概念的外延集合，那么父概念对应的术语属性也将是子概念对应术语属性的上位类"。

（四）专利术语层次结构的 OWL 描述及可视化展示方法

获得术语的上下位关系后，可以借助 OWL 对其进行形式化描述，最终形成专利术语本体，从而实现无结构化专利文本向形式化本体的知识转变。于是，一方面可借助一定的工具如 Protégé 等，对专利本体中的术语层次关联进行可视化展示，实现本体的知识地图浏览和概念语义检索功能；另一方面利用专利本体中的术语上下位关联的语义提示，触发专利开发人员的知识创新潜能，为专利的研发提供可参考的知识支持[1]。该过程在上文已经作了详细论述，此处仅展示"不锈钢"及其部分子类层次关联部分的本体片段代码及 Ontograf 图形化描述，如图 4－17 所示。

二 基于 FCA 的术语间层次关系识别结果与分析

根据上述方法，对专利数据集进行处理，以获得 I&SM 领域专利术语的分类体系，并对其进行形式化描述和可视化展示。

（一）专利数据的清洗结果分析

本节选用了 I&SM 领域的专利文献共计 7597 篇，对应的领域候选术语则来自两个方面：一是来自与专利文献集合无关的领域词典共计 5975 个领域词汇；二是从本书的专利文献的题名和摘要文本中自动抽取的专业词汇，共计 6218 个。为了表示区别，文中将前者记为 S1，后者则记

---

① 王昊、谷俊、苏新宁：《本体驱动的知识管理系统模型及其应用研究》，《中国图书馆学报》2013 年第 2 期。

```
<owl:Class rdf:ID="不锈钢"></owl:Class>          <owl:Class rdf:ID="奥氏体不锈钢">
    <owl:Class rdf:ID="奥氏体不锈钢">              <rdfs:subClassOf>
    <rdfs:subClassOf rdf:resource="#不锈钢"/>          <owl:Class rdf:ID="不锈钢"></owl:Class>
</owl:Class>                                       <rdfs:subClassOf>
                                                  </owl:Class>
```

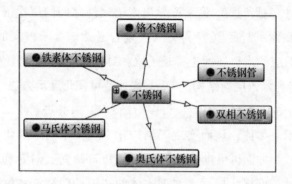

图 4 – 17   专利术语"不锈钢"及其部分子类层次关系的 Ontograf 图形化描述

为 S2。笔者分别统计了两类词汇在专利文献集合中的出现频次，S1 采用字符串匹配判断术语是否出现，S2 则根据术语抽取时记录的术语与专利文献之间的共现关联进行计算。若词汇在专利的题名或摘要中出现则记为 1，否则记为 0。在此基础上，绘制出当词频阈值 C 从 0 到 10 变化时，候选术语量及其所覆盖专利文献量的变化状况，如图 4 – 18 所示。图中星形表示 S1，圆形表示 S2，下平面描述了专利文献量随 C 值的变化情况，随着 C 的增大，两个术语集合对应的文献量都将减少，但是 S1 减小的幅度远小于 S2，可见 S1 的候选术语集合具有较大的专利覆盖面，术语的筛选基本上不会影响对应专利数量的减少，其领域认可度较高；内侧平面则描述了术语量的变化轨迹，由于 S1 来自专利集合外的词典，因此其在专利集合中出现的词汇量不多，但是随 C 的增大减少也较为平缓，而 S2 本身源于专利集合，其所有词汇均出现在专利文献中，但是不可避免地存在较多的低频词，因此其随 C 的增大其减少的幅度很大；内侧平面上的直线为 TA = 1000，即假设 I&SM 被认可的且在专利文献集合中出现的术语大概有 1000 个，既保证单个术语具有较高的出现率，同时也保证整个术语集合具有相对较高的文献覆盖率。笔者以此为基准：对于 S1，设定 C = 4，可得 957 个术语，对于 S2，设定 C = 9，可得 949 个术语。

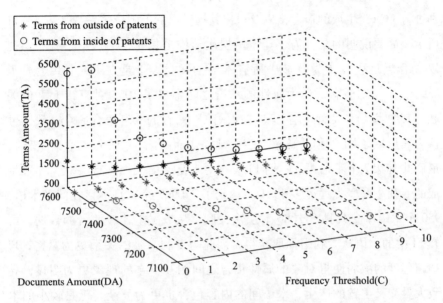

图 4 – 18　术语量及其覆盖专利文献量随词频阈值 C 的变化轨迹

在选定术语集合后，需要重新检查术语在专利文献中的出现情况，对术语与专利文献之间尚未标记的共现关联进行补充，同时建立 < 文档，术语，权重 > 三元组。需要注意的是，术语与专利文献间的语义关联将是构建术语间层次关系的主要依据，必须充分挖掘。经过修正，可得：S1 有 957 个术语出现在 7571 个专利中，术语与专利间共有 68805 对语义关联，由此获得的上下位术语之间至少存在 5 个文档以上的重合，可以保证术语之间的层次关系具有一定可信度；而 S2 有 949 个术语出现在 7584 个专利中，共存在 91855 对语义关联，这些术语至少在 10 个专利中出现，再加上较高的文献覆盖率，可以在一定程度上保证机器抽取的术语的领域认可度。

（二）　基于 FCA 的术语层次结构生成结果分析

将上述的文档术语关联三元组转化为文档 × 术语矩阵（DTM），可以形成 I&SM 专利领域的形式化背景 F_{DTM} = ｛D，T，I｝。令 S1 生成的形式化背景为 FO，而 S2 生成的形式化背景记为 FI。于是在 FO 中，D 包含 7571 个对象，T 中有 957 个属性，I 中有 68805 个关联；而在 FI 中，D 包含 7584 个对象，T 中有 949 个属性，I 中有 91855 个关联。对 FO 和 FI 分别进行 FCA，生成的概念格以及根据其推导出的上下位关系数如表 4－11 所示。需要说明的是，为了让术语层次结构更具完整性，本书有意识地以"冶金专利"作为领域中所有术语的父类。于是在 FO 中共生成了 239256 个主题概念，作为属性的术语之间生成了 1052 对直接上下位关联，其中术语"表面缺陷"和"面缺陷"所在的专利集合完全一致，可认为其形成了同义术语概念"表面缺陷、面缺陷"，加上"冶金专利"，最后共有 957 个术语概念；而 FI 具有更丰富术语文档共现关联，导致生成的专利主题概念远远多于 FO，达到了 770967 个，且不存在同义术语，950 个术语概念共具有 1086 对层次关联。从概况上比较两者的数据，可知 FI 中的术语从专利中抽取获得，因此与专利文献的关系更为紧密，FI 稀疏程度的减弱使得对象的属性集合之间相互重叠的现象更为明显，导致大量交叉主题的产生，术语间的内容包含也更为复杂，于是较小的术语集合反而生成了较多的上下位关联。

表 4－11   **基于 FO 和 FI 生成的主题概念格及**

专利术语层次结构概况

FC	D	T	I	TH（术语层次结构）	主题概念	术语数	关系数	同义术语数
FO	7571	957	68805	THO	239256	957	1052	1
FI	7594	949	91855	THI	770967	950	1086	0

从整体上考察两个术语层次结构 THO 和 THI。在 THO 中：①根节点"冶金专利"的出度达到了最大值 618，即约 65% 的术语均为其下位类，或者说这些术语并没有真正的上位类；其次是"钢""高炉"和"还原"，其下位类均在 10 个以上，可见这些术语对应了 I&SM 领域专利的核心内容；而入度最大的术语为"初轧机"，其有 4 个上位类，其次是"吹

氧时间""钢坯轧制""精轧机""冷固结球团"以及"马氏体时效钢"等的入度均为3，共有89个术语存在多个父类。②以"冶金专利"作为第1层，那么整个 THO 的宽度为618，出现在第2层，此后逐层迅速递减，呈现为倒金字塔形；其深度为5，仅有2个术语出现在了第5层，分别为"低碳钢板"和"低碳钢板"。而在 THI 中：①根节点的出度为493，一半以上的术语都是"冶金专利"的下位类，其次是"钢""铁""氧""冷却""淬火"和"碳"，下位术语都达到了20个，是本领域专利的核心研究内容，从这一点上来看，THI 的上下位关联分布较 THO 更为均匀，术语集中以根节点为父类的现象有了明显减缓；入度最大的术语为"放散烟囱"和"锰铁粉"，均有4个上位类，其次有12个术语的入度为3，121个术语存在多个父类。可见 THO 和 THI 的多重继承现象都不是太明显，这使得自顶向下的层次结构具有相对独立的分支，可识别性较好。②THI 的宽度为493，同样出现在第2层，此后逐层递减，但有别于 THO 的是，前者宽度逐层递减趋势较为平缓，在第4层宽度仍为114，而后者在第4层宽度仅为40。因此，THI 更多地呈现为一种上尖中宽下窄的形状；THI 的深度与 THO 相同，也为5，有4个术语处于第5层，分别为"超低碳钢""炼钢脱氧剂""复合脱氧剂"和"钢液终脱氧"。基于 THO 和 THI 整体结构上的比较，可知两者的相同点在于超过一半以上的术语都以根节点为上位类，层次深度较小，可以认为均有大量的上下位关联并没有被识别，这与候选术语的质量存在一定关联，此外术语的多重继承现象并不明显，因此层次结构的各分支表现得较为独立、清晰；而两者不同之处在于前者的宽度远大于后者，而且宽度逐层递减非常明显，呈现为典型的倒金字塔形，而后者宽度虽然也是逐层递减，但是趋势较为平缓，更多地呈现为一种"上尖中宽下窄"的形状，从层次结构的整体分布上来看，后者更为合理。笔者根据上述分析勾勒出了两种层次结构的大致形状如图4-19所示。

（三）术语层次结构的 OWL 描述及可视化展示结果分析

根据 OWL 中类和子类定义的基本语法和采用标签，笔者对本节生成的 I&SM 领域的专利术语层次结构进行了自动 OWL 编码，最终形成了仅含层次关系的 I&SM 领域专利本体 THO_ Onto 和 THI_ Onto，并在此基础

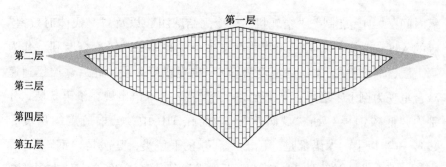

图 4 – 19 THO 和 THI 层次结构轮廓对比状况

上可实现诸如关联分析、语义检索、蕴含推理等实际应用。笔者继而用 Protégé 对专利本体进行读取，并采用 OntoGraf 插件对其进行了术语概念检索及其可视化展示，如图 4 – 20 以 spring 形展示了 THO_ Onto 中"淬火""不锈钢""炼铁"等术语概念的部分层次结构。图中左侧以树形结构显示了 I&SM 领域专利本体的所有类及其相互包含关系，可实现术语概念的顺序浏览；右侧上方有 search 框，可对本体概念进行检索，实现术语概念的随机定位；图中本体概念可进行展开和收缩操作，以展现其上下位类，概念间的连线中箭头指向子类方向，图中仅显示了"冶金专利"的 5 个下位术语，并对其中"淬火"，"钢"下属的"不锈钢"以及"炼铁"等 3 个下位类进行了充分展开；利用绘图区上方的工具栏可对图形进行调整，如将 spring 形转化为树形图或星形图等。通过术语层次结构可以使用户有效了解领域术语的上下位关联，从而在专利文献检索中实现包括扩检、缩检或含义转换等在内的语义检索。本书下面利用 OntoGraf 的本体可视化展示功能，对 THO_Onto 和 THI_Onto 进行局部考察，从横向和纵向两个方面对两者进行详细的可视化比较分析。

图 4 – 21 从横向显示了在专利文献中出现频率最高的前 25 个术语连同"冶金专利"的层次结构图，其中上半部分来自 THO_Onto，下半部分为局部 THI_Onto。观察该层次结构发现：①术语概念无论是来自经过规范化的领域词典，还是从专利文献中抽取出来，出现频率最高的术语大部分以"冶金专利"为上位类，那么换句话说，这些术语基本上都处于专利术语层次结构的最高层，可见就 I&SM 领域的专利而言，其涉及范围

较广。②两者的高频词集合中存在交集，如"钢（steel）""高炉""转炉""热处理""淬火""合金"等，可见这些术语已经被该领域广泛认可，然而虽然有些术语被选入了词典，如"保温""操作""产品""反应"等，但在术语自动抽取中仍被认为含义过于泛化而不能成为专业词汇；也有些术语特别是冶金过程中的一些重要元素如硅、硫、铁、氧、碳及其化学表达式 C、P、S 等，在专利文献中广泛存在，但是专业性程度较低而没有被收入专业词典。由此可见，术语集合的选择可能会在很大程度上影响生成的层次结构。③THO_Onto 中形成了"钢"→"炼钢"和"钢"→"钢水"两个有效的上下位关联，而 THI_Onto 中除了上述两者外，还多了一组"铁"→"铁水"，这也在一定程度上表明后者层次结构的体型较前者瘦窄。④从入选的术语集合中也可以看出两个本体的特点：THO_ Onto 更侧重于"钢铁冶金"的外部宏观条件描述，而 THI_ Onto 则更侧重于内在的细节影响因素，那么对两种来源的术语进行有效整合进而构建术语层次结构可能具有更好的效果。

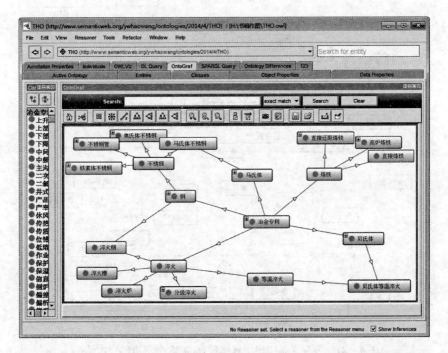

图 4 – 20　THO_ Onto 中"淬火""不锈钢""炼铁"等术语概念的层次结构

图4-22从纵向显示了THO_Onto中深度最大的术语层次关联及其在THI_Onto中表现的对比情况。从中可以发现：①THO_Onto中深度最大的术语层次关联仅由2个分支组成，结构非常简单，可见来自词典的术语由于其明显的对宏观抽象描述的侧重，使得领域专深词汇涉及较少，导致构建的术语层次结构深度不足，呈现出一种典型的扁平化结构；②THO_Onto中深度最大的层次结构在THI_Onto中基本上得到了复制，说明该结构具有一定合理性，具体区别在于两点：一是部分来自词典的规范化词汇在专利文献中或者没有被机器识别，或者被认为出现频率不足而被过滤，如"低碳钢板"和"冷轧钢板"；二是部分被机器抽取的术语如"碳"和"低碳钢"却没有被收录至领域词典中，由此可知，领域词典仅仅提供了部分被领域专家广泛认可的词汇，而一些领域常用词或者新词由于领域隶属度或认可度不足而被忽视，但需要注意的是这类词在专利文献中广泛存在，因此应避免过分依赖领域词典。

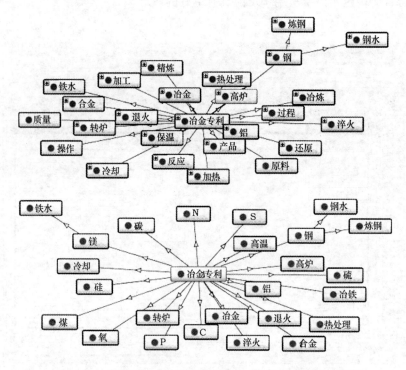

图4-21 专利文献中出现频率最高的25个术语的层次结构

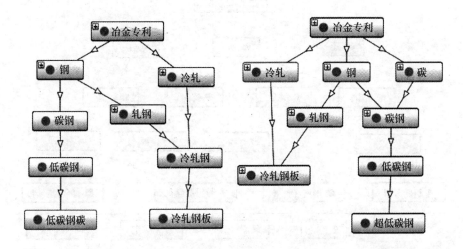

图 4 – 22　THO_Onto 中深度最大的术语层次关联（左）
及其在 THI_Onto 中的表现（右）

　　图 4 – 23 展现的情况则正好相反，显示的是 THI_Onto 中深度最大的术语层次关联及其在 THO_Onto 中的对应表现。①显然，就深度最大的术语层次关联局部比较，THI_Onto 远比 THO_Onto 要复杂得多，虽然二者均只有 5 个层次，但前者在第 5 层次上术语的数量以及多重继承的次数都要多于后者。不难发现 THI_Onto 中的术语更侧重于领域知识中的微观具体元素，因此术语之间的上下位关系也更加复杂，使其整体结构呈现为一种偏向柱状的锥形。②也正是因为 THI_Onto 中的术语在 THO_Onto 中存在较少，THI_Onto 中的最深局部结构映射到 THO_Onto 中才表现得非常单薄。图中除了"低碳钢"分支基本类似外，在"脱氧"分支上仅保留了 2 个术语，反映出 THI_Onto 中术语在层次结构中的位置相对 THO_Onto 偏下，从而使得 THI_Onto 的层次结构映射到 THO_Onto 仅能保留较高层次。

　　本节以文档—术语空间为核心，基于术语共现理论，利用 FCA 中概念格的自动生成来推测作为属性的领域中文术语的层次结构，并将其进行 OWL 描述和可视化展示，进而提出了一整套面向中文专利文献的自动构建领域本体概念层次关系的解决方案，具体包括：在遴选领域专利术

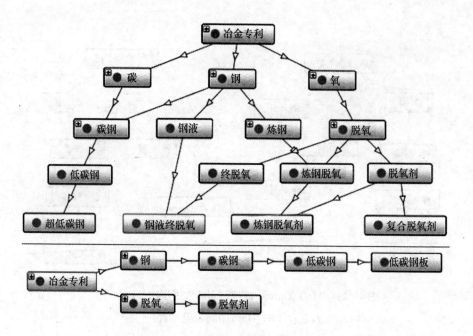

图 4 – 23　THI_Onto 中深度最大的术语层次关联（上）

及其在 THO_ Onto 中的表现（下）

语的基础上，对术语与专利文献关联进行修正，进而建立专利文献—术
语形式化背景；然后采用 FCA 理论将形式化背景转化为主题概念格，利
用主题概念之间的上下位关系以及文档集合包含的对术语层次关联的推
理规则，自动生成作为概念属性的专利术语之间的上下位关联；这种上
下位关联可以采用 OWL 进行形式化描述，最终形成专利术语本体，为领
域知识的进一步应用如可视化展示等奠定了结构基础。笔者继而以"钢
铁冶金"专利领域为例，详细论证了无知识库支持环境下面向中文文本
的专利术语层次关系抽取过程，在此基础上，对不同来源的专利术语所
生成的层次结构进行了充分的比较研究。

　　来自与专利文献无关的领域词典的术语和从专利文献中机器抽取出
来的术语所生成的层次结构存在一定的区别：从宏观上看，由于前者与
专利文献之间的共现关联不如后者，导致术语之间的上下位关系较难识
别，层次结构呈现为典型的倒金字塔形，而后者宽度较小，术语间层次
关联较为复杂，其层次结构更多地表现为上尖中宽下窄；从局部细节上

看，词典术语经过专家筛选和规范化处理，多为领域内描述外部宏观条件的抽象性词汇，在术语概念层次结构中多处于上层空间，也导致了其下层术语数量极少，而专利中抽取的术语多为描述领域内部微观对象的具体性词汇，甚至包括很多新词或合成词，由于领域专深程度较强，在层次结构中多处于下层空间。因此，从实用性角度来讲，抽取自专利文献的术语的层次结构含有更丰富的语义关联，对于专利预警和专利创新等工作可以提供更多的知识支持。

不同来源的术语显然具有不同的特征，导致生成的层次结构也表现出相应的特点。那么将两者结合，或者说从不同来源收集并筛选专利词汇，实际上就是本书在实验论证过程中遇到的最大问题：术语量太大，基于 FCA 生成的主题概念过多，导致无法计算。因此，就本书数据集合而言，若选择的术语量大于 1000，可以先采用其他方法对术语或专利文献进行初分类，然后再利用本书的方法计算术语层次结构；另外本书引入词频阈值 C 的设定存在一定问题，C 值过大将会滤去大量专业术语，它们往往是知识本体的核心内容，而设置过小又会产生大量无意义的术语包含，因此对 C 值的设定需要采用更科学的方法。上述问题将在今后研究中做进一步探讨和测试。

第三节 基于 SVD 的汉语专利术语间的层次关系识别

本节以奇异值分解作为底层技术，采用基于特征抽取的方式，进行领域专利术语层次关系识别研究。第一节中笔者以 K-means 聚类算法为基础，有效地实现了较大规模的领域专利术语层次关系自动化识别；本节从研究逻辑上来说，一方面是对第一节研究的继承和深化；另一方面从一个全新的视角探索术语层次关系识别，在基本的思想和技术处理上，具有一定的新颖性。因此，作为一个探索性研究，本节期待在论文结构的组织、相关理论的阐述以及实验过程的展示与分析上，能够将研究的理由、思想以及技术方法论述清晰，并以实证的方式论证该研究的有效性和可行性。同时，作为一个独立的研究章节，本书所要达成的目标，依然是规模化识别 I&SM 领域所有专利术语之间的层次性语义关系，并将本节识别的结果，即术语对间的层级关系，与前 2 节的研究结果进行融合，更有效地为专利知识服务研究提供支持。

一 主要理论引介

本节研究的开展主要受到以下四个方面的启发：首先是对术语—文档矩阵（矩阵是数学的形式，其实质就是语义空间，因此在本节的论述中，常将两个概念互用）这一经典语义表示方法的改进需求；其次，是采用聚类方法在知识结构生成上的固有不足，有待采用新的方法进行拓展和补充；再次，奇异值分解作为优秀的矩阵分解技术，在诸多领域有着广泛、奇妙的应用，受到其潜在语义发掘能力的启发，笔者将其引用到语义关系识别上；最后，将奇异值分解理论应用到知识结构或者本体的构建中，已有相关的研究尝试，给本节研究带来启示。接下来分别进行说明，在论述的过程中将涉及一些基本的概念、思想的阐述。

（一）基于特征的语义空间转换

1. 术语—文档语义空间

在各类型机器学习领域，算法的优良固然重要，然而在此之外有两项或许更为重要的基础：数据的有效性以及底层语义空间的有效性。数据的有效性指的是数据是否干净、充分，对算法的运行、最终结果是否有用以及可解释性都具有不可忽视的影响，同样的算法在不同质量的数据集上，表现差异明显；底层语义空间的有效性即是本节所要论述的重点，它是各类型研究关注较多的部分，研究者努力尝试各样的方法，改进语义空间的构建，可以说数据的表达甚至比数据的运算更为重要。

以传统的基于 one-hot 编码的术语—文档语义空间为例进行说明。首先，构建一个术语—文档语义空间，如式（4 – 12）的形式。

$$S = \begin{bmatrix} S_{11} & \cdots & S_{1j} & \cdots & S_{1N} \\ \cdots & & & & \cdots \\ S_{i1} & \cdots & S_{ij} & \cdots & S_{iN} \\ \cdots & & & & \cdots \\ S_{M1} & \cdots & S_{Mj} & \cdots & S_{MN} \end{bmatrix} \qquad (4-12)$$

该矩阵的每一行对应一个术语，每一列对应一个文档，如果术语有 M 个，文档有 N 篇，那么这就是一个 $M \times N$ 的矩阵。其中，第 i 行、第 j 列的元素 s_{ij} 是术语集中第 i 个术语和文档集中第 j 篇文档之间的关联系数，当然在 one-hot 编码方式的矩阵中，s_{ij} 只存在 0 或 1 两个取值。可以说，在术语—文档矩阵中，术语作为运算或者分析的对象，文档则作为表示术语的属性，从术语的视角来看，所谓属性就是某术语出现在哪些文档中，这些文档集合就成了该术语的解释域，它们限定了术语的概念。以术语—文档矩阵为形式的语义空间，当 M 和 N 的规模都非常大时，该矩阵很显然是非常稀疏的，而且耗费巨大的存储空间，这是其缺点之一。但是，研究者更需要关注的，是其固有的内在缺陷。假设从矩阵 S 中抽取三个术语 T_1、T_2 和 T_3 作为分析样本，对这一问题进行说明：

$$T_1 = (0,0,0,1,0,0,0)$$
$$T_2 = (0,0,1,0,0,0,0)$$
$$T_3 = (0,0,1,1,0,0,0) \qquad (4-13)$$

假设式（4-13）中的三个术语 T_1、T_2 和 T_3 分布在 7 篇文档中，其中 T_1 只出现在文档 4 中，T_2 只出现在文档 3 中，而 T_3 则同时出现在文档 3 和文档 4 中。现在，若以余弦距离的计算来确定三个术语之间的关系，很显然可以到结论：T_1 和 T_2 之间不存在关系。但是，进一步分析式（4-13）会发现这个结论是错误的。在式（4-13）的 7 篇文档中，起到实质作用的只有文档 3 和文档 4，因为这两个文档均含有同一个术语 T_3，而在本书研究中术语是具有实质领域内涵的词汇，因此从理论上来说，这两个文档具有某种内在的联系（论述相似的主题），而术语 T_1 和 T_2 分别属于这两个文档，因此二者也存在某种内在联系（在相似主题之下的术语），而这种联系是由术语 T_3 传递出来的。因此，若以术语—文档的形式表达术语的语义分布，显然无法判断出 T_1 和 T_2 之间存在的关系，这就是该方法的问题所在。本节研究的目的之一，就是找到某种新的方法，将类似于 T_1 和 T_2 这样的隐含关系显性化。这种方法所依据的，就是本书的核心概念之一——术语特征（Term Feature）。简言之，术语 T_1 和术语 T_3 之间的关系是明显的，术语 T_2 和术语 T_3 之间也是有明显关系的，这种关系基于一种"特征"，即为共现，T_1 和 T_3 在文档 4 中共现，T_2 和 T_3 在文档 3 中共现。然而，如何将这种特征抽取出来，并转移到 T_1 和 T_2 的关系判断上，使得模型的语义空间能够在"特征"的统一构建下识别术语间的彼此关系，是本节研究的焦点之一。

2. 术语—特征语义空间

"特征"这一概念，并非是自然语言处理领域独有的概念。例如，在人脸识别研究领域，往往使用某些特征来表示人脸，如头发的颜色、眼睛的大小、耳垂的形状等[①]；又如最近《自然》杂志发表的[②]利用深度学习对皮肤癌进行诊断的研究，通过分析 13 万张皮肤病的图片，以获取病变皮肤的特征信息。从形式上来看，人脸特征的识别可能明显一些，而皮肤病的特征则较为隐性些，但是它们都是通过对对象的特征进行分析、抽取、标注，以供机器进行学习，从而能够达到对一个新的输入进行判别的能力。在以汉语为例的自然语言处理领域，针对关键词或者术语的特征则非常少，姓氏特征、音译特征、分类特征可以归为外在特征，词性可归为内在特征，而在以术语—文档矩阵为形式的语义空间中，文档可理解为表示特征，即可以发现语言或者术语的特征是非常抽象的，甚至比图像处理领域的特征更为抽象。因此，挖掘并获取这些特征，进而为各类型术语/语言处理所用，将是极有价值的研究方向。针对这一难题，笔者启发性地使用矩阵奇异值分解（Singular Value Decomposition，SVD）的理论和技术，对原始术语—文档语义空间进行分解，将术语转移到低维度的语义空间中，抽取出术语的特征，构建术语—特征矩阵，其

---

① Kumar N. , Berg A. C. , Belhumeur P. N. et al. , "Attribute and simile classifiers for face verification", International Conference on Computer Vision IEEE, 2010.

② Esteva A. , Kuprel B. , Novoa R. A. et al. , "Dermatologist-level classification of skin cancer with deep neural networks", Nature, Vol. 542, No. 7639, 2017.

形式如式（4－14）所示。

$$
F = \begin{bmatrix}
f_{11} & \cdots & f_{1j} & \cdots & f_{1k} \\
\cdots & & & & \cdots \\
f_{i1} & \cdots & f_{ij} & \cdots & f_{ik} \\
\cdots & & & & \cdots \\
f_{M1} & \cdots & f_{Mj} & \cdots & f_{Mk}
\end{bmatrix} \tag{4－14}
$$

在式（4－14）的术语—特征语义空间 F 中，行表示术语，列表示特征，M 个术语最多有 M 个特征，特征按照从大到小，从强到弱的顺序排列，在使用中一般抽取前 k（$k < N$）个强特征，因此 F 是 $M \times k$ 的矩阵。其中，f_{ij} 是术语 i 与特征 j 的关联系数，至于如何对关联系数进行优化，使其便于应用，是本节将探讨的另一问题。构建术语—特征语义空间的意义不仅在于降低矩阵维度，更在于以特征作为基础对术语之间关系的重新整合。

（二）知识结构的拓展

知识结构的拓展所要论述的内容主要是针对采用多层聚类方法构建的专利知识结构存在的不足而引发的需求。在本书的第一节已经充分阐述了聚类算法在知识结构生成中的原理和过程。采用多层聚类生成的知识结构具有两个重要的优势：一是获取了术语之间的层次性语义关系，二是组织了一个个专利知识簇。从形式上来看，该方法生成的结果结构清晰、逻辑性强、可解释性好。但是由于聚类本身的特性，该方法也存在固有的不足。聚类的本质，就是通过将对象划分成不同的类别，使之有序化。一个对象只能归属于一个类别，不存在一个对象既属于类别 X，又属于类别 Y 的现象，但在实际的情况中，特别在以术语作为划分对象的任务中，以上特性将被打破，很多情况下，一个术语可能同属于多个类，术语之间的关系呈现网状结构，而不仅仅是等级严格的层次结构，如图 4－24 所示。

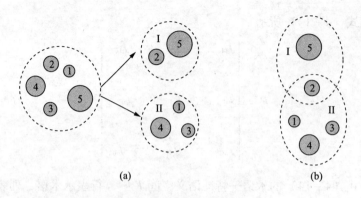

图 4 – 24　术语归类的两种不同形式

图 4 – 24 展示了术语归类的两种不同形式。在（a）中左边有 5 个带标号的术语（任意排列），按照聚类的思想，分割成 I、II 两个类别，术语 2 和 5 被聚到 I 类，术语 1、3 和 4 则被聚到 II 类，在（a）的模式中，任何一个术语不能同时属于两个类。但是，实际的情况可能是（b）的形式，术语 2 在概念上存在交叉，它可能同时属于 I 类和 II 类，这是采用聚类的思想无法做到的。下文使用一个实际的案例进行说明，所选择的样例以及结构是假设的状态，如图 4 – 25 和图 4 – 26 所示。

以上案例中，共有 7 个领域术语，其中"炼铁""高炉"与"不锈钢"是上位术语，"还原炼铁""高炉炼铁""炉腰"和"马氏体不锈钢"是下位术语。此样例的焦点在于术语"高炉炼铁"，从语义上来说，该术语同时属于"高炉"和"炼铁"，如图 4 – 25 所显示的，"高炉炼铁"同时具有两个上位类。而图 4 – 26 则展示了采用聚类的方式可能形成的一种结构，"高炉炼铁"只有"高炉"一个上位类，当然也可能被归属于"炼铁"的下位类，只是两种情况无法同时存在，如此便造成了知识库语义信息的残缺。

因此，本节另一个重要的研究目标就是对第一节方法构建的知识结构进行拓展。在实际的术语识别中，生成的知识结构往往要比图 4 – 25 所展示的案例更为复杂，术语间呈现网状结构。追溯这一研究问题的历史脉络可以发现，在传统的分类法中也存在应对类似问题的解决方案。例如，国家理论这一概念，既从属于历史哲学，又是政治理论的基本组成

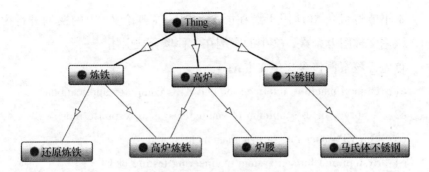

图 4 – 25　知识结构拓展的说明样例 1

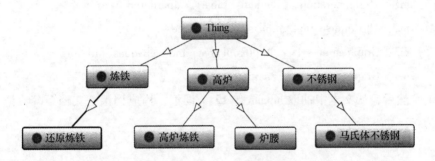

图 4 – 26　知识结构拓展的说明样例 2

部分，因此在《中图法》中，将国家理论归属于［B035］，同时设置交叉类目，注释为宜入［D03］（政治理论）。在解决类目间横向关系，处理分类法单线序列与多重从属关系这一矛盾时使用了设置交叉类目、建立参照、设置类目选择等多种解决方案，既保证了分类法层次分明、逻辑清晰的特点，又尽可能充分揭示知识条目间的关系。当然，传统的分类法倾注了大批专家大量的心血；在面向信息文本化、知识网络化的现代知识组织任务中，则需采取更为先进和高效的方式，这也是本节研究的出发点之一。

（三）奇异值分解的引介

本节采用奇异值分解（SVD）作为术语特征抽取的底层技术的根本原因在于其对潜在语义信息的抽取能力，即 SVD 能够发掘类似于式（4 – 14）中 T_1 和 T_2 之间隐藏的语义关系。作为本节研究理由论述的重点之一，本小节将引介 *SVD* 用于潜在语义分析的经典论文①中的案例进行说明，该论文被引万余次，文中的案例在各种场合被引用。

首先，该案例包含 9 条文本：

c1：Human machine interface for Lab ABC computer applications

c2：A survey of user opinion of computer system response time

c3：The EPS user interface management system

c4：System and human system engineering testing of EPS

c5：Relation of user-perceived response time to error measurement

m1：The generation of random, binary, unordered trees

m2：The intersection graph of paths in trees

m3：Graph minors IV: Widths of trees and well-quasi-ordering

m4：Graph minors: A survey

然后，从文本中抽取 human 等 12 个词汇，构成词汇—文档矩阵，记为 X，如下所示：

文本 词汇	c1	c2	c3	c4	c5	m1	m2	m3	m4
human	1	0	0	1	0	0	0	0	0
interface	1	0	1	0	0	0	0	0	0
computer	1	1	0	0	0	0	0	0	0
user	0	1	1	0	1	0	0	0	0
system	0	1	1	2	0	0	0	0	0
response	0	1	0	0	1	0	0	0	0
time	0	1	0	0	1	0	0	0	0
EPS	0	0	1	1	0	0	0	0	0
survey	0	1	0	0	0	0	0	0	1
trees	0	0	0	0	0	1	1	1	0
graph	0	0	0	0	0	0	1	1	1
minors	0	0	0	0	0	0	0	1	1

---

① Deerwester S. , Dumais S. T. , Furnas G. W. et al. , "Indexing by latent semantic analysis", *Journal of the Association for Information Science & Technology*, Vol. 41, No. 6, 2010.

接着，对这个矩阵进行 SVD，抽取前 3 个特征，重新构建 3 阶近似矩阵，记为 X^，结果如下（数值取小数点后两位）：

文本 词汇	c1	c2	c3	c4	c5	m1	m2	m3	m4
human	0.16	**0.40**	0.38	0.47	0.18	**-0.05**	**-0.12**	**-0.16**	**-0.09**
interface	0.14	0.37	0.33	0.40	0.16	**-0.03**	**-0.07**	**-0.10**	**-0.04**
computer	0.15	0.51	0.36	0.41	0.24	0.02	0.06	0.09	0.12
user	0.26	0.84	0.61	0.70	0.39	0.03	0.08	0.12	0.19
system	0.45	1.23	1.05	1.27	0.56	-0.07	-0.15	-0.21	-0.05
response	0.16	0.58	0.38	0.42	0.28	0.06	0.13	0.19	0.22
time	0.16	0.58	0.38	0.42	0.28	0.06	0.13	0.19	0.22
EPS	0.22	0.55	0.51	0.63	0.24	-0.07	-0.14	-0.20	-0.11
survey	0.10	0.53	0.23	0.21	0.27	0.14	0.31	0.44	0.42
trees	**-0.06**	**0.23**	**-0.14**	**-0.27**	0.14	0.24	0.55	0.77	0.66
graph	**-0.06**	**0.34**	**-0.15**	**-0.30**	0.20	0.31	0.69	0.98	0.85
minors	**-0.04**	**0.25**	**-0.10**	**-0.21**	0.15	0.22	0.50	0.71	0.62

最后，依据两个矩阵中数值的差异进行分析，观察 SVD 在潜在语义分析中的作用效果。发现矩阵 X 中，human-c2 的值为 0，因为 c2 中并没有出现 human；但是在 X^ 中 human-c2 的值为 0.4，表明 human 与 c2 有一定的关系。产生这一现象的原因是 c2：A survey of user opinion of computer system response time 中包含单词 user，而 user 和 human 是近义词，因此 X^ 中 human-c2 的值被提高了。另外，在矩阵 X 中，所有的元素取值均为非负值，而 X^ 中出现了负数。分析可以发现，从语境上来看，c 类文本主要在论述人机界面，而 m 类的文本主要论述图论的内容。因此，在 X 中，出现在 c 类的词汇在 m 类中均为 0，而出现在 m 类中的词汇在 c 中均为 0；但是在 X^ 中，所有原来为 0 的地方，大多变为负值。综合来说，经过 SVD 分解处理之后，低阶近似矩阵消除了原本矩阵中的某些噪声，使得

原本潜藏的语义信息被凸显出来，而实际上不存在的语义信息则更加弱化。

本小节引介此案例的原因在于其较为直观地介绍 SVD 对于潜在语义信息的挖掘能力，这项能力也正是本节研究所需要的将隐藏在复杂文本语境中的某些特征抽取出来，把某些隐藏的层次关系识别出来的能力。

（四）已有研究的启发

本节的目标在于将 SVD 作为底层技术，应用到专利术语层次关系的识别研究中，从而生成领域专利本体。已有学者进行类似探索，本小节选择其中三组直接相关的研究进行简单评述，以阐述它们给本节研究带来的启发。

1. 基于 SVD 的文本本体抽取系统

Maddi GR 和 Velvadapu CS 在 2001 年发表了一篇采用 SVD 方法从文本中抽取本体的技术文档[1]。该文档论述了从文本中抽取本体的需求、方法路径以及系统的界面展示。主要涉及两方面的内容：一方面是该系统的技术路径：文本输入→词汇预处理→归一化权重计算→词汇—文档矩阵的创建→奇异值分解→概念的抽取→图形界面（GUI）的设计；另一方面就是展示了 ontology 的 GUI 系统以及本体相关的操作，如更新、删除等。从核心技术上来讲，笔者认为最为重要的就是技术路径中的概念抽取这一项，而文档中仅仅用简单的一段文字阐述。其基本思想就是通过 SVD 之后，U 矩阵/V 矩阵中包含了相应词/文档的概念，但是从实践层面来看，这样的论述是远远不够的，缺乏可操作性。本书提供了非常有用的技术路线以及初步的实践，但是缺乏详细的理论和可操作性阐述。

2. 基于 SVD 的术语分类关系

Bast H. 等人分别在 2005 年[2]和 2006 年[3]发表论文，阐述基于潜在语

---

① Maddi G. R. and Velvadapu C. S., *Ontology extraction from text documents by singular value decomposition*, *Doctoral dissertation*, Bowie: Bowie State University, 2001, pp. 10 – 42.

② Bast H. and Majumdar D., "Why spectral retrieval works", *International ACM SIGIR Conference on Research and Development in Information Retrieval*, 2005.

③ Bast H., Dupret G., Majumdar D. et al., "Discovering a Term Taxonomy from Term Similarities Using Principal Component Analysis", *Springer Berlin Heidelberg*, 2006.

义分析的术语关系（文中以 PCA 的形式呈现）的研究。2005 年发表的论文旨在阐述 Spectral Retrieval 的有效性，其内涵可以理解为采用潜在语义分析（LSI）对集合中的术语进行再处理，从而识别出相关术语和无关术语，增加检索的质量；2006 年发表的论文，重点阐述了基于 PCA 进行的术语间上下位关系的识别和抽取，并进行了一系列的理论论述和案例式数学证明，给出了部分结果以佐证研究，作者采用 SVD 技术来实现 PCA 的功能，其实质就是 SVD 的应用。在 Bast H. 的研究中，最为重要的概念是术语相似性曲线（Similarity Curves），术语集合经过 SVD 处理之后，每个术语都拥有一个相似性曲线，相似性曲线的获得是基于不断调整低阶近似矩阵特征舍取阈值 k，从而为每个术语找到特定的 rank（k），进而形成基于 rank（k）的相似性曲线，通过比较术语对的相似性曲线，判断术语间的相关性，包括同义关系以及上下位关系。Bast H. 的研究具有启发性：作者深入分析了 SVD 的具体内涵，以及基于 Similarity Curves 的论证、操作说明以及结论展示。但是，从客观角度来说，本书采用的 Similarity Curves，其真实有效性以及领域实用性都需要更充分的证明，有待检验。

3. 国内的相关研究

国内相关文献中，将 SVD 作为本体（包括术语语义关系）研究基础的非常少。其中，学者李守丽 2001 年的论文①和 2003 年的论文②阐述了 SVD 对于 ontology 的构造方法路径，可以说是对 Maddi G. R. 成果的部分引介，主要是从理论和方法的角度进行阐述，并缺乏实证研究。著名本体研究专家武汉大学董慧教授③在 2005 年发文阐述了基于 SVD 进行本体自动抽取和评估的理论和方法路径，但同样缺乏实证研究。因此，针对将 SVD 应用在汉语语义关系识别的研究不多，且缺乏有效的实证研究。

---

① 李守丽、廖乐健、幺敬国：《基于奇异值分解的中文 Ontology 自动学习技术》，《计算机工程》2003 年第 29 卷第 9 期。

② Li S. L., Liao L. J., Cao Y. D. et al., "Ontology Learning for Chinese Documents Based on SVDand Conceptual Clustering", *Journal of Beijing Institute of Technology*：*English Edition*, Vol. 2003, No. S1, 2003.

③ 董慧、余传明：《中文本体的自动获取与评估算法分析》，《情报理论与实践》2005 年第 28 卷第 4 期。

总而言之，SVD 作为有效的潜在语义信息抽取、分析的工具，在术语语义关系识别乃至本体构建研究中，其相关的研究给笔者带来一定启发，同时也看到进一步深入研究，尤其是实证研究的必要性。

二　基于 SVD 的术语特征抽取

本节将 SVD 应用到术语层次关系构建的研究中，有两个关键的技术点：其一是如何使用 SVD 进行术语的特征抽取；其二是如何合理使用分解后的术语—特征矩阵，进行术语间层次关系的识别。本节主要论述基于 SVD 的术语特征抽取，包括 SVD 的基础理论、相关的矩阵分解以及特征抽取方法；下节将对分解矩阵的处理、识别的规则进行论述。

（一）SVD 的原理阐述

首先，阐述 SVD 的分解原理和过程。

设矩阵 $A \in R^{m \times n}$，奇异值分解为：$A = USV^T$；其中，$A_k = U_k S_k V_k^T$，$S \in R^{m \times n}$，$V^T = (v_1, v_2, \cdots, v_n)$，如下式所示：

$$
\begin{bmatrix}
a_{11} & a_{12} & \cdots & a_{1n} \\
a_{21} & a_{22} & \cdots & a_{2n} \\
\vdots & \vdots & \ddots & \vdots \\
a_{m1} & a_{m2} & \cdots & a_{mn}
\end{bmatrix}
=
\begin{bmatrix}
u_{11} & u_{12} & \cdots & u_{1m} \\
u_{21} & u_{22} & \cdots & a_{2m} \\
\vdots & \vdots & \ddots & \vdots \\
u_{m1} & u_{m2} & \cdots & u_{mn}
\end{bmatrix}
\times
$$

$$
\begin{bmatrix}
s_{11} & 0 & \cdots & 0 \\
0 & s_{22} & \cdots & 0 \\
\vdots & \vdots & \ddots & \vdots \\
0 & 0 & \cdots & s_{nn} \\
0 & 0 & \cdots & 0
\end{bmatrix}
\times
\begin{bmatrix}
v_{11} & v_{12} & \cdots & v_{1n} \\
v_{21} & v_{22} & \cdots & v_{2n} \\
\vdots & \vdots & \ddots & \vdots \\
v_{n1} & v_{n2} & \cdots & v_{nn}
\end{bmatrix}
$$

上式中，矩阵 U 和 V 均为正交矩阵，即 $U^T U = I_m$，$V^T V = I_n$，U 和 V 的行之间相互正交，列之间也相互正交，且行列向量均为单位向量。上式是 A 矩阵完整的分解过程，实际上在实际的 A 矩阵 SVD 分解中，还存在一个简化的过程，原因是 A 矩阵为非方阵，假设 $(m > n)$，因此，按照矩阵分块的原理，以个数小的维度作为特征产生的个数，也就是说，S 矩阵的下半部全为 0，其余部分是一个 $n \times n$ 的对角矩阵。因此，去掉 S 矩阵的下部的

0 块矩阵，相应的 U 矩阵去掉左边的 m-n 列，剩余的部分为 $m \times n$ 的矩阵，而 V^T 矩阵则保持不变。最终 SVD 的示意图如图 4 – 27 所示。

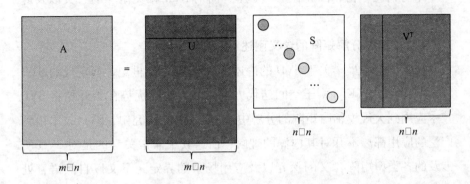

图 4 – 27　瘦矩阵奇异值分解示意

图 4 – 27 展示了在实际应用的过程中一个瘦型矩阵（$m > n$）的 SVD 过程。特别需要注意的是 S 矩阵在整个分解中所扮演的作用，S 矩阵是由 n 个大于 0 的元素组成的对角矩阵，而且这 n 个元素在 S 中按照从大到小的顺序进行排列，即 $\sigma_1 \geqslant \sigma_2 \geqslant \cdots \geqslant \sigma_m$。这一特性非常重要，意味着 S 矩阵蕴含着 A 矩阵的特征信息，并且特征有序排列，因此，就可以截取前 k 个最大的特征，重新构造矩阵，完成相应的任务，这就是所谓的低阶近似矩阵。取前 k 个最大特征，获得原矩阵的低阶近似矩阵 A_k，其示意图如图 4 – 28 所示。

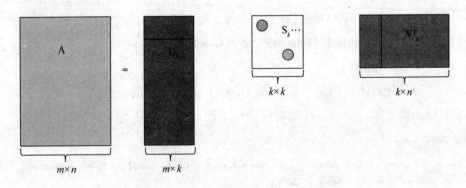

图 4 – 28　低阶近似矩阵 A_k 的形成过程

以上论述均从形式化的角度对 SVD 进行阐述，以说明其基本的理论过程，在阐述中几乎没有涉及对各分解矩阵以及分解的过程的讨论，而 SVD 本身内涵丰富，因此在下一小节，将对 SVD 相关矩阵的含义以及应用进行阐述。

（二）相关分解矩阵的含义阐述

从数学上看最早关于 SVD 的论述可以追溯到 19 世纪，而现代的 SVD 技术应用则始于 Krylov 子空间迭代方法，该方法的优势在于开始将 SVD 技术应用到大规模稀疏矩阵的分解中[1]。在后来的研究中，SVD 技术得到广泛的应用都离不开对其内涵的理解，而这其中非常关键的是对 SVD 所涉及的各类型矩阵含义的探究以及应用场景的界定。下文以自然语言处理任务为主要线索，对 SVD 所涉及的 A、U、V^T、S、US/SV^T、A_k 等矩阵的含义进行简要分析。

◆ A 矩阵

A 矩阵（$m \times n$，$m > n$）就是术语—文档矩阵，具有清晰的物理含义，矩阵的行即是术语向量，矩阵的列即是文档向量，矩阵的元素即是术语与文档的关联系数。A 矩阵是 SVD 的基础矩阵。

◆ U 矩阵

U 矩阵（$m \times n$）也具有清晰的物理含义[2]，从数学层面来说，U 矩阵是由 n 列特征向量组成的矩阵。从含义来说，U 是对术语进行分类的结果，每一行表示一个术语，每一列表示一个语义相近的术语类，或者称为语义类。在以 A 矩阵（$m \times n$，$m > n$）为基础的 SVD 中，m 个术语最多含有 n 个语义类。U 矩阵的这一特性，正是上文节论述的相关研究所采用的，U 矩阵的列即对应术语概念类（Concept）。

◆ V^T 矩阵

与 U 矩阵不同的是，V^T 矩阵（$n \times n$）是对文档的分类结果，每一列对应一篇文本，而每一行则对应一个主题。它同样是由 n 列特征向量组

① Erichson N. B., Voronin S., Brunton S. L. et al., "Randomized Matrix Decompositions using R", *Journal of Statistical Software*, 2016.

② Bellegarda J. R., "Exploiting latent semantic information in statistical language modeling", *Proceedings of the IEEE*, Vol. 88, No. 82, 2000.

成的矩阵，只是这些特征向量是关于文档的。可以发现，n 个文档最多对应 n 个主题类。

对比 U 矩阵和 V^T 矩阵可以发现，虽然二者分别代表术语和文档的语义类，但它们都具有同样个数的类别，也就是说它们是在统一语义的指导下分别表示术语和文档。因此，基于本节的研究将其背后的缘由定义为特征（Feature），而特征的获取由一次 SVD 统一完成，特征的度量也是统一的，即由 S 矩阵来完成。

◆　S 矩阵

S 矩阵（$n \times n$）是对角矩阵，其所有的元素都聚集在对角线上，而且从大到小依次排列。S 是 n 维矩阵，因此认为矩阵 A 中蕴藏着 n 个特征，每个特征的具体数值对应着该特征的强弱，截取前 k 个主要特征，即是对特征的抽取。

◆　US/SV^T 矩阵

US 和 SV^T 矩阵是与主成分分析（Principal Component Analysis，PCA）紧密相连的矩阵。在自然语言处理领域，SVD 常与 PCA 一起出现，原因在于 PCA 可通过 SVD 实现。矩阵 US 和 SV^T 正是 PCA 所需要的线性变换[1][2]，在此不作详细证明。US 可完成术语的主成分抽取，SV^T 则可完成文档主成分的抽取。一次 SVD 即可完成两个类别的主成分抽取工作，这也正是 SVD 的优势所在。

◆　A_k 矩阵

A_k 就是图 4 - 28 所展示的低阶近似矩阵，$A_k = U_k S_k V_k^T$。A_k 的含义为抽取 A 矩阵中的前 k 个主要特征，剔除剩余次要特征，重新组合成新的术语—文档矩阵。其作用是将原始矩阵中蕴含的主要信息提取出来，达到降维、去噪、凸显潜在语义信息的功用。因此，A_k 矩阵在数据压缩[3]、

---

① Zhang L. , Marron J. S. , Shen H et al, "Singular Value Decomposition and Its Visualization", *Journal of Computational & Graphical Statistics*, Vol. 16, No. 4, 2007.

② Udell M. , Horn C. , Zadeh R. et al. , "Generalized Low Rank Models", *Eprint Arxiv*, 2014.

③ Hatch D. R. , Del-Castillo-Negrete D. and Terry P. W. , "Analysis and compression of six-dimensional gyrokinetic datasets using higher order singular value decomposition", *Journal of Computational Physics*, Vol. 231, No. 11, June 2012.

文本处理①、图像去噪②（A 转变为图像像素矩阵）等领域有着广泛的应用。

虽然 SVD 涉及的矩阵类型至少有以上 6 种，但本节的研究聚焦在 U 矩阵的特性以及应用的相关处理上，从而着重探讨了术语特征的内涵和在术语层次关系识别中的作用。

（三）术语特征抽取方法

本小节将前面所讨论的 SVD 基本原理应用到术语层次关系识别的术语特征抽取中。首先，需要说明的是 SVD 节中的 A 矩阵，即术语—文档矩阵的来源问题，本节依然采用位置加权的方式构建术语—文档共现矩阵（TPM），并将以此为基础的语义空间定义为术语—专利文档语义空间（Term-Patent Semantic Space，TPSS），通过 SVD 将之转换为术语—特征语义空间（Term-Feature Semantic Space，TFSS）。TPSS 以专利文档作为属性来表示术语，TFSS 中则以某种潜在的特征作为属性来表示术语，特征的抽取即由 SVD 技术来实现。

SVD 技术面向的是非方阵。在本节的研究中，包含待识别术语的文档数量要多于术语的数量，因此本书假设 TPSS 的表示矩阵为 Amn，行表示术语，m 为术语数量；列表示专利文档，n 为专利文档数量，且 $m < n$。

定义 4-4：A 为 $m \times n$ 的术语—专利文档矩阵，$m < n$，则其秩为 m。假设 $\sigma_1 \geqslant \sigma_2 \geqslant \cdots \geqslant \sigma_m$ 为 A 的非零奇异值，存在正交矩阵 U =（u_1，u_2，…，u_3）和 V =（v_1，v_2，…，v_n），以及对角矩阵 S = diag（σ_1，σ_2，…，σ_m），则 A = USV^T 被称为矩阵 A 的奇异值分解，矩阵 U 和矩阵 V 的列分别称为矩阵 A 的左奇异向量和右奇异向量。

依据前文的论述，对角矩阵 S 的对角线元素是矩阵 A 的奇异值，按照从大到小的顺序排列，奇异值的大小即为术语特征的强弱，奇异值越大表示该特征越强，反之越弱；矩阵 U 的列向量对应从大到小排列的奇

---

① Abidin T. F., Yusuf B. and Umran M., "Singular Value Decomposition for dimensionality reduction in unsupervised text learning problems", *International Conference on Education Technology and Computer*, 2010.

② He M., Liu M., Zhao C. et al., "An image-noise estimation approach using singular value decomposition", *Eighth International Conference on Digital Image Processing*, 2016.

异值，表示术语与特征的关系，而矩阵 V 则表示专利文档与特征的关系。因此，在本书的思想中，U 矩阵的内涵是术语层次关系识别的关键。矩阵 A 的秩为 m，则矩阵 A 含有 m 个奇异值，可以理解为 TPSS 所包含的术语集合隐含有 m 个特征。然而在实际的语义环境中，一方面，并非所有的特征都是有效的，有的特征可能是噪声；另一方面，保留部分较强的特征就足以显示术语之间的语义关系，且能发掘出隐藏的语义关系。因此，通过保留矩阵 A 的前 k 个较大奇异值达到降维、去噪、抽取语义特征的目的。笔者通过矩阵的 F—范数对奇异值（或特征）的筛选过程进行度量，以保证在丢失信息最少的情况下，有效抽取出术语集合的语义特征。

定义 4 – 5：A 为 $m \times n$ 的矩阵，m < n，则其秩为 m。若矩阵 A = USV^T，$\sigma_1 \geqslant \sigma_2 \geqslant \cdots \geqslant \sigma_m$ 为 A 的非零奇异值，则矩阵 A 所包含的信息量为矩阵 A 的 F – 范数，即 $\| A \|_F^2 = \sigma_1^2 + \sigma_2^2 + \cdots + \sigma_m^2$。

由定义 4 – 5 可以推导出，若保留矩阵 A 的前 k 个奇异值，则矩阵 Ak 的信息量为 $\| A_k \|_F^2 = \sigma_1^2 + \sigma_2^2 + \cdots + \sigma_k^2$。因此，可以通过矩阵前 k 个奇异值的平方和与所有 m 个奇异值的平方和的比值度量保留的矩阵信息量占原始矩阵信息量的比例。一般情况下，保留的矩阵信息量应占原始矩阵信息量的 90% 左右[①]。

因此，术语集合的特征抽取可以总结为三个步骤：

（1）对原始的 TPSS 进行奇异值分解，获得 U 矩阵，该矩阵表示 m 个术语与 m 个特征之间的关系；

（2）通过矩阵的 F—范数理论，度量术语特征强弱的分布，确定所要保留的强特征，即主特征的个数 k；

（3）截取 U 矩阵的前 k 列，获得矩阵 U_k，该矩阵的含义是 m 个术语与 k 个主特征的关系，由此便完成了术语集合的特征抽取。

当然从 U_k 到能够进行术语层次关系识别的 TFSS，中间需要对矩阵进行相应的处理，该部分将在下节论述。

---

① 尹芳黎、杨雁莹、王传栋等：《矩阵奇异值分解及其在高维数据处理中的应用》，《数学的实践与认识》2011 年第 41 卷第 15 期。

三 基于 TFSS 的术语层次关系识别

本节重点论述基于 TFSS 进行术语层次关系的识别，涉及利用此方法识别术语层次关系的基本思想、创建过程中需要注意的问题、识别规则的设计以及完整的识别过程的总结，同时选择部分术语对进行识别，以便验证该方法的有效性。

（一）识别的基本思想

传统的基于术语共现理论进行术语层次关系识别的基本思想是：存在术语 T_1 与术语 T_2，若包含术语 T_2 的文档集合是包含术语 T_1 的文档集合的子集，则术语 T_1 是术语 T_2 的上位术语，反之是下位术语。实际上，采用聚类的方法对术语间的相似度，乃至语义关系进行判别，就是以这种思想作为底层原理的。目前依然有较多学者使用的基于形式概念分析（Formal Concept Analysis，FCA）进行术语语义关系识别的研究，本质上是对这一思想的直接应用。基于 FCA 的方法[1][2][3]即通过构造以术语为对象、以文档为属性的形式背景，从中派生出包括概念、外延和泛化关系等在内的概念格，而概念格形式上即包含术语之间的上下位关系。在实践中，这种方法对于大多数术语来说过于严格。在汉语环境下某些具有上下位关系的术语具有形式上的相似性，如术语"高炉"和"高炉冷却壁"，后者是前者加上"冷却壁"组合而成的，因此，包含"高炉冷却壁"的文档，必然包含"高炉"（前提是采用本书本章第一节的数据预处理方法），反之却不然，使用 FCA 可以自然呈现术语对的上下位关系，当然也有一些其他并非形似的术语对也满足严格的包含与被包含条件。然而在领域文本中，众多的术语对之间不存在明显的共现现象（如"金属"的下位概念为"铁""铜""铝""锌"等），则无法使用 FCA 识别上下

① 王昊、朱惠、邓三鸿：《基于形式概念分析的学科术语层次关系构建研究》，《情报学报》2015 年第 34 卷第 6 期。

② Kuznetsov S. O. and Poelmans J. , "Knowledge representation and processing with formal concept analysis", *Wiley Interdisciplinary Reviews Data Mining & Knowledge Discovery*, Vol. 3, No. 3, 2013.

③ Pei Z. , Da R. , Meng D. et al. , "Formal concept analysis based on the topology for attributes of a formal context", *Information Sciences*, Vol. 236, No. 1, 2013.

位关系。

针对以上的难题，本书抽取了术语的特征代替文档表示术语，基本思想是：存在术语 T_1 和术语 T_2，若术语 T_2 所含有的特征是术语 T_1 所含有特征的子集，则术语 T_1 是术语 T_2 的上位术语，反之是下位术语。本节直接采用这一基本思想对术语间的层次关系进行识别，目的就是在于验证基于 SVD 的术语特征这一概念的有效性，并期望在实践中得到证明。显然，以此作为术语层次关系识别的基础，必须对上小节抽取的矩阵 U_k 进行相应的处理，即创建合理的 TFSS。

（二）TFSS 的创建

对 U_k 矩阵进行分析发现 U_k 具有两个基本特征：一是 U_k 中含有负值；二是 U_k 是正交矩阵。

首先，U_k 是由 k 个列向量组成的 $m \times k$ 的矩阵，列向量元素的值有正有负，元素值的绝对大小，表示对应术语与特征的关联程度，符号表示方向，本节对 U_k 所有元素取绝对值，意味着只考虑术语与特征的关联程度，而略去其方向性，并将新矩阵记为 R；

其次，由于 U 矩阵是正交矩阵，则其每个列向量是单位向量，且两两正交，因此 R 矩阵的每个列向量也具有同样的性质，意味着 R 矩阵的每个列向量元素的平方和等于 1，R 矩阵的每个列向量元素的值在 ［0，1］ 之间。基于以上的分析，可以作出以下定义。

定义 4 - 6：设 $R = (r_{ij})_{m \times k}$，$0 \leqslant r_{ij} \leqslant 1$，称 R 为模糊矩阵。$\forall \lambda \in$

$[0, 1]$，记 $R_\lambda = (r_{ij}(\lambda))_{m \times k}$，其中，$r_{ij}(\lambda) = \begin{cases} 1 & r_{ij} \geqslant \lambda \\ 0 & r_{ij} < \lambda \end{cases}$，则称 R_λ 为

R 的 λ 截矩阵。

通过定义 4 - 6 可以设定阈值 λ 将 R 矩阵转变为只含有 0、1 元素的 λ 截矩阵，记为 R_λ。R_λ 所表示的语义空间——术语—特征语义空间（TFSS）正是本书的重心所在。在 TFSS 中，术语作为对象，特征作为属性，元素的值表示术语与特征的关系，元素值为 1 则表明术语含有某特征，元素值为 0 则表明术语不含有某特征。在 TFSS 中，所有的特征被平等看待，没有主次、强弱之分。

（三）识别规则的设计

笔者基于 TFSS 设定识别术语对之间层次关系的基本规则，本书所识别的术语对层次关系包括上下位关系和同义关系两个方面。

规则 4 - 1：在 TFSS 中，存在术语对 < T_i，T_j >，若术语 T_j 含有的特征是术语 T_i 含有特征的子集，则术语 T_i 是术语 T_j 的上位术语，记为 $T_i \rightarrow T_j$，反之为下位术语。

规则 4 - 2：在 TFSS 中，存在术语对 < T_i，T_j >，若术语 T_i 与术语 T_j 所含有的特征完全一致，则术语 T_i 与术语 T_j 为同义术语，记为 T_i_ T_j，T_i_ T_j 作为一个整体概念。规则 4—2 可以推广到两个以上术语之间的同义关系。

由规则 4 - 1 和规则 4 - 2 即可识别在 TFSS 中的术语对之间的层次关系，通过识别术语对之间的层次关系，即可规模化识别 TFSS 中所有术语之间的层次关系。其具体步骤为：

（1）识别 TFSS 中满足规则 4 - 2 的术语，并将同义术语对用连接符"_"进行连接，以 T_i_ T_j 的形式作为一个整体的术语单元；

（2）在（1）的基础上识别满足规则 4 - 1 的术语对，即满足上下位关系的术语对，并使用 < T_i，T_j > 的形式保存在关系表中；

（3）步骤 2）识别了所有具有上下位关系的术语对，必然存在上下位关系的越级现象，因此对 2）保存的关系对进行过滤，只保留直接上下位关系。如此便获取、存储了整个 TFSS 中的术语层次关系。

（4）最后，使用 OWL 将存储在关系表中的层次关系批量编辑为 . owl 文件，并在 Protégé 中利用 OntoGraf 插件进行术语层次结构的可视化。

可以发现，从原始的 TPSS 到 TFSS，特征抽取所涉及的阈值 k 与生成 TFSS 所涉及的阈值λ对最终术语层次关系识别的结果有着重要的影响，需要在实验过程中反复调试。本节的焦点在于验证基于 TFSS 进行术语层次关系识别的有效性，阈值的调试与确定则不作详细讨论。

（四）方法有效性验证

在本小节中，笔者选择 3 组 7 个术语依据前文所论述的层次关系识别思想和操作，进行方法有效性验证。其逻辑是：首先依据 FCA 的方法，抽取 7 个术语的上下位关系；然后，对 TPM 矩阵（包含 6707 个术语）进

行 SVD，采用本节的方法抽取 7 个术语的上下位关系；最后，对比两种
方法的结果，将相关数据呈现在表 4 – 12 中。

表 4 – 12　　　　　　　　　方法有效性验证，术语相关数据

序号	术语名称	术语编号	共现频次	关联系数和	术语对	FCA	k	F_1	F_2	F_3	λ	
1	奥氏体	2	209	79.8	1→2	×		0.00963	0.00217	0.01210	0.002	√
2	奥氏体不锈钢	3	24	26.8				0.00291	0.00120	0.00111		
3	工艺	1970	1949	1576	3→4	√		0.15183	0.06527	0.52758	0.02	√
4	淬火工艺	537	63	44.8	3→5	√	3	0.00383	0.00737	0.02977	0.002	√
5	等温淬火工艺	694	6	5.4	4→5	×		0.00034	0.00042	0.00263	0.002	√
6	无污染	5612	69	19	6→7	×		0.00192	0.00036	0.00111	0.0001	√
7	煅烧无烟煤	920	3	0.6				0.00003	0.00005	0.00015		

表 4 – 12 中显示了 3 组 7 个术语的相关数据："术语编号"字段，是
术语在本书研究矩阵中的编号，"共现频次"字段是术语在多少篇文档中
出现过，"关联系数和"是术语与所有文档的关联系数总和，"术语对"
是可能的上下位关系指向，"FCA"是采用 FCA 的方法能否获取上下位关
系，"k"是术语特征的抽取阈值，"F_1""F_2""F_3"是术语对应的 U_3 矩
阵，"λ"是在层次关系识别阈值为 λ 时能否获取上下位关系。对 3 组术
语分别进行分析。

（1）术语"奥氏体"和"奥氏体不锈钢"，从字面上来看二者是相
似的，但是在原始 TPSS 中并不存在"奥氏体"包含"奥氏体不锈钢"的
现象，主要原因是在术语抽取环节，两个术语都是核心词表中的基本术
语，"奥氏体不锈钢"并非由"奥氏体"和"不锈钢"组合而成。因此，
通过 FCA 的方法（严格按照术语共现的基本思想）无法判断出二者具有
上下位关系。但是，通过本节的方法，当 k 取 3，λ 取 0.002 时，就能够
获取二者的上下位关系。

（2）第 2 组 3 个术语在词形上也类似。"工艺"和"淬火工艺"通过

FCA 的方法可以获得上下位关系，"工艺"和"等温淬火工艺"也是如此。但是，"淬火工艺"和"等温淬火工艺"的上下位关系无法通过 FCA 的方法获取。使用本节的方法，适当调整参数 3 对术语的上下位关系，均可获得。

（3）"无污染"和"煅烧无烟煤"在词形上完全不相似。通过 FCA 的方法无法获取二者的上下位关系。但是，采用本节的方法，当 k 取 3，λ 取 0.0001 时，就可以获取二者的上下位关系。

以上 3 组 7 个术语的上下位关系获取的对比论证，虽然不是严格的数学证明，且在数据量上相当有限，但是在对本节所研究的基于 SVD 获取术语上下位关系的佐证上，已经足以说明问题。此案例所能佐证的论点有二：

第一，SVD 可以有效获取术语的特征。术语特征本是很抽象的概念，SVD 将术语特征显性化、数值化。可以通过术语特征的对比，判断术语在语义上的层次性。表 4－12 展示的部分 U3 矩阵的向量元素中，"工艺"对应的三个数值均明显大于其他术语，原因是术语"工艺"概念非常宽泛，故其与 TPSS 中的前 3 个主特征都存在着比较高的关联度，而其他术语如"等温淬火工艺"概念较为专深，则与 TPSS 的前 3 个主特征的关联度非常小。

第二，基于 SVD/特征可以有效获取术语间的层次关系。表 4－12 中，3 组术语中有 3 对通过 FCA 的方法无法获取其上下位关系，而采用本节的研究方法，适当调整参数，均可全部获取其上下位关系。选择 FCA 作为参照的原因，在于 FCA 是以传统语义空间进行术语语义关系识别的典型代表，从而佐证了通过特征转换语义空间进行语义关系识别的必要性与有效性。

四　基于实证的层次关系识别过程分析

本节依据上文所阐述的理论方法，选取部分来自钢铁冶金领域专利文本所抽取的术语作为识别对象，具体呈现基于 SVD 技术进行术语层次关系识别的过程，并进行实验分析。

（一）基于加权的 TPSS 构建分析

首先，依据本章第一节中术语共现与位置加权的原则，构建 I&SM 领域所抽取的全部 6707 个术语与 7597 专利文档所构成的术语—专利文档矩阵（TPM），该矩阵所表示的语义空间，即全部领域术语的 TPSS。

为了清晰地呈现整个实验过程，笔者从规模化 TPSS 中抽取与"高炉装置"有关的 11 个专利术语，组成小矩阵 A。由于 A 矩阵是从规模化 TPSS 中抽取出来的，因此保留了原矩阵所具有的语义背景，适当对 A 矩阵作相应处理，使其满足本章第一节所论述的语义关联：删除列元素全部为 0 以及只含有一个非 0 元素的列，以此保证 11 个术语每个术语均至少在两篇以上专利文档中共现，且每篇专利文档至少包含两个术语。处理后 A 变为 11×1024 的矩阵，其含义为分布在 1024 篇专利文档中的 11 个术语组成的语义空间，在该语义空间中术语之间彼此关联。矩阵 A 的部分结构呈现在表 4 – 13 中。

表 4 – 13　　　　高炉装置相关 11 个术语与对应文档构成的
矩阵 A（局部）

文档＼术语	P_1	P_2	P_3	P_4	P_5	P_6	…	P_{1021}	P_{1022}	P_{1023}	P_{1024}
装置	1.8	0.6	0	0.2	0.4	0.6	…	2	1.4	0	0.4
高炉	0	0	0	1.2	0	0	…	0	1.2	1.2	0
控制	0	0.6	0	0	0.2	0.2	…	0.2	0	0.2	0.2
电动	0.2	0	1.6	0	0	0	…	0	0	0	0
控制器	0	0	0	0	0.2	0.2	…	0	0	0	0
控制板	0	0	0	0	0	0	…	0	0	0	0
控制线	0	0	0	0	0	0	…	0	0	0	0
控制探尺	0	0	0	0	0	0	…	0	0	0	0
电动机	0.2	0	1.6	0	0	0	…	0	0	0	0
调节器	0	0	0	0	0	0	…	0	0	0	0
电磁线圈	0	0	0	0	0	0	…	0	0	0	0

本节所抽取的 11 个术语具有一定的代表性，"装置""高炉""控制"为领域高频术语，在概念上也较为宽泛，而"控制线""控制探尺""电磁线圈"等术语则为领域低频术语，在概念上也较为专深，如此使得术语在语义上具有一定的层次性。从表 4 - 13 中可以大致看出术语在语义空间中的分布状况，显然该语义空间具有高维稀疏的特点。

（二）基于 SVD 的特征抽取分析

在 TPSS 中，文档作为术语的属性，通过 SVD 可以从 TPSS 中抽取术语所具有的特征。依据本章第三节的论述对矩阵 A 中的术语进行特征抽取，本书使用 matlab 自带的 SVD 函数 $[u, s, v]$ = svd（A），对矩阵 A 进行 svd 分解，分解出来的三个矩阵分别记为 u、s、v。其中 s 矩阵是由 A 的 11 个奇异值组成的对角矩阵，s = diag（44.95，24.50，21.51，5.17，3.18，1.97，1.84，1.45，0.28，0.26，0.19）。从奇异值的分布来看，11 个术语含有 11 个属性特征，特征依照奇异值从大到小，不断减弱。可以看出，SVD 使术语集的属性数量被大大压缩，从 1024 个转变为 11 个，然而术语在语义空间中所隐含的特征则被凸显出来，不再是松散地分布在数量众多的专利文档中，并且特征不再是模糊的，而是有具体数值清晰可度量的。在这 11 个特征中，有主要特征和次要特征的区别，保留主要特征即可展现术语之间的语义关系。特征舍取的重要性在大规模术语集的关系识别中显得更为突出，本例的作用在于分析这一过程。至于保留多少主要特征，则由矩阵的 F—范数理论进行度量。笔者根据定义 4 - 5 绘制当 k 取不同值时保留的信息量变化趋势图，具体如图 4 - 29 所示。

从图 4 - 29 中可以看出：当 k 取 1 时，保留的信息量为 64.56%，保留的信息量随着 k 值的增大快速增长，当 k 取 4 时，保留的信息量达到 99.37%，当 k 值继续增大时，保留的信息量几乎接近 100%。笔者基于 k 取不同的值所呈现的识别效果，取 $k = 4$ 作为特征筛选的阈值，即保留 A 矩阵中术语的 11 个属性特征的前 4 个作为主特征。明确了主特征的组成后，即可从 SVD 分解出来的 u 矩阵中，截取其前 4 列作为 u4 矩阵，u4 矩阵是层次关系识别的过渡矩阵。

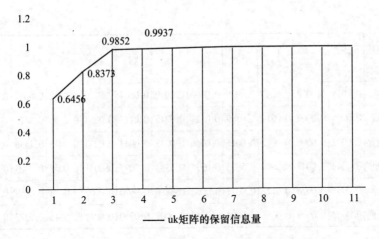

图 4 – 29　uk 矩阵所保留的信息量随着 k 值增长的变化趋势

（三）基于 TFSS 的层次关系识别分析

依据本章第三节有关内容构建 TFSS，并在设定规则的基础上对 11 个术语的层次关系进行识别分析。A 矩阵经过 SVD 得到 11 × 11 的 u 矩阵，行表示 11 个术语，列表示 11 个属性特征，每个元素的绝对值表示术语与特征的关联强度，符号表示术语与特征的关联方向。依据本节的论述，对 u 矩阵进行绝对值化处理，即保留术语与特征的关联强度，而忽略其方向性。表 4 – 14 完整地呈现了处理后的 u 矩阵，并划分出由 4 个主特征组成的 u4 矩阵。

表 4 – 14　　　绝对值化之后的 u 矩阵，F_1 到 F_4 组成 u_4 矩阵

特征\术语	F_1	F_2	F_3	F_4	F_5	F_6	F_7	F_8	F_9	F_{10}	F_{11}
装置	0.7917	0.4208	0.4427	0.0115	0.0037	0.0011	0.0005	0.0002	0.0001	0.0001	0.0001
高炉	0.5547	0.7988	0.2328	0.0023	0.0041	0.0022	0.0009	0.0015	0.0001	0.0000	0.0003
控制	0.2552	0.4288	0.8641	0.0172	0.0615	0.0002	0.0140	0.0095	0.0015	0.0008	0.0023
电动	0.0135	0.0072	0.0065	0.8620	0.0727	0.4882	0.1137	0.0073	0.0004	0.0023	0.0008
控制器	0.0115	0.0286	0.0543	0.0635	0.9951	0.0346	0.0016	0.0198	0.0062	0.0122	0.0055

续表

特征 术语	F_1	F_2	F_3	F_4	F_5	F_6	F_7	F_8	F_9	F_{10}	F_{11}
控制板	0.0015	0.0053	0.0083	0.0035	0.0192	0.0079	0.0604	0.9979	0.0022	0.0050	0.0045
控制线	0.0005	0.0007	0.0011	0.0139	0.0127	0.0245	0.0117	0.0054	0.1546	0.9872	0.0220
控制探尺	0.0002	0.0006	0.0012	0.0015	0.0046	0.0038	0.0042	0.0033	0.9873	0.1536	0.0384
电动机	0.0048	0.0047	0.0024	0.5022	0.0034	0.8383	0.2097	0.0041	0.0002	0.0303	0.0015
调节器	0.0031	0.0076	0.0122	0.0071	0.0066	0.2386	0.9690	0.0602	0.0023	0.0059	0.0044
电磁线圈	0.0002	0.0009	0.0015	0.0008	0.0057	0.0001	0.0040	0.0044	0.0346	0.0277	0.9990

分析表 4 – 14 中矩阵元素值的分布特性，可以发现"装置""高炉""控制"等概念较宽泛的术语，其较大元素值均分布在矩阵的左半部分（主特征所在区域），而"控制探尺""电磁线圈"等概念较专深的术语较大元素值分布在矩阵的右半部分（次特征所在区域）。因此，当保留前4 个主特征时，宽泛术语与主特征的强关联，专深术语与主特征的弱关联就被凸显出来，这正是层次关系的划分所需要的。依据定义 4 – 6，u4 矩阵是模糊矩阵，矩阵的元素值在 [0, 1] 之间，且列向量是两两正交的单位向量。笔者设定阈值 λ=0.4，将 u4 矩阵变成 λ 截矩阵，大于 0.4 的元素值设为 1，小于 0.4 的元素值设为 0。由此，便完成了从 TPSS 向 TFSS 的转换。由 11 个专利术语，4 个主特征组成的 0 – 1 矩阵，便是术语层次关系识别的核心。11 个术语的 TFSS 呈现在表 4 – 15 中。

表 4 – 15　　　　11 个专利术语的术语—特征语义空间（TFSS）

特征 术语	F_1	F_2	F_3	F_4
装置	1	1	1	0
高炉	1	1	0	0
控制	0	1	1	0
电动	0	0	0	1
控制器	0	0	0	0

续表

特征 术语	F_1	F_2	F_3	F_4
控制板	0	0	0	0
控制线	0	0	0	0
控制探尺	0	0	0	0
电动机	0	0	0	1
调节器	0	0	0	0
电磁线圈	0	0	0	0

在表 4-15 所呈现的 TFSS 中，4 个特征作为 11 个术语的所有属性，每个特征的重要性被等同看待。依据前文节所设定的规则，可以清晰地判断出术语之间的层次关系。由规则 4-1 可知，"装置"是"高炉"和"控制"的上位术语，记为"装置→高炉""装置→控制"；由规则 4-2 可知，"电动"和"电动机"是同位术语，记为"电动_ 电动机"；另外，"控制器"等 6 个术语只含有 0 元素，因此作为层次结构中的最底层节点，归属为"电动_ 电动机"的下位类，其含义是这 6 个术语作为"电动_ 电动机"的知识类簇，对"电动_ 电动机"进行了诠释。

最后，将表 4-15 所呈现出的层次关系对保存在关系表中，并添加"钢铁冶金"作为 11 个术语的整体上位类，使用 OWL 将术语关系对编辑为本体代码，其结果显示在图 4-30 中，用 Protégé4.2 读取该 .owl 文件即可实现 12 个术语的可视化展示，其结果展示在图 4-31 中。

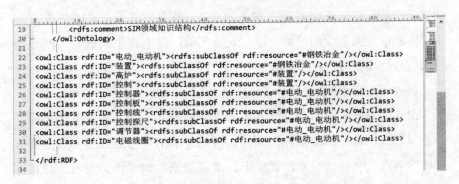

图 4-30　12 个术语的 OWL 描述代码

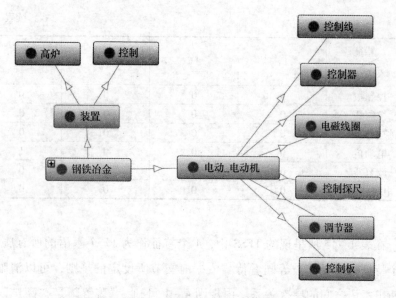

图 4 – 31 12 个术语在 Protégé 中的可视化展示

以上实验完整地展现了基于本书所论述的方法对专利术语进行层次关系识别的流程，进一步验证了该方法的可行性和有效性。因此，依据该实验流程，可以对较大规模的专利术语进行层次关系的识别，并实现领域术语的本体化。

五 I&SM 领域专利术语层次关系识别分析

本书章第三节以部分 I&SM 领域专利术语作为实验对象，分析了基于 SVD 实现术语层次关系识别的具体流程。本节则将术语识别的范围拓展到笔者所获取的全部 6707 个领域专利术语。在此笔者不再赘述全部 TPSS 中术语的层次关系识别过程。通过大量实验，笔者将识别过程中两个关键阈值分别设定为：$k = 1200$，$\lambda = 0.01$。

（一）同义词识别结果分析

由于本书所采用的方法没有添加任何外部知识源，缺乏可参照的平行语料以提供量化的结果评估支持。因此，本书采用定性的方式考察方法的有效性，在领域专家的辅助下，确定识别出的术语关系对，并将部分关系对列举出来，以供参考（见表 4 – 16）。

表 4 – 16　　　　　　　　　　识别出的部分同义术语列表

术语	同位术语	术语	同位术语
拉伸变形	压缩变形	加热控制	炉管加热
高温隔热	真空隔热	锻件尺寸	模具相比
电镀工位	镀层合金	铁水预处理容器	铁水预处理装置
钒还原	防氧化	氢氧化锌	湿法冶金
高炉荒煤气	荒煤气管道	铁水脱硫过程	铁水脱硫铁损
激光加工	激光脉冲	高压冶炼炉	压力调节
激光脉冲	等离子体爆炸	冷风管道	冷风环

表 4 – 16 列举了识别出的部分同义关系术语对。需要说明的是，本节所谓的同义关系对，并非传统意义上的严格同义词对，而是在上下位关系之外有密切关联，联结起来可以更清晰地表达某一概念的术语对。如"拉伸变形"和"压缩变形"，组合成"拉伸变形_ 压缩变形"，该概念所展现的含义是：冶炼的钢铁产品的两种常用的变形方式；"真空隔热"与"高温隔热"组合成"高温隔热_ 真空隔热"，表示采用真空的方式隔热处理；"氢氧化锌"与"湿法冶金"组合成"氢氧化锌_ 湿法冶金"，表示在湿法冶锌过程中，氢氧化锌的生成与吸附处理。通过对识别出的同义术语进行分析，可以发掘某些潜藏在专利非结构化文本中的专业知识，为专利知识服务提供支持。

（二）上下位关系识别分析

本节列举部分识别出的术语间上下位关系，呈现在表 4 – 17 中。

表 4 – 17　　　　　　　　　识别出的部分上下位术语列表

上位术语	下位术语	上位术语	下位术语
软化工艺	退火软化	温度控制	时效处理温度
形变热处理	热轧板卷	透气性	中心疏松

续表

上位术语	下位术语	上位术语	下位术语
冷处理	冷却淬火	蓄热器	蓄热球
熔渣	熔渣气化炉	蓄热式热风炉	余热发电
冷风	冷风管道	蒸发器	蒸发冷却器
润湿	润湿剂	制造工艺	制造不锈钢带
停炉	停炉过程	轴承	轴承底座
吸附	吸附夹杂物	转炉冶炼	转炉炼钢技术
锌	氧化锌	含镍海绵铁	含镍海绵铁制造镍合金钢
鼓风炉	助燃风机	热退火工艺	工艺温度
转炉吹炼	高速钢丝	风口组件	热风管
废气	氧废气	无污染	煅烧无烟煤

　　表4-17列举了识别出的部分具有上下位关系的术语对。所识别的术语对可以分为两个类型，第一种是在词形上相似的术语上下位关系，如"冷风→冷风管道""吸附→吸附夹杂物""锌→氧化锌"等；另一种是在概念上具有上下位关系，但是术语本身在形式上没有组合关系的术语对，如"冷处理→冷却淬火""温度控制→时效处理温度""无污染→煅烧无烟煤"等，类似的术语对中，上位术语一般是下位术语的外延，反之下位术语则拓展了上位术语的内涵，符合术语的上下位关系概念；并且这些术语往往是隐藏在专利文本中的潜在关系，以"无污染→煅烧无烟煤"为例，这一关系组合挖掘出了在钢铁冶金过程中有关环境保护的措施，而这样的术语对很难通过简单的术语共现原则获取得到，这正是本书方法的必要性和有效性所在。需要特别说明的是，本书所识别的术语上下位关系和同义关系，是实际文本语料中所呈现出来的语义关系，对其合理性的判定往往需要结合实际的专利文献进行人工分析。从整体上来看，本书所识别的上下位关系术语，要远远多于同义关系术语，这与语料本身的特性有关。在领域术语的本体化处理中，同义术语会进行合并，成为组合概念，纳入术语（概念）的上下位关系中。

（三）可视化分析

最后，笔者选取了 I&SM 领域专利本体的部分知识节点及之间的层次关系，作为可视化样本，呈现在图 4 - 32 中。可以发现，术语之间的关系错综复杂，呈现网状结构，验证了本章第三节中对知识结构拓展的需求论述。在这错综复杂的网络关系中，蕴含着丰富的术语间语义关系，通过术语间语义关系的分析可以获取相关的专利知识。

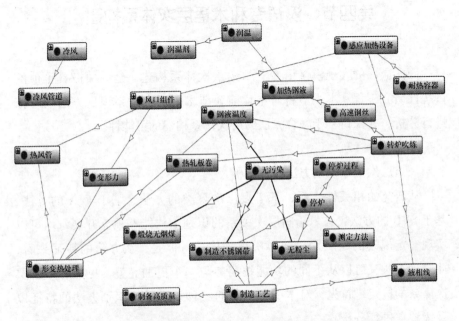

图 4 - 32 I&SM 领域专利术语本体可视化展示（局部）

选取典型术语对之间的关系，对识别结果进行分析。在图 4 - 32 中，"无污染"和"煅烧无烟煤"之间的上下位关系很容易理解；但是"无污染"与"制造不锈钢带"的直接上下位关系则比较隐含，其合理的解释需要回到实际的专利文献中，分析实际的专利文献发现，制造不锈钢带的过程涉及退火和还原等工艺操作，这些工艺操作往往会带来环境污染（含有硫等化学物质），在已经申请的专利中，专利申请人往往强调本专利的优势之一是无污染；而"无污染"之所以是"制造不锈钢带"的上位类，是因为很多其他的钢铁冶金工艺专利中，也会提到该工艺的优势是无污染，比如说某种钢的脱硫技术是无污染的。因此，从以上的分析中可以看出"无污染"是"制造不锈钢带"的上位类是合理的。这样的分析也可以以此类推到其他术语对之间的语义关系分析。在本书的第 5 章，笔者将进一步对识别生成的隐藏关系进行挖掘和分析，从而对基于术语关系识别的专利知识服务进行探索。

第四节　汉语专利术语层次体系构建

面向应用的大规模汉语专利术语层次体系构建，是一项极具价值的系统性研究工程。本小节将对本章前 3 节术语层次关系识别方法的特征进行分析，并探讨基于融合方法的层次体系构建的可能性。

一　层次关系识别方法特征分析

从研究的相关性来看，基于多层次聚类的方法、基于 FCA 的方法、基于 SVD 的方法，在术语间层次关系的识别上均能够独立开展，均可以实现一定规模的领域术语间层次结构构建；但是，从方法的特征来看，此三种方法又可以从不同的功能视角参与一个更加完整、更加有效的层次体系的构建。首先，对本书所论述的三种层次关系识别方法的特征以及优缺点进行分析。

（一）基于多层次聚类的方法

基于多层次聚类的方法进行术语间层次关系识别以 K-means 聚类算法为基础，设计多层次聚类框架，从而计算形成术语的层次类目号与层次结构。在本书的研究中，笔者采用术语—文档共现矩阵作为计算基础，采用 PCA 降维技术可视化呈现术语的分布，采用标签抽取算法实现非重复性类目标签的抽取，采用 OWL 语言实现术语层次结构的本体化描述。在该方法中，较为重要的是聚类类目的确定、中间层标签的抽取以及层次结构的自动化实现。

在三种层次关系识别方法当中，基于多层次聚类的方法是最为简洁、高效的方法。该方法本身自成体系，基本上可以独立实现大规模术语间层次体系的构建。由于该方法可以采用 K-means 聚类算法作为底层算法，因此理论上层次体系构建的规模不受限制。从实验呈现的效果来看，该方法实现了领域专利以"方法""工艺""装置""炉"为上层概念，越往下层术语概念越专业的分类体系构建，基本上满足应用需求。

但是，正如本章第三节所论述的，基于多层次聚类方法的主要不足在于术语间上下位关系的单一化，即一个术语只具有一个上位类，这与实际是不相符的。另外，K-means 算法本身的不稳定性对最终层次体系的形成造成较大影响；在领域特性不明显的情况下，主要大类的确定本身具有一定的难度。而且，术语的层次结构是由聚类算法一层层实现的，因此在错误率方面也易产生叠加效应。这些不足也限制了基于多层聚类方法独立实现大规模层次体系结构的生成。

（二）基于 FCA 的方法

基于 FCA 的方法的基本思想是术语共现理论，它利用 FCA 中概念格的自动生成来推理作为属性的领域汉语的层次结构，并将其进行 OWL 描述和可视化展示。对于该方法来说，最为重要的部分就是构建术语—文档形式背景，而在形式背景的构建中，最为重要的技术细节，就是对术语进行相应的处理，即补全具有相同词素的术语。例如，在"奥氏体不锈钢的生产工艺"中，识别出术语"奥氏体不锈钢"后，基于术语补全原则，在此补全两个上位术语，即"奥氏体"和"不锈钢"。这样操作的目的，正是利用 FCA 技术的特点大量地呈现具有相同词素，不同概念的术语间上下位关系。当然，以术语共现为原理的 FCA 方法，亦可实现不同词形的术语间层次关系，但是从实验的效果来看，该方法适宜用在具有相同词素的术语识别上，这是该方法最重要的优势功能。

从本章第二节的实验来看，基于 FCA 的方法最大的缺陷在于层次结构实现规模有限。当术语量过大，基于 FCA 生成的概念格过多，导致无法计算。实验表明，最佳的术语量应该限制在 1000 左右，而这远无法满足实际的应用需求。解决方法有二：其一，对最初的文献集进行初分类，形成颗粒度较小的术语集，然后再采用 FCA 的方法；其二，基于 FCA 的原理，不采用概念格转化上下位关系的方式，人工编程实现层次结构的构建。

（三）基于 SVD 的方法

采用基于 SVD 的方法，实现术语间层次关系的识别，具有一定的创新性。其最基本的出发点在于利用 SVD 可以实现潜在语义关系挖掘的特点，发现采用多层聚类、FCA 的方法无法识别的潜在上下位关系和同义关系。该方法的核心是基于特征的术语语义空间的深度转换。从技术操作上来说，特征维度的选取、截矩阵的实现，都具有相当的难度。

从实验的效果来看，采用 SVD 的方法的确可以发现大量潜在的语义关系，这在本章第三节已有初步的论证。另外从理论上来说，采用该方法进行潜在语义关系的挖掘亦不受规模限制，关键是算法的有效规划。但是该方法的缺点在于难以判定所识别的上下位关系或者同位关系是否是潜在的、有效的，本书的论述中，笔者采用人工识别的方式，并且仅采用局部、案例式的可视化呈现方法，这在应用层面，仍有很大的研究空间。

综上所述，本书所论述的三种术语间层次关系识别方法，具有各自的技术特征，而且方法之间具有较大的互补性，因此，具有共同实现层次体系构建的可能性。

二 基于融合方法的层次体系构建

从面向应用的角度来看，实现多方法融合的层次体系构建，是一项复杂的系统性工程，所要解决的技术问题非常繁杂。本书仅给出相关技术路径，其他问题还有待在后续研究中逐一探索、解决。基于融合方法实现大规模层次体系构建，必须面对两个方面的技术问题：其一，术语间上下位关系的准确性甄别；其二，不同方法生成的上下位关系的融合。

（一）关系的甄别

对于采用多层次聚类的方法实现的层次结构，最主要的关系甄别就是去掉其中错误识别的关系；而对于采用 FCA 的方法以及 SVD 的方法，关系的甄别意味着识别有效的关系，特别是对于 SVD 的方法，识别其中的潜在上下位关系是重点。对于缺乏规范化标准语料的领域专利文献，这项工作存在一定的难度。

（二）关系的融合

关系融合的基本思路，是以多层次聚类实现的层次结构为主体，在此基础上补齐在 FCA 以及 SVD 方法中获取的有效上下位关系以及同义关系。从技术上来说，其主要方法是术语关系的补齐，首先将三种方法生成的关系罗列成表，然后将后两种方法获取的关系与前者进行匹配，若已经存在则不添加，若不存在则添加，最后通过程序重新将关系列表组合成层次结构。

第五节 本章小结

本章着重探讨了汉语专利术语间层次关系识别的三种方法，分别是基于多层次聚类的方法、基于 FCA 的方法以及基于 SVD 的方法，以及融合这三种方法的术语层次体系构建。从现有的研究成果来看，三种方法的独立探讨是重点，基于融合方法的层次体系实现是未来研究方向。在实践层面，一旦形成了一定规模的领域术语层次体系结构，将意味着给专利智能检索、专利知识地图浏览、专利侵权自动检测、专利知识推理与发现等应用领域带来极大的技术提升。

第 五 章

汉语专利术语间的非层次语义关系识别研究

在经典的本体学习任务体系模型中[①]，术语的层次关系识别处在第四层，所研究的内容聚焦在术语之间上下位关系的识别，即本书第四章所论述的，从不同的视角深入探讨了以 I&SM 领域为例的，专利术语之间的层次关系识别。然而，在术语层次关系之上，有更为丰富的术语之间的语义关系，即术语非层次关系，又称为术语非分类关系，其处在本体学习任务体系的第五层，也是研究相对较少、较为困难的部分。所谓的非层次关系，学界尚没有严格、统一的定义，姑且将除层次关系之外的所有语义关系都囊括为非层次关系的研究范畴[②]。因此，非层次关系的研究目标呈现出多样化的状态，其中最为热门的两个方向分别是：命名实体间的关系和名词对间的谓词关系。前者的形式化表达为（实体 A—关系名称—实体 B），如（Verizon，收购，yahoo），表达的是公司实体间的互动关系；后者的形式化表达为（C_1，C_2，V），其中 C_1 为 $Concept_1$，C_2 是 $Concept_2$，V 是 Verb，由于概念往往由名词组成，因此该类研究又被称为 NNV 式的关系识别，如（骨髓移植，白血病，治疗），表达的含义是骨髓移植对白血病的治疗作用。此类研究的讨论已在本书的第 2 章综述部分

---

① Mei K. W., Abidi S. S. R. and Jonsen I. D., "A multi-phase correlation search framework for mining non-taxonomic relations from unstructured text", *Knowledge & Information Systems*, Vol. 38, No. 3, 2014.

② 连莉:《本体中非分类关系的理论体系研究》，博士学位论文，山东大学，2010 年，第 15—20 页。

详细论述，不再赘述。总的来说，该类工作的关键性研究点有二：候选关系对的获取和关系标签的确定。

在现有研究的基础上，本章以 I&SM 领域为例，对专利术语的非层次关系进行系统的研究。承接传统的两类非层次关系识别的思路，专利术语的非层次关系依然以三元组的形式呈现，研究的关键步骤同样包括关系对的获取以及关系标签的设定。然而，本章研究的新颖之处在于两个方面：其一，从专利非结构化文本的自然篇章结构所蕴含的语义关系出发，获取术语对，对关系进行定义，从而对专利文本中所涵盖的所有术语（Term）进行语义关系的识别，形成规模化、整体性的"术语—关系名称—术语（Term1-Relationship-Term2，TTR）"非层次性语义关系；其二，研究并非停留在单纯的关系构建层面，而是从专利知识服务的角度出发，对所识别的术语间语义关系（与层次关系结合起来）进行多视角展现与应用挖掘。本章的主要研究内容包括：非层次关系识别模型的构建、基于篇章结构性语义特征的关系定义、关系的构建与存储、关系图谱的展现与分析四个方面。本章研究的目标在于识别专利术语间的非层次关系，与层次关系的研究形成深化、互补效应，从而为面向专利服务的知识库构建与应用提供一整套解决方案。

第一节　非层次关系识别模型

专利术语非层次关系识别的重点在于术语对的获取，以及关系名称的定义，如引言所述，本章研究的术语非层次关系是从专利文献固有的篇章结构所蕴含的语义关系出发，进行关系对的获取以及关系名称的定义。由国家知识产权部门认可的专利文献是严格的科技文献，其自然状态下的篇章结构（包括专利题名、摘要、权利要求等，本书只涉及题名和摘要两部分），都是严谨有次序的，这本身就是语义信息的重要来源，本章研究正是在此基础上延伸而成的。为了清晰地表达研究的出发点与思想基础，本章构建了专利术语非层次关系识别的理论模型，对模型的框架结构、相关概念进行阐述，并对关系识别的基本原则进行总结。识别模型如图 5 – 1 所示。

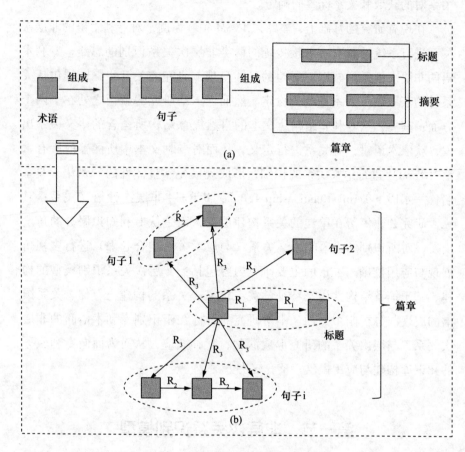

图 5 – 1　专利术语非层次关系识别模型

图 5 – 1 描绘了专利术语非层次关系识别的核心思想，即将以纯文本形式存储的专利文献，识别成以术语为基础的非层次性语义结构图谱。图 5 – 1（a）是从术语视角理解的专利文本篇章结构生成过程，图 5 – 1（b）则是识别后的某专利文献术语关系图谱。简言之，专利术语非层次关系识别，即是从图 5 – 1（a）到图 5 – 1（b）的过程。接下来对识别模型中涉及的几个主要概念进行阐述，包括术语、句子、篇章、关系。

1. 术语

术语（Term）是构成专利文献最小的知识单元。每一个专利术语表达了某个特定的专利概念。本书以 I&SM 领域专利术语为研究案例，总体来说，所涉及的术语分为两个大类：一类称为基本术语或者简单术语，是领域专家整理的基本术语词表，如"高炉""奥氏体""方法""装置""工艺""控制""硫""铝"等；另一类称为组合术语或者复杂术语，是在简单术语的基础上，采用机器学习技术以及合成规则生成的新术语，如"高炉冷却壁""制造不锈钢带""煅烧无烟煤""感应加热设备"等。因此，研究中出现的所有专利术语均是领域内有效的，由"术语序列（Term Sequence）"组成的专利句子以至篇章，具有明确的知识内涵。

2. 句子

句子（Sentence）是由若干术语按照其在自然语境中的顺序所组成的语义片段。由定义可知"句子"的概念包含三个层面：其一，语义片段，本书中的"句子"是由几个术语组成的短文本，表达一个片段性的专利知识，多个句子即多个语义片段才能形成完整的专利篇章；其二，术语序列，在一个特定的句子中，术语之间的先后顺序是至关重要的，术语顺序本身即蕴含特定的语义信息；其三，术语关系，从术语共现的角度来看，在同一个句子中的几个术语距离最近，具有天然的强语义关系。图 5-2 则展示了术语序列的重要性。

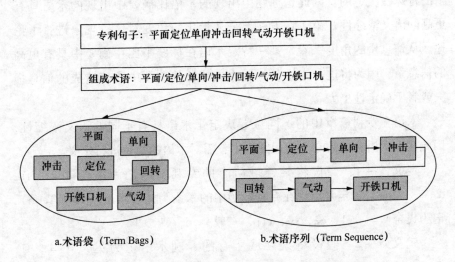

a.术语袋（Term Bags）　　　　b.术语序列（Term Sequence）

图 5-2　术语袋与术语序列在语义信息表达上的差异

图 5-2 展示了术语序列在语义表达的准确性上比较术语袋（Term Bags）所具有的优越性。专利句子"平面定位单向冲击回转气动开铁口机"可以抽取出"平面/定位/单向/冲击/回转/气动/开铁口机"7 个术语。针对生成术语有两种不同的再组织方式，a 展示的是术语袋的方式，包含了所有 7 个术语，但是每个术语独立存在，忽略彼此间的先后次序，很显然，将图 a 展示给用户，用户很难从中获取完整、准确的专利知识；b 则是一种图谱式的展示方式，考虑了术语之间的先后顺序，将 b 展示给用户，单纯从字面上来看，用户也能较为准确地把握一定的专利知识内涵。因此，本章研究的术语非层次关系将术语在句子中的先后次序考虑进来，对专利知识图谱展现的明晰性具有明显的价值。

3. 篇章

篇章（Patent Document）是由多个以句子为形式的专利语义片段，按照一定的结构组成的关于某一特定内容的专利知识集合。在本章研究中，篇章由两个部分组成：专利标题和摘要。本书特别关注专利篇章的标题和摘要在语义上的不同功能。专利标题是对某项专利最简明扼要的表述；摘要则是对标题的扩充，既围绕标题又比标题更为详尽，这是由专利文献的特殊性决定的。因此，标题中出现的术语比摘要中出现的术语具有更高的语义浓缩性，第 2 章方法部分从量化的角度对这一现象进行了论述。从信息量的角度来看，某一特定术语在标题中比在摘要中具有更高的信息量，因为将这一术语从标题中去掉比从摘要中去掉造成的信息损失或者不确定性更大。

术语在专利篇章中的不同位置决定了术语具有不同的语义浓缩性，因此在由术语构成的专利知识图谱中，需对术语的角色进行定义。

定义 5-1：假设将某领域所有的专利术语记为集合 $T = \{t_1, t_2, \cdots, t_n\}$，规定凡出现在专利标题中的术语为核心术语（Core Term），记为集合 $C = \{c_1, c_2, \cdots, c_i\}$，一般 $i < n$，$C \subset T$。

定义 5-2：假设将某领域所有的专利术语记为集合 $T = \{t_1, t_2, \cdots, t_n\}$，规定凡出现在专利摘要中的术语为边缘术语（Edge Term），记为集合 $E = \{e_1, e_2, \cdots, e_j\}$，一般 $j < n$，$E \subset T$。

以编号 CN101591725 的专利文本为例对以上论述进行说明，记为案例 5 – 1：

编号：CN101591725

标题：带钢的生产工艺

摘要：本发明公开了一种带钢的生产工艺，步骤如下：（1）以热轧钢卷为原料，经酸洗去除其表面的氧化皮；（2）冷轧：将上述经酸洗的钢卷经锟式冷轧机在 450℃以内进行冷轧；（3）在 745℃—755℃的温度范围内对带钢进行退火处理；（4）二次冷轧：将上述带钢在锟式冷轧机上在 450℃以内进行二次冷轧；（5）在 785℃—795℃的温度范围内对带钢进行退火处理；（6）开剪、检验、打包、成品。本发明所述的生产工艺生产的带钢具有以下优点：精度更高、尺寸更薄、表面质量好、强度、硬度高。

在案例 5 – 1 中，专利标题由术语"带钢"和"生产工艺"组成，而摘要则由更多的术语组成。由标题可知，该专利是关于一种带钢的生产工艺，摘要则对这一生产工艺的步骤和优点进行了扩展性说明。从术语的数量上来看，标题中"带钢"出现 1 次，而在摘要中"带钢"则出现 5 次；标题中"生产工艺"出现 1 次，而在摘要中则出现 2 次。从内容分析上看，摘要中的术语重复是对标题术语合理、连续的解释。另外，在摘要中出现的其他术语，如"酸洗""冷轧""退火""开剪"等，均是对标题术语"生产工艺"进行扩充和解释。因此，依据定义 5 – 1 和定义 5 – 2，将出现在标题中的"带钢"和"生产工艺"定义为核心术语，而将出现在摘要中"带钢""生产工艺""酸洗""冷轧"等定义为边缘术语。可以发现，同一术语会依据其出现的位置对其角色进行不同的定义，这是由实际规模化关系的构建性质决定的，在后续的论述中（本章第三节），会作进一步阐释。

4. 关系

关系（Term Relation）是术语对之间依据彼此在篇章中的位置或者角色而形成的语义关联。术语间关系往往在由术语组成的知识图谱中直观体现，如图 5 – 1 所展示的模型图。本书为了化繁为简，又能完整地显示术语之间的结构性语义关系，定义了 3 种类型的术语非层次关系，分别是 R1（标题共现关系，Co_ title Relation）、R2（句子共现关系，Co_ sentence Relation）、R3（核心_ 边缘关系，Core_ edge Relation）。所定义的三种关系均是以术语为基础的三元组形式，称为 TTR。本章第二节将对这三种关系进行详细的理论阐释和案例识别。

术语、句子、专利篇章表达专利知识的颗粒度呈递增状态，语义复杂度也不断增加。

最后，依据图 5 - 1 所展示的专利术语非层次关系识别模型，对识别的原则进行总结，归纳有二：

第一，专利知识的术语化。从非结构化专利文本中抽取能够代表特定专利知识的专业术语，并设定术语间的语义关系。术语作为能够表达专利知识的颗粒度的最小知识单元，在专利知识的再组织中具有不可替代的优势，一方面起到化繁为简的功效；另一方面，以术语及术语间的关系为统计单元，便于后续专利知识的挖掘、检索与分析。

第二，语义关系的图谱化。专利知识组织的宗旨之一就是将非结构化的专利信息，变成结构化的专利知识。结构化的体现形式之一就是图谱化，相较于传统的关系数据库，优势在于更加直观，所见即所得。本书的落脚点，并非是尝试将所有的专利知识以图谱的形式（如图数据库）保存下来，而是从文本中抽取关系并明确化，将关系依然以关系数据库的形式存储，但是在用户端则以图谱的形式，从不同的角度呈现出来，此部分将在本章第三节和本章第四节中有具体论述。

第二节 关系的定义

一 术语共现

共现分析（Co-occurrence Analysis）是将各种信息载体中的共现信息

进行定量化分析的方法。共现分析①②是图情领域举足轻重的经典研究方法，主要分为两大类：共词分析和共被引分析，前者与本书内容密切相关。共现分析理论基础来自两个方面，心理学上的邻近联系法则和知识结构及映射原则。邻近联系法则是指同时出现过的对象往往感受也在一起，所以当一个对象被提及的时候，往往会联想到另一个对象；知识结构及映射原则，是指从事某一相同领域研究的科学家，不论其社会和知识背景如何，往往都会倾向于使用相同的词汇集来表达概念。因此，很多相关共现分析的研究就将这两个原则引申到对词汇的分析上，出现在同一篇幅（依据其粒度不同，可分为短语、句子、句群、段落、篇章等）中的词汇往往具有某种内在的联系，出现的频率越高可能表明共现词汇之间的关系越强。在术语分析的领域，亦有著名的 Harris 假设③，即如果两个术语的上下文语境相似，那么这两个术语也是相似的。

在主流的共词分析中，单词、关键词或者术语的共现一般被当成底层的理论和数据处理基础，所获取的词汇按照共现的原则构建矩阵，然后通过对共现矩阵聚类处理，进行主题挖掘④、关系获取⑤、本体构建⑥等方面的研究。研究的主要基础性差异在于共现矩阵的构建方式上，有采用 one-hot 的形式，有采用 TF-IDF 作为矩阵元素计算的基础，以及其他加权形式。然而，以共现矩阵为基础的聚类模型无法表示文本中的深层信息以及结构信息，造成大量语义信息的损失。因此，有学者开始关注自然文本本身的结构信息所具有的语义价值，试图以图结构的方式对文

　　① 王曰芬、宋爽、苗露：《共现分析在知识服务中的应用研究》，《现代图书情报技术》2006 年第 1 卷第 4 期。

　　② 王曰芬、宋爽、卢宁等：《共现分析在文本知识挖掘中的应用研究》，《中国图书馆学报》2007 年第 33 卷第 2 期。

　　③ Harries Z. S., *Mathematical Structures of Language*, New York: Interscience Publishers, 1968, p. 1.

　　④ 郑彦宁、许晓阳、刘志辉：《基于关键词共现的研究前沿识别方法研究》，《图书情报工作》2016 年第 60 卷第 4 期。

　　⑤ 王忠义、谭旭、夏立新：《共词分析方法的细粒度化与语义化研究》，《情报学报》2014 年第 9 期。

　　⑥ 李树青：《基于引文关键词加权共现技术的图情学科领域本体自动构建方法研究》，《情报学报》2012 年第 31 卷第 4 期。

本进行表示和挖掘①②，此类研究尝试从底层出发进行文本表示和挖掘算法的改进。在图结构的文本表示研究中，一般以词汇的共现窗口作为基础，加入词汇在文本中的位置和顺序信息，将词汇和词汇间关联分别以节点和边的形式组织起来，通过相似度算法的计算获取相应特征和关系的权重，进而进行文本的分类、聚类、检索等研究。总体来说，相关的基于词汇共现的研究，为本书提供了较为充分的理论和实践背景，尤其是以图结构对文本进行表示和挖掘的探索，对本书研究具有一定的启发作用。

然而，在本章研究中，笔者提出这样的假设：在专利文本不同颗粒度的结构（句子、篇章）中出现的术语，存在某种天然的关系，然而这种关系的识别和断定需要结合实际的专利文献具体分析。这样的假设是由专利文献的特殊性决定的（详见本章第四节）。因此，本书术语关系的设定主要从两个方面考量：（1）从专利文本的自然结构出发，对术语共现的层次进行划分，主要有三个层次，分别是：在标题中的术语共现、在摘要句子中的术语共现、以及篇章级别的术语共现，其目的是充分展示原专利文本所具有的语义结构，尽可能覆盖所有的专利术语；（2）关系的设定，以及关系中节点的出度、入度、关系的频次统计，均以指示性为目标，因此并不采用复杂的类似相似度的算法对关系进行深度处理，所要达到的目的就是展示术语对在自然语义结构中的原貌，透过关系图谱的生成，为用户提供可观的、形式化的样本，而所呈现的图谱中术语对之间的关系，具体内涵及真伪则需要用户结合相关领域知识和原始专利文献自行判断。总而言之，本章关系的设定，以及以此关系为基础的知识图谱，在应用中的功能是以启发性为主、决策性为辅。

---

① 吴江宁、刘巧凤：《基于图结构的中文文本表示方法研究》，《情报学报》2010 年第 29 卷第 4 期。

② 李纲、毛进：《文本图表示模型及其在文本挖掘中的应用》，《情报学报》2013 年第 32 卷第 12 期。

二　关系的定义

对专利术语间三种非层次性语义关系，从概念的定义、数学语言的表达、图谱结构的建模、案例的展示以及关系的作用进行阐释。

1. 标题共现关系

定义 5 - 3：所谓的专利术语标题共现关系，即出现在某个特定专利标题中的术语对之间的结构性语义关系，记为 R_1。

标题共现关系以一种三元组的形式呈现，即 $R_1 = (C_i, R_1, C_j)$，依据定义 5 - 1，集合 C 是核心术语集，C_i 和 C_j 是其中的一个术语对，二者因为在某一特定专利标题中共现，其关系名称被定义为标题共现关系。在此关系中 C_i 和 C_j 被称为关系的节点；R_1 称为关系的边，代表两个邻接节点 C_i 和 C_j 的共现关系，以及二者之间的先后顺序，C_i 是 C_j 的前置节点。

在一个具体的专利标题文本中，会出现以下三种关系形态，分别从关系的建模、案例的展示进行详细说明。在关系模型中，节点的属性有两个：Name 是节点的名称，即术语名；Role 是节点的角色。

（1）若某专利标题只含有一个专利术语，则在关系的呈现上，只有一个节点，无法形成关系的边，见图 5 - 3。

关系建模

Name: C_1
Role: core

案例展示

专利编号：CN101003843
专利标题：矮式揭盖机
获取术语：矮式揭盖机

Name: 矮式揭盖机
Role: core

图关系的定义——单一核心术语的建模与展示

编号 CN101003843 的专利标题只含有一个术语，无法形成完整的三元组，但是作为完整的专利标题，能够表达明确的专利内涵，因此在后续关系的构建中，依然要将其纳入关系构建的范围，使之与边缘术语形成边缘_核心关系。在关系体系中，该术语是一个独立的节点，"矮式揭盖机"是节点的名称，"core"是节点的角色。

（2）若某专利标题中含有两个术语，则可形成一个完整的三元组，术语对作为两个节点，关系名 R1 作为边（见图 5 - 4）。

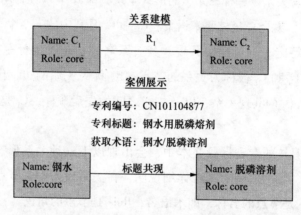

图 - 4　关系的定义——两个核心术语的关系建模与展示

编号 CN101104877 的专利标题只含有两个术语，形成了一个完整的三元组关系，"钢水"和"脱磷溶剂"分别作为关系前后端的两个节点，在关系建模中，使用关系的代称 R1 来表示关系，但是在面向用户的图谱，则用关系的名称来表示。在关系的模型中，采用有向边的形式，标明了术语的先后次序。

（3）若某专利标题中含有三个及以上术语，则术语间的三元组关系变得更为复杂，本书研究的关系定位在术语的共现上，同时考虑术语之间的相对顺序，因而需要考虑关系建模和展示的具体方式。以三个术语为例进行建模和展示的说明（见图 5 - 5）。

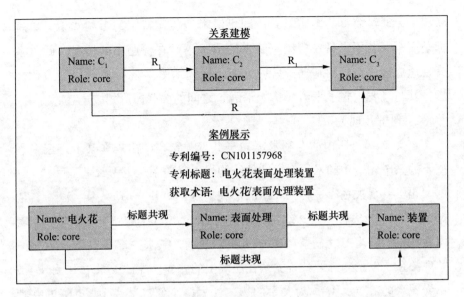

图5-5　关系的定义——三个（及以上）核心术语的关系建模与展示

编号 CN101157968 的专利标题含有三个术语，可以形成了三个有序术语对："电火花"和"表面处理"、"表面处理"和"装置"、"电火花"和"装置"。此案例可以从一方面说明，本书采用"共现"作为关系基础的原因。在该专利中，按照术语自然的序列，可获取两对关系，即1（电火花，标题共现，表面处理）、2（表面处理，标题共现，装置），但是考虑上"电火花"和"装置"的共现关系，就有了关系3（电火花，标题共现，装置）。我们认为这样的考虑是合理且必要的。在该专利中，电火花作为一种表面处理的媒介，同时也是这种表面处理装置的特征，因此，如果单考虑关系1和2，则会造成信息损失，在涉及"装置"的相关专利知识挖掘中就缺少了以"电火花"为基础的相关特征的装置。然而需要说明的是，关系的定义、存储和统计会严格按照图5-5的模型进行，但是在面向用户的关系图谱展示中，往往会对图谱进行简化，即省略关系3的边，如此避免了在规模较大的图谱中，由于边过多而造成的冗杂，且用户依然可以通过简单的推理明了没有显示的相关关系。

就标题共现关系的作用而言，该关系将专利的标题以术语的方式串联起来，通过简单的图谱形式，即可清晰地传达特定的专利知识。单就标题而言，若用户只希望浏览某术语或术语对在标题中的情况，此关系就是达成这一目标的基础；另一方面，标题术语（核心术语）节点化之后，其与摘要中句子术语（边缘术语）之间的关联即可相应建立。

2. 句子共现关系

定义 5-4：所谓的专利术语句子共现关系，即出现在某个特定专利摘要的某个句子中的术语对之间的结构性语义关系，记为 R_2。

句子共现关系以一种三元组的形式呈现，即 $R_2 = (E_i, R_2, E_j)$，依据定义 5-2，集合 E 是边缘术语集，E_i 和 E_j 是其中的一个术语对，二者因为在某一特定专利摘要的某一句子中共现，其关系名称被定义为句子共现关系，以示与标题共现关系在层次上的差异。在此关系中 E_i 和 E_j 被称为关系的节点；R_2 称为关系的边，代表两个邻接节点 E_i 和 E_j 的共现关系，以及二者之间的先后顺序，E_i 是 E_j 的前置节点。

与标题共现关系类似的是，在一个具体的专利摘要文本中，同样会出现三种关系形态，分别从关系的建模、案例的展示角度进行详细说明。在关系模型中，节点的属性有两个：Name 是节点的名称，即术语名；Role 是节点的角色。然而，与标题共现关系略微不同的是，专利标题本身就是一个概念明确的短文本，而摘要则包含 N 个短文本，在实际的语境下，摘要中很多的短文本往往只包含一个节点，因此，摘要共现关系往往以单节点的形态为多。为了篇幅及论述的紧凑性，本节以案例 5-1 的摘要为例同时展示三种关系形态，即三种形态的关系均来自同一专利摘要文本。

案例 5-1 专利摘要：本发明公开了一种带钢的生产工艺，步骤如下：（1）以热轧钢卷为原料，经酸洗去除其表面的氧化皮；（2）冷轧：将上述经酸洗的钢卷经辊式冷轧机在 450℃ 以内进行冷轧； （3）在 745℃—755℃ 的温度范围内对带钢进行退火处理；（4）二次冷轧：将上述带钢在辊式冷轧机上在 450℃ 以内进行二次冷轧； （5）在 785℃—795℃ 的温度范围内对带钢进行退火处理；（6）开剪、检验、打包、成品。本发明所述的生产工艺生产的带钢具有以下优点：精度更高，尺寸更薄，表面质量好，强度、硬度高。

从案例 5 - 1 的专利摘要中抽取了以双下划线为标记的三个句子。以此案例为样本，基本可以涵盖在本书中术语抽取阶段对句子的划分标准。句子的划分以标点符号作为切割标识，共有 6 种标点，分别是："，""。""、""："";""?"，以及相关标点在英文状态下的对应标点。需要说明的是，本书所探讨的句子多较简短（窗口较小），因此可能会造成部分信息的损失，但同时也限定了术语对在较邻近的范围内，避免了句子关系过于冗杂，这种处理的性能优劣性需要在面向用户的实践中检验，句子共现关系的建模如图 5 - 6 所示。

从图 5 - 6 中可以发现，在同一篇专利文献的摘要中往往会有多个句子，而且句子均以短文本的形态出现，如案例 5 - 1 中，句子 1 含有两个术语，句子 2 仅含有一个术语，句子 3 则含有三个术语。所有以句子共现为关系标签的术语对中，术语的角色属性为 edge，以与标题中核心术语区分。通过句子共现，可以将专利摘要中的句子，以基于术语的结构化方式呈现出来。在面向用户的专利知识图谱展示中，用户可以实现只在专利摘要范围的术语及术语间关系的需求，同时句子术语的节点化，为这些术语与核心术语形成核心_ 边缘关系建立基础。

3. 核心_ 边缘关系

定义 5 - 5：核心_ 边缘关系即是将某一特定专利文本的核心术语和边缘术语之间在同一专利篇章中的共现关系展现出来的术语关系。

核心_ 边缘关系以一种三元组的形态呈现，即 $R_3 = (C_i, R_3, E_j)$，C 为核心术语集，E 为边缘术语集，C_i 和 E_j 分别是出现在同一专利篇章中的核心术语和边缘术语，R_3 是该类型关系的代称。在关系的图谱中，C_i 和 E_j 是关系的节点；R_3 是关系的边，代表两个出现在标题和摘要某句子中的术语对，本书指定以 R_3 命名的关系中，C_i 指向 E_j。

在实际的专利篇章中，核心_ 边缘关系的呈现相对比较简单，只需将在同一专利篇章中出现的核心术语和边缘术语用关系 R_3 关联起来即可。其建模和案例展示如图 5 - 7 所示，图谱的展示以案例 5 - 1 为样本。

图 5 - 7 展示了核心_ 边缘关系的基本建模形态及图谱的样例。在图谱示例中，选择了案例 5 - 1 的核心术语"生产工艺"以及"酸洗""冷轧""退火""开剪"等 4 个边缘术语，以同样的方式即可定义另一个核

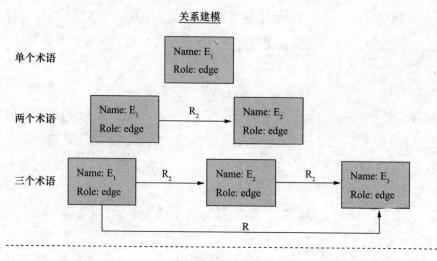

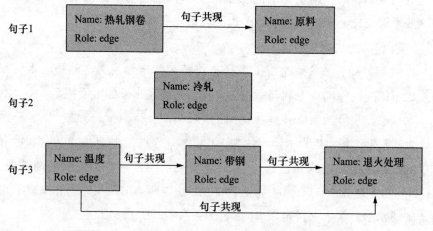

图 5-6 关系的定义——句子共现关系的建模与展示

心术语"带钢"与其他边缘术语之间的关系。此案例可以说明核心_边缘关系在专利知识挖掘中的具体作用，该关系不仅将标题术语和摘要中句子术语以结构化的方式联系起来，一些在摘要句子中被孤立的术语节点即可与核心术语形成连接；更重要的是，这种联系起到了以边缘术语

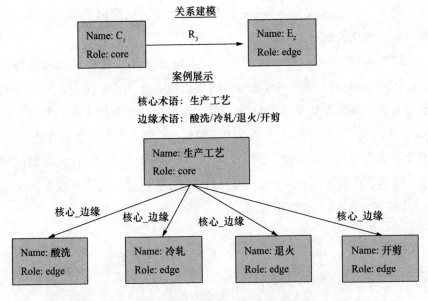

图5-7　关系的定义——核心_ 边缘关系的建模与展示

解释核心术语的效果，如"酸洗"等4个边缘术语正是"生产工艺"的具体形式。需要说明的是，正如本章第二节所论述的本书的关系设定以启发性为主，在实际的关系定义中，"带钢"亦会与"酸洗"等4个边缘术语形成核心_ 边缘关系，而这些关系对在图谱知识的解释中就相对不那么清晰。因此，本书的目的是将关系以结构化的方式呈现出来，而对于关系的解释则需要依据专家的知识在实践中展开。

三　出度、入度及关系频次

在本章研究的术语关系中，术语节点是有次序的，关系的边是有向的，因此必然引入了术语节点的出度、入度以及关系频次的概念，并且这一概念的引入有助于从统计学的视角对术语在整体文献资源中的语义情况做出判断。下面分别从定义、模型以及作用对出度、入度以及关系频次进行阐述。

1. 出度和入度

定义5-6：出度（out-degree）是指在术语间的有向关系图谱中，以某节点为起点的所有边的数量。

定义 5-7：入度（in-degree）是指在术语间的有向关系图谱中，以某节点为终点的所有边的数量。

以图 5-8 为例，对术语的出度、入度在关系图谱中的呈现进行描述。在图 5-8 的关系图谱模型中，以术语节点 A 为中心节点，X 是 A 的前置节点，其关系 R 从 X 指向 A，因此 A 在该图谱中的入度记为 D（X，A）=1；另外，Y 节点是 A 节点的后置节点，其关系 R' 是从 A 指向 Y，因此在该图谱中 A 的出度记为 D'（A，Y）=1。可见，在此图谱模型中，术语节点的出度和入度均以边的频次为单位统计的，出现 1 次记为 1，出现 N（N>1）次则记为 N。

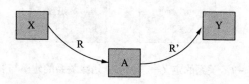

图5-8 关系的定义——出度、入度的模型

然而，在本章的研究中，术语本身因其位置的不同被设定为不同的角色，分别是核心术语和边缘术语，因此在统计相应术语的出度和入度的时候，需要考虑术语的角色差异。因此，在本书中，出现如下 4 个概念：核心术语的出度（Core Term Out-degree）、核心术语的入度（Core Term In-degree）、边缘术语的出度（Edge Term Out-degree）、边缘术语的入度（Edge Term In-degree）。在实际的术语出度、入度统计中本研究进行了严格的限定，核心术语的出入度只考虑其在标题关系中的数量，边缘术语的出入度只考虑其在摘要句子中的数量，如此使得在面向用户的图谱中，每个值均概念明确、便于分析。

另外，值得注意的是，由本书第三章的研究可知，核心术语和边缘术语在信息量上的比例约为 5∶1，这意味着在出入度的统计中，理应同样考虑权重的因素。但是，在实践中我们发现，加入权重的因素反而使得统计的频次出现小数，在面向用户的图谱展示中并没有整数来得自然，而且术语出入度的统计已然区分了术语是在标题中还是在摘要中，没有加入权重的必要。因此，我们认为，术语在信息量上的权重在以矩阵为基础的聚类等算法的计算中是有必要的，而在面向用户的关系图谱展示中则可以省略。

接下来对术语的出度、入度在专利知识图谱分析中的作用进行阐述。在术语关系的图谱中，某术语的出度和入度的和称为度（degree），而在本章的研究中，度的本质即是与该术语最近邻的其他术语的个数，若度的值越大则说明该术语与其他术语的关系越紧密，可以理解为度较大的术语在知识概念上较为宽泛。如"方法""装置"等术语，其出度、入度的和较大，说明其与其他术语的关系紧密，其概念也较为宽泛。将出度和入度的作用分开阐释，则较为困难，需结合不同的术语进行分析；但是，出度和入度在分析中的基本区别还是较为明显的，若某术语的出度大于其入度，则说明与此术语最邻近且在此术语之前的术语个数要多于与此术语最邻近且在此术语之后的术语个数，反之亦然。

2. 关系频次

关系频次的概念，顾名思义，即为术语对在某种关系状态下出现的总次数，而统计的背景则为研究所涉及的所有专利文献集。在关系频次的统计中，某术语对在某关系状态下出现 1 次，则关系频次记为 1，出现 N（N＞1）次则记为 N，这与术语出度、入度的统计规则是一致的。在实际的关系统计中，需严格区分关系的类型，如术语对（A，B）在标题、摘要中均出现，但是关系的统计则区分为：（A，标题共现，B）的频次、（A，句子共现，B）的频次，如此区分的意义在于关系图谱展示的清晰性。

接着，对术语关系频次在专利知识图谱分析中的意义进行阐述。与其他领域术语关系频次的内涵比较，本书中专利术语对关系频次的内涵与专利文献的特性紧密关联。例如，在医学文献的关系频次统计中，关系对（骨髓移植，治疗，白血病）出现的频次越高，说明对该类型医疗知识的研究越多，从一方面佐证了"骨髓移植"对"白血病"治疗功能的可靠性。而在专利领域，某关系对的出现频次的具体缘由，可能体现在以下三个方面：1）关系对出现频次较高，可能是术语对中的两个术语均为概念宽泛的术语，如"方法"和"工艺"，在专利文献中有互用的现象，因此会出现较高频次的共现；2）两个概念并不太宽泛的术语对在某种关系类型下，出现的频次也较高，则有可能是专利重复申请造成的，或者专利主题差异不大造成的，这样的出现频次，对我们发现"无效专利"是有价值的；3）某些术语对在某种关系类型下出现的频次很低，可能是由于某种专利创新，这对我们发现新的专利是有价值的。

以上的分析均是理论上的假设，可作为实际专利分析的思路参考。在实际的专利分析中（以术语对的专利检索、展示为例），则遵循以下的技术路径：首先，用户知识结构或者想法中，对某术语对的关系不明确，期望了解该术语对在专利文献中的呈现状态；其次，通过将该术语对作为输入，该术语对的关系图谱则作为输出呈现给用户；最后，关系图谱中的相关数据（出度、入度、关系频次）则给用户带来启发效应，辅助用户对该术语对的知识内涵进行下一步的深入检索、分析。本章研究的意义就在于，将专利知识图谱化，使得用户只需要输入术语对即可获得可参考的最终结果，而不需要考虑中间过程，如此进一步强化了本书启发性大于决策性的目标。

综合以上论述对专利知识图谱的展示模型进行修正，如图5-9所示。

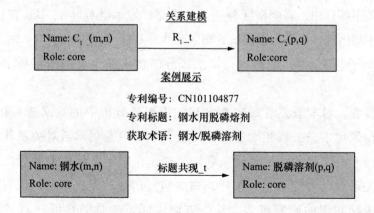

图5-9　依据出度、入度以及关系频次的统计数值对关系模型和图谱的修正

仅以标题共现关系为例说明依据出度、入度以及关系频次的统计数值对关系模型和展示图谱的修正，其他类型的关系模型以此类推。图 5 - 9 是对图 5 - 4 的标题共现关系建模和图谱展示案例进行的修正，每个术语节点后以（x，y）的形式标注了该术语的出度和入度，x 为出度的数值、y 为入度的数值；而关系的频次则以"_ t"的形式附在关系名称之后，t 是该关系对出现的频次。如"钢水"的出度为 m、入度为 n，"脱磷溶剂"的出度为 p、入度为 q，"钢水"和"脱磷溶剂"在标题中共现 t 次。

第三节　关系的构建与存储

在术语关系定义的基础上，进行术语关系的构建。术语关系的构建，即是一个从非结构化专利纯文本到结构化术语语义关系的过程。本章研究的专利术语非层次关系构建所采用的专利文本来自 I&SM 领域的 7597 篇专利文献。关系的构建过程包括：专利术语的抽取、术语关系的抽取、相关量化指标的统计（出度、入度和关系频次）以及最终的关系存储。

一　术语的抽取

专利术语语义关系识别研究是一项系统的研究课题，本章所涉及的所有专利术语均已由课题组成员采用机器学习的方法完成获取①。本小节主要对所获取术语的处理方式、术语具体内容以及术语存储的形式进行分析，以阐明术语关系构建的数据基础，形成完整过程。

1. 术语的预处理

研究从保留和剔除两个方面对获取的专利术语进行处理。

（1）保留。在本书中对术语的角色进行区分，即出现在标题的术语

---

① 王昊、王密平、苏新宁：《面向本体学习的中文专利术语抽取研究》，《情报学报》2016 年第 35 卷第 6 期；王密平、王昊、邓三鸿、吴志祥：《基于 CRFs 的冶金领域中文专利术语抽取研究》，《现代图书情报技术》2016 年第 32 卷第 6 期。

为核心术语，出现在摘要中的术语为边缘术语。在实际的数据处理中，会出现某些术语既出现在标题中，又出现在摘要句子中。例如，案例5-1中"带钢"同时出现在标题和摘要句子中，在术语的获取环节则保留了两处的"带钢"，因此"带钢"具有双重角色；如果去掉摘要句子中的"带钢"，则在句子共现关系中（见图5-6）会丢失"温度"与"带钢"、"带钢"与"退火处理"两对句子共现关系。在实际的专利文本中，存在大量的类似关系，因此保留拥有双重角色的术语，则保留了大量有用的信息。

（2）剔除。本书所采用的术语是课题组在领域核心词典的基础上，采用机器学习的方法抽取的术语，而核心词典往往以专利短术语居多（称为简单术语），在机器学习的术语识别标注环节，对于一个句子，既会标注出其中的简单术语，又会标注出组合术语，从而造成术语的冗余。因此在实际的术语处理环节，将同一位置获取的简单术语删除，保留组合术语，以此简化术语间的关系类型。同样以案例5-1进行说明，对于案例5-1的专利标题"带钢的生产工艺"，在术语抽取阶段会获得4个术语，"带钢""生产""工艺""生产工艺"，依据"剔除"的原则，剔除"生产"和"工艺"两个术语，剩余"带钢"和"生产工艺"，如此既简化了术语的关系，又保存了完整的语义信息。

2. 术语的内容

经过预处理后，术语抽取阶段共获取非重复术语22036个，其中核心术语6020个，边缘术语21266个，所有术语均是术语关系构建的数据基础。这些术语中具有双重角色的术语有5249个，仅出现在摘要中的术语有16017个，这意味着标题中出现的术语大部分会在摘要中再次出现，而摘要中大量术语没有在标题中出现，从一方面佐证了摘要对标题的解释作用。

从专利文献中抽取的术语丰富多样，笔者从以下3个方面，对所研究的专利术语具体内容进行概括性阐述。

（1）方法、工艺相关术语。本书所针对的专利文献中，涉及钢铁冶金具体方法或者工艺的相关术语最为广泛。例如，"热处理""淬火""冷却""退火""精炼""激光""热轧""冷轧""爆炸""硬化""脱硫""除尘""吹氩""煅烧""还原"等。"方法""工艺"在专利文献中存在互用和交叉的现象，但是从整体上分析专利文献，可以发现采用"工艺"时所涉及的内容往往比采用"方法"时所涉及的内容更为专指，这一点将在图谱展示中进一步分析。

（2）装置、设备相关术语。该类术语的数量在文献中占到第二大类，主要涉及钢铁冶金技术创新中的装置、设备以及对装置、设备的操作、处理相关术语。例如，各类型冶金炉："高炉""转炉""真空炉""加热炉""平炉""电弧炉""热风炉""燃烧炉""辐射管炉""感应炉""粒子炉"；各类型设备、装置："装料设备""还原设备""机械搅拌设备""密封装置""喷水装置""喷雾装置"；与装置设备的操作相关术语："密封""控制"等。

（3）材料、原料、产品相关术语。各类型金属（元素）："铁""碳""镁""铝""硫""磷""氧""钡""硅""钙""铜""锰""钛""铬"等；各类型试剂："还原剂""脱氧剂""脱硫剂""增碳剂""孕育剂""球化剂""抑制剂"等；生产所需原料："铁矿石""钢卷""生铁""纳米材料""煤气"等；产品相关术语："不锈钢带""成品高速钢""扁钢"等。

另外，还有很多复杂术语、交叉术语。这三大类相关术语的识别，一方面有利于深入了解 I&SM 领域的相关知识；另一方面对于术语关系图谱的展示具有指导性功用。同一大类的术语，以及大类之间术语的内在联系，以及联系背后所蕴藏的丰富专利知识，可在专利知识图谱的检索和展示中得到诸多启发。

3. 术语的存储结构

术语抽取阶段所获取的术语以关系数据表的形式存储起来，作为后续关系抽取的基础，其存储的表结构字段如表 5-1 所示。

表 5-1 展示了专利术语存储表的字段名称及数据类型。术语存储表中共有 5 个字段，"id"字段是术语所在专利文档的序号；"flag"字段是术语的角色类型，flag 为 1 则该术语为核心术语，flag 为 2 则该术语为边缘术语；"term"字段是术语的名称；"xh_sentenc"字段是术语的句子字段，标明了术语在专利篇章中的句子编号；"xh_weizhi"字段是术语的位

置字段，标明了术语的先后顺序，是统一标注的术语位置编号。术语存储表的 5 个字段，清晰地保存了术语的篇章结构信息，为术语关系的获取提供了充分的依据。以案例 5 - 1 的部分术语存储表为例对术语存储进行说明（见表 5 - 2）。

表 5 - 1　　　　　　　　　　　专利术语存储表字段

序号	字段名称	数据类型
1	id	int
2	flag	char
3	term	char
4	xh_ sentenc	int
5	xh_ weizhi	int

表 5 - 2　　　　　　　　　编号 CN101591725 部分术语存储（term）

id	flag	term	xh_ sentenc	xh_ weizhi
1375	1	带钢	1375	21960
1375	1	生产工艺	1375	21963
1375	2	带钢	24329	431110
1375	2	生产工艺	24329	431113
1375	2	热轧钢卷	24331	431125
1375	2	原料	24331	431130
1375	2	酸洗	24332	431134
1375	2	氧化皮	24332	431142
1375	2	冷轧	24333	431147
1375	2	酸洗	24334	431154
1375	2	钢卷	24334	431157
1375	2	冷轧机	24334	431162
1375	…	…	…	…

表 5 - 2 展示了编号为 CN101591725 的专利文献所抽取的部分术语存储，以上所论述的 5 个字段，充分保留了术语的结构信息。以 xh_sentenc 字段值为 24331 的句子为例，该句子中含有两个术语"热轧钢卷"和"原料"，二者的 xh_weizhi 字段值分别是 431125、431130，标明"热轧钢卷"是"原料"的前置术语。

二　关系的抽取

术语关系的抽取是在关系定义的指导下进行的语义结构化过程。其核心内容是将隐含在术语存储表中的固有术语间多层关系显性化，并以三元组的形式表达。下面以关系存储表的字段、结构为基础对术语关系抽取的算法进行描述，见图 5 - 10。

依据图 5 - 10 所描述的术语抽取算法，可批量完成所有专利文献的术语关系抽取，并存储在新的关系表中，记为表 relation，其字段及数据结构如表 5 - 3 所示。

如表 5 - 3 所示，关系存储表有 6 个字段，"id"字段是术语关系所在专利文献序号；"flag"字段是关系类型，flag 为 1 表示该关系为标题共现关系，flag 为 2 表示该关系为句子共现关系，flag 为 1_2 表示该关系为核心_边缘关系；"begin"字段是前置节点的术语名称；"relation"字段是关系的名称；"end"字段是后置节点的术语名称；xh_sentenc 是术语关系对所在句子号。以表 2 所显示的部分术语存储为例，对关系的存储进行展示（见表 5 - 4）。

表 5 - 3　　　　　　　　　专利术语关系存储表字

序号	字段名称	数据类型
1	id	int
2	flag	char
3	begin	char
4	relation	char
5	end	char
6	xh_sentenc	int

输入：术语存储表 term。字段 id 是专利文档号、flag 是术语角色类型、term 是术语名
　　　称、xh_ sentenc 是术语所在句子号、xh_ weizhi 是术语位置号。

过程：

1：for i = 1 to N //以专利序号为循环项，批量处理进行关系抽取，N 是文档总数

2：　if id = = i && flag = = 1 //术语对在标题中

3：　　store（C_x，R_1，C_y）//循环存储术语对为标题共现关系

4：　end if

5：　if id = = i && flag = =2 && xh_ sentenc 相同//术语在句子中，且句子号相同

6：　　store（E_x，R_2，E_y）//循环存储术语对为句子共现关系

7：　end if

8：　if id = = i && flag. C_x = = 1 && flag. E_y = =2//术语对分别在标题、摘要中

9：　　store（C_x，R_3，E_y）//循环存储术语对为核心_ 边缘关系

10：　end if

11：end for

输出：术语关系表 relation

图 5 - 10　关系抽取的算法描述

表 5 - 4　　　　　　**编号 CN101591725 部分术语关系存储**
（relation）

id	flag	begin	relation	end	xh_ sentenc
1375	1	带钢	标题共现	生产工艺	1375
1375	2	带钢	句子共现	生产工艺	24329
1375	2	热轧钢卷	句子共现	原料	24331
1375	2	酸洗	句子共现	氧化皮	24332
1375	2	酸洗	句子共现	钢卷	24334
1375	2	酸洗	句子共现	冷轧机	24334
1375	2	钢卷	句子共现	冷轧机	24334
1375	2	…	句子共现	…	…

续表

id	flag	begin	relation	end	xh_ sentenc
1375	1_ 2	带钢	核心_ 边缘	带钢	1375
1375	1_ 2	带钢	核心_ 边缘	生产工艺	1375
1375	1_ 2	带钢	核心_ 边缘	热轧钢卷	1375
1375	1_ 2	带钢	核心_ 边缘	原料	1375
1375	1_ 2	带钢	核心_ 边缘	酸洗	1375
1375	1_ 2	带钢	核心_ 边缘	氧化皮	1375
1375	1_ 2	带钢	核心_ 边缘	冷轧	1375
1375	1_ 2	带钢	核心_ 边缘	酸洗	1375
1375	1_ 2	带钢	核心_ 边缘	钢卷	1375
1375	1_ 2	带钢	核心_ 边缘	冷轧机	1375
1375	1_ 2	带钢	核心_ 边缘	…	1375
1375	1_ 2	生产工艺	核心_ 边缘	带钢	1375
1375	1_ 2	生产工艺	核心_ 边缘	生产工艺	1375
1375	1_ 2	生产工艺	核心_ 边缘	热轧钢卷	1375
1375	1_ 2	生产工艺	核心_ 边缘	原料	1375
1375	1_ 2	生产工艺	核心_ 边缘	酸洗	1375
1375	1_ 2	生产工艺	核心_ 边缘	氧化皮	1375
1375	1_ 2	生产工艺	核心_ 边缘	冷轧	1375
1375	1_ 2	生产工艺	核心_ 边缘	酸洗	1375
1375	1_ 2	生产工艺	核心_ 边缘	钢卷	1375
1375	1_ 2	生产工艺	核心_ 边缘	冷轧机	1375
1375	1_ 2	生产工艺	核心_ 边缘	…	1375

　　表 5 - 4 清晰地展示了编号 CN101591725 的专利文献隐含的部分术语关系。可以发现，关系的抽取与存储严格按照共现的原则进行（由抽取算法的 Store 函数决定），主要体现在两个方面：一方面，是所有的核心术语均与边缘术语建立核心_ 边缘关系；另一方面，若句子中含有 2 个以上术语则按照次序分别建立关系，如序号为 24334 的句子含有 3 个术

语，则抽取了"酸洗"与"钢卷""酸洗"与"冷轧机""钢卷"与"冷轧机" 3 对句子共现关系。术语关系表是统计术语的出度、入度以及关系频次的数据基础。

三 出度、入度及关系频次统计

术语的出度、入度以及关系频次是术语关系的重要组成部分，依据定义 5 - 6 与定义 5 - 7 对术语的出度、入度，以及关系频次进行统计，共获得 5 张数据表，分别是"核心术语出度表""核心术语入度表""边缘术语出度表""边缘术语入度表""关系频次表"，对部分高频次出度、入度以及关系频次进行展示，目的是说明频次统计的存储形式，表 5 - 5 展示了按出度、入度数值降序排在前 30 位的术语。

表 5 - 5 核心术语出度、入度频次排序前 30 位统计

序号	术语名称	出度	术语名称	入度
1	方法	394	方法	3094
2	高炉	364	装置	1439
3	钢	215	设备	606
4	金属	168	制造方法	506
5	炼钢	157	工艺	415
6	转炉	145	制备方法	371
7	铁	105	生产方法	248
8	晶粒	98	热处理方法	154
9	生产	98	控制方法	106
10	装置	98	生产工艺	88
11	炉	93	工艺方法	83
12	热处理	88	热处理工艺	83
13	激光	72	热处理	75
14	设备	72	炉	72
15	工艺	70	钢	69

续表

序号	术语名称	出度	术语名称	入度
16	控制	69	合金	67
17	制备	67	金属	59
18	钢渣	66	淬火	49
19	冷却	61	铁	48
20	钢水	58	淬火方法	44
21	淬火	57	晶粒	43
22	钢板	55	退火炉	43
23	生铁	54	钢板	41
24	制造	53	控制	41
25	高炉煤气	52	炼钢方法	41
26	钢液	51	密封装置	40
27	铁水	51	产品	39
28	电炉	49	冷却	39
29	高强度	49	生产	39
30	钢管	48	电工钢板	36

所有 6020 个核心术语中，1889 个术语出度为 0，1966 个术语出度为 1，2165 个术语的出度在 2 以上；3329 个术语的入度为 0，1440 个术语入度为 1，1251 个术语入度在 2 以上。分析表 5 - 5 可以得出以下信息：1）"方法""装置""设备""工艺"等概念宽泛的术语，往往作为专利句子的后缀词，与其他术语形成共现关系，其中"方法"及相关组合术语最为明显；2）"高炉""钢""金属"等术语，作为专利句子的前置术语较多，与其他术语形成共现关系；3）通过对出入度频次较高的术语进行检索，并分析其关系图谱，可以获得该术语相关术语，深入阐释该术语的内涵，如以"方法"为中心术语进行检索，获取与"方法"相关术语的图谱，即可总结在 I&SM 领域有哪些具体技术方法，表 5 - 6 展示了出度、入度统计数值降序排在前 30 位的边缘术语。

表5-6　　　　　　　边缘术语出度、入度频次排序前30位统计

序号	术语名称	出度	术语名称	入度
1	方法	1946	方法	4094
2	炉	1685	装置	2829
3	装置	1427	温度	1838
4	钢	1320	冷却	1352
5	加热	1186	炉	1275
6	高炉	1054	加热	1237
7	温度	1022	控制	1048
8	冷却	978	工艺	943
9	还原	911	还原	920
10	工件	896	设备	902
11	金属	884	原料	734
12	钢水	771	淬火	728
13	控制	750	钢	723
14	生产	731	热处理	673
15	淬火	676	技术	638
16	转炉	626	生产	635
17	铁水	625	钢水	573
18	工艺	618	质量	551
19	铁	595	金属	543
20	碳	542	铁水	542
21	热处理	522	工件	522
22	技术	489	铁	506
23	合金	464	制造方法	473
24	煤气	434	含量	465
25	设备	427	合金	441
26	钢液	418	压力	418
27	炉体	408	高炉	416
28	高温	401	保温	413
29	原料	388	氧化	406
30	氧气	372	过程	401

　　所有 21266 个边缘术语中，9217 个术语出度为 0，4924 个术语出度为 1，7125 个术语的出度在 2 以上；9882 个术语入度为 0，4795 个术语入度为 1，6589 个术语入度在 2 以上。表 5 - 6 与表 5 - 5 进行比较可以发现：1）边缘术语的出入度数值明显较高，原因是摘要的术语更为丰富，也使得总体的可检索关系更为丰富；2）边缘术语中的高入度术语比核心术语中的高入度术语涉及更多的具体专利概念，如表 5 - 6 中入度术语有"温度""冷却""加热""还原""原料""工件""氧化"等，而表 5 - 5 中入度术语以"方法"及其相关组合术语居多，这说明了摘要往往涉及具体的专利知识，是对标题的补充。

　　经过关系的抽取，共获取了 262374 个各种类型的术语关系对，统计每对关系的出现频次，并按频次降序展示排于前 30 位的关系对（见表 5 - 7）。

表 5 - 7　　　　　　　　关系频次前 10 位的三类关系统计

序号	begin	relation	end	频次
1	方法	标题共现	装置	167
2	方法	标题共现	设备	106
3	装置	标题共现	方法	52
4	高炉	标题共现	方法	51
5	高炉	标题共现	装置	49
6	金属	标题共现	方法	36
7	钢	标题共现	方法	34
8	设备	标题共现	方法	32
9	转炉	标题共现	方法	27
10	工艺	标题共现	装置	26
1	方法	句子共现	装置	166
2	加热	句子共现	温度	98
3	方法	句子共现	设备	93
4	冷却	句子共现	温度	73

续表

序号	begin	relation	end	频次
5	炉	句子共现	温度	72
6	加热	句子共现	冷却	58
7	炉	句子共现	加热	57
8	高炉	句子共现	装置	56
9	钢	句子共现	方法	54
10	钢	句子共现	质量	54
1	方法	核心_边缘	装置	529
2	方法	核心_边缘	温度	477
3	方法	核心_边缘	还原	476
4	方法	核心_边缘	炉	428
5	方法	核心_边缘	冷却	365
6	装置	核心_边缘	方法	354
7	方法	核心_边缘	生产	339
8	方法	核心_边缘	钢	326
9	方法	核心_边缘	加热	310
10	方法	核心_边缘	金属	269

表5-7列举了除去前置术语和后置术语同名的关系对以外统计频次在前10位的三种类型的关系对。三种类型的关系对中频次较高的术语对均是概念较宽泛的术语，原因在于该类术语的频次较高。以术语"方法"为例，对其术语关系及频次进行分析可以发现：1）标题共现和句子共现关系中，"方法"作为前置术语时，频次最多的后置术语为"装置""设备"，表明在论及某种冶金方法的同时会涉及相关装置或设备；2）在边缘_核心关系中，以"方法"作为前置术语，频次较高的后置术语为"装置""温度""还原""炉""冷却"等，可以总结出，在具体的冶金方法创新上，涉及温度技术、还原技术以及相关设备的较多。关系频次

带来的启发意义，需要具体情况具体分析。如本例中展示的高频次宽泛术语之间的关系，往往可以作为某种类型专利知识的总结；另外，大量的中频关系以及低频关系可能蕴含更多的专利知识。

四 关系的存储

本章将抽取的关系存储在关系数据表中，其核心思想是将隐性的术语关系显性化。本小节所论述的关系存储是作为关系展现基础的整体性关系存储，包括关系表、术语出入度表、关系频次表，将各表分开存储，降低数据的冗余度，通过各表的连接操作，即可完成特定功能的术语关系图谱展现，其逻辑结构如图 5 – 11 所示。

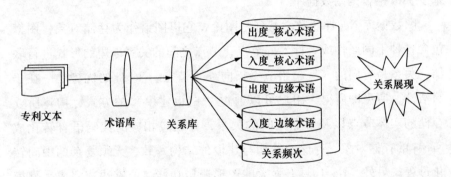

图 5 – 11 术语关系存储的逻辑框架

第四节 关系的展现与分析

基于专利术语非层次关系识别的关系展现与应用，是本书研究的核心功能，本节专注于术语关系图谱展示的论述与分析，而关系的应用则在第六章具体分析。本节分别从采用的工具与语言、单一文档的术语关系展现与分析、单一术语的关系展与分析现以及术语对的关系展现与分析四个方面进行阐述。

一 采用的工具与语言

本章研究的术语关系图谱展示，采用的工具是图数据库 Neo4j，展示的代码语言是 Cypher。下文分别对二者进行介绍。

（一）Neo4j 图数据库

伴随着大数据时代到来的，不仅仅是数据量的激增，更是数据之间内在关联复杂度的提升，关系数据库的数据存储形式，越来越不适应结构化、网络化的数据存储与检索，因此 NoSQL 应运而生。NoSQL（Not only SQL），代表了一类非关系型数据库，如对象数据库、文档数据库、键值数据库以及图数据库等。Neo4j[①] 就是一种典型的、目前较为主流的基于 Java 语言的图数据库。

图数据库 Neo4j 的数学基础是图论，它以图谱作为存储对象，图谱包含各种不同属性或者标签的节点，节点之间的关系以边的形式进行联结，关系是有向的，从起始节点指向终止节点。Neo4j 的优势之一在于简洁性，所见即所得，用户可以通过"白板建模"的方式，构建所要存储的实体节点以及节点之间的关系，并通过相应的代码语言转化成 Neo4j 的存储对象，存储的结构与建模的结构一致，无须复杂的中间转化过程。另外，Neo4j 具有强大的图形遍历功能，能够快速完成大规模图谱的检索。

Neo4j 有两种主要使用模式：嵌入式模式和服务器模式。嵌入模式，即通过 Neo4j 丰富的程序接口（API）与 Java、C#、JavaScript 等应用进行绑定，成为一个单一的应用实体；服务器模式，则是通过配置服务器，使得用户可以通过浏览器实现数据库的检索与可视化。本书主要使用 Neo4j 的关系图谱可视化功能，因此选用服务器模式。服务器模式则需要使用 Neo4j 特有的对图形的声明查询语言 Cypher。

（二）Cypher 语言

Neo4j 的查询语言称作 Cypher。通过 Cypher 语言可以完成实体节点和

---

① Vukotic A. and Watt N., Abedrabbo T. et al., *Neo4j in Action*, New York：Manning Publications Co，2014，pp. 3 – 52.

节点间关系的创建。以图 5 - 4 的关系模型为例，对 Cypher 语言进行说明。

图 5 - 12　Cypher 语言展示案例——白板建模

"白板建模"是 Neo4j 的使用术语，即用户在"白板"上绘制出即将存储到 Neo4j 数据库中的实体及实体间关系的自然模型。图 5 - 12 展示了术语"钢水"和"脱磷溶剂"的关系模型。使用 Cypher 语言创建节点和关系。

//创建节点 t1，t1 有两个属性：属性 name，值为"钢水"；属性 role，值为"core"

create（t1：term ｛name：'钢水'，role：'core'｝）

//创建节点 t2，t2 有两个属性：属性 name，值为"脱磷溶剂"；属性 role，值为"core"

create（t2：term ｛name：'脱磷溶剂'，role：'core'｝）

//创建节点 t1 和节点 t2 之间的关系，关系名称为"标题共现"

create（t1）－［：标题共现］－＞（t2）

通过以上三行代码即创建了术语"钢水""脱磷溶剂"及二者间的标题共现关系。将代码导入 Neo4j 的浏览器，即可实现关系的可视化。

Neo4j3.1.0[①] 的服务器模式中，可以通过浏览器打开 http：//localhost：7474，访问网页管理控制台。如图 5 - 13 所示，网页管理控制台在浏览器内置了一个完全功能的 Cypher 查询执行引擎。在页面顶部的文本字段里输入以上三段 Cypher 代码，命令执行之后，即可在浏览器中可视化关系的图谱。如图 5 - 14 所示，浏览器的左侧显示了数据库中关于

---

① Neo4j 官网下载（https：//neo4j.com/download/）。

术语的节点、关系等信息，右侧上部为 Cypher 代码，右侧下部即术语关
系对的可视化图谱，关系图谱显示了图中节点和关系的数量，亦可以调
整节点的颜色、图的大小、关系边的粗细，若节点 name 过长，点击节点
可看到节点属性 name 的全称，亦可看到节点的其他属性如"role"的值。

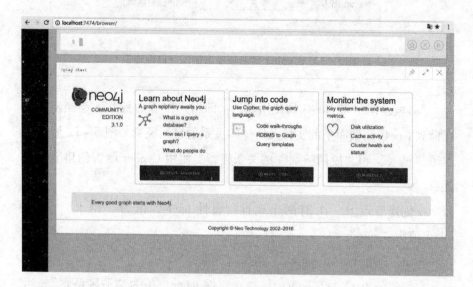

图 5 – 13　浏览器中的网页管理控制台主页

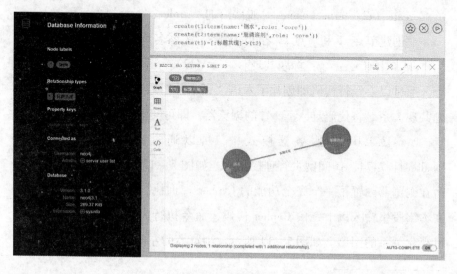

图 5 – 14　"白板建模"的术语关系对在网页控制台中的可视化展示

二 单一文档的分析关系展现与术语

单一文档的术语关系展现，指的是将某一指定专利文献以术语图谱的形式可视化，呈现给用户的是该专利文档中的术语以及术语之间的语义关系。专利文档可视化的优点在于两个方面：其一，用户可以通过浏览图谱的方式，直观地了解指定专利文献的相关内容；其二，通过浏览图谱中术语之间的关系，以及相应的统计数据，用户可以获取一定的专利知识，所获取的专利知识又可能启发用户进行进一步地检索、浏览。

传统的信息检索的过程，一般是用户按一定的检索策略输入检索式，系统通过模式匹配返回给用户相关的文本，用户通过对文本进行筛选、浏览并改进检索策略和检索式，如此往复以获得所需要的信息。显然，用户获取信息的主要途径是通过浏览文本，而浏览文本本身是一件耗时、耗力的工作，一旦文本规模过大，用户无法轻易获取相关的信息，更难以把握信息内部的关联。本书的目标就是将文本转换成术语化的知识图谱，用户所要做的就是输入特定专利文献的编号，系统则输出该专利文献的术语图谱供用户浏览，系统获取图谱的原理及过程，用户无须了解。

由关系的定义可知，特定专利文档的图谱展示形式有两种：一种是完整式的，或者叫复杂式的，即严格按照共现的原则展现所有术语之间的共现关系，图谱的边较多，较为复杂，但是其优点在于所有术语间的关系及统计数据完整；另一种是简洁式的，即"标题共现关系"和"句子共现关系"只显示直接共现关系，省略间接共现关系，"核心_边缘关系"则只展示第一个核心术语和所有边缘术语的关系，该展示方式的优点是图谱比较简洁，缺点是造成了部分信息的损失。以编号CN101591725的专利文档为例，进行展现与分析。

（一）简洁式图谱展现

用户输入：CN101591725（或专利序号1375），选择简洁呈现模式。

系统输出：该专利文档的术语图谱，仅展现术语间的直接共现关系，如图5－15所示。

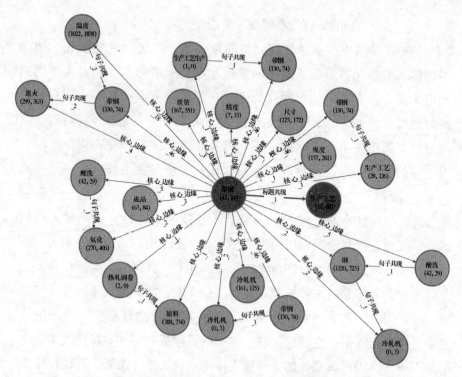

图 5 – 15 编号 CN101591725 的专利文献术语图谱展现（简洁模式）

图 5 – 15 展示了编号 CN101591725 的专利文献的术语图谱，该图谱相对来说较为简洁，图形分布是由中间的核心术语向周围散开，围绕核心术语且彼此关联的是该专利文献的边缘术语。用户通过浏览此图谱即可获得一定的专利知识。

（二）完整式图谱展现

用户输入：CN101591725（或专利序号 1375），选择完整呈现模式。

系统输出：该专利文档的术语图谱，展现术语间所有的共现关系，如图 5 – 16 所示。

图 5 – 16 展示了编号 CN101591725 的专利文献的术语图谱，该图谱从形式上看较为复杂，展现了完整的相关术语之间的共现关系，所蕴含的专利知识也更为丰富。以此图谱作为案例，分析用户通过浏览图谱可能获取的专利知识。用户所获取的专利知识可以分成两个子

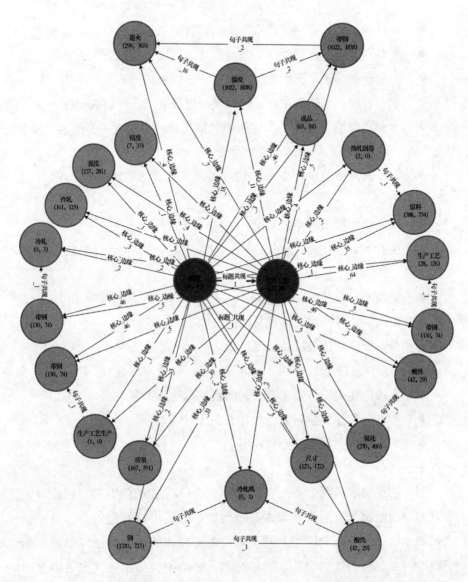

图 5 – 16　编号 CN101591725 的专利文献术语图谱展现（完整模式）

类，一是关于该专利文献本身的知识，此外亦可获得领域整体层面的相关知识。以列举的方式进行阐述，每个条目尽可能只包含某一方面具体知识。

◆　关于该专利本身的知识

◆　本专利的主题是带钢的生产工艺

◆ 本专利阐述了带钢生产所需要的原料——热轧钢卷

◆ 本专利阐述了带钢生产工艺的核心过程之一——酸洗去氧化

◆ 本专利阐述了带钢生产工艺的核心过程之二——进行冷轧

◆ 本专利阐述了带钢生产工艺的核心过程之三——退火处理

◆ 本专利阐述了最终产品的几项评估指标——精度、强度、尺寸、质量

◆ 本专利所涉及的专业术语均较为常见、概念较为宽泛（由出入度数据得出）

◆ 领域整体层面的相关知识

◆ 在 I&SM 专利领域，论述钢、强度、温度、氧化、原料的专利非常多

◆ 带钢相关成品的专利较多

◆ 退火工艺往往需要涉及具体的温度

◆ 谈及带钢往往会谈及温度

◆ 论及生产工艺，往往涉及钢、原料、温度与质量

◆ 直接论述关于带钢生产工艺的相关专利并不多

◆ 热轧钢卷作为原料的专利并不多

◆ 采用酸洗去氧化的专利并不多

◆ ……

图 5 - 16 的术语图谱中，笔者共总结了 15 条相关的专利知识，由于领域知识的限制，可能有些遗漏甚至偏颇。但是可以肯定的是，由专利文档的术语图谱所获取的专利知识以及带给用户的启发，是单单浏览某一篇专利文献所无法达到的，这正是术语图谱的价值所在，也是本书期待努力达成的目标。

三 单一术语的关系展现与分析

单一术语的关系展现指的是将某一特定术语以及其相关术语以图谱的形式进行可视化的过程。通过术语图谱的方式展现某一特定术语及其相关术语的优势在于：1）用户以直观的方式了解某术语的相关术语；2）通过分析该术语的相关术语，用户可以极大扩充对该术语概念的

把握。

众所周知，对某一特定概念的了解欲是获得知识的重要前提。传统的了解某一概念或术语的方式主要是检索，用户可以通过阅览相关词条或者百科全书，获得对该概念的认知；用户同样可以将该概念或术语构成相应检索式，在特定数据库中进行检索，获取与该概念或术语相关的文献，通过浏览文献，逐步形成对该概念及其相关外延的认知。显然，以上两种方式都需要一定的知识基础，且过程较为缓慢和复杂。本书将专利文献术语化，以关系联结术语，使得术语彼此间形成了复杂的网络结构。以某一术语为中心，获取与该术语相关的其他最近邻术语，即可呈现该术语的领域面貌，通过分析以该术语为中心的图谱，获得与该术语相关的领域专利知识。

本书研究以 I&SM 领域专利文本为例，所研究的术语众多，但是大体可以分为如本章第三节所论述的三大类：方法工艺类、装置设备类、原料材料类。"方法""工艺""装置"等几个出现频次高、概念宽泛的术语占据了大部分的专利内容。本小节以"方法""工艺""装置"以及常用冶金原料"铁矿石"为例，展现它们的关系图谱，分析它们的概念内涵，以获取相关专利知识。

1. 术语"方法"

按照关系的类型，分别展示以"方法"为中心的术语图谱。

（1）标题共现关系

与"方法"最近邻且以"方法"为中心的术语共有 1714 个，其中以"方法"为前置节点的术语仅有 66 个，其余 1638 个术语均以"方法"为后置节点，再次印证了"方法"作为"后缀型"术语的特点。由于术语数量太多，无法展现完整的图谱，因此，仅展现关系频次大于 11 的相关术语。

用户输入："方法"and 标题共现关系 and 频次阈值 = 11

系统输出：如图 5 - 17 所示的术语关系图谱。

如图 5 - 17 所示，与"方法"存在标题共现关系（仅考虑"方法"为后置节点的情形）最多的术语分别是："装置"52 次、"高炉"51 次、"金属"36 次、"钢"34 次、"设备"32 次、"转炉"27 次、"生产"25

次、"制备"23 次、"激光"20 次等。

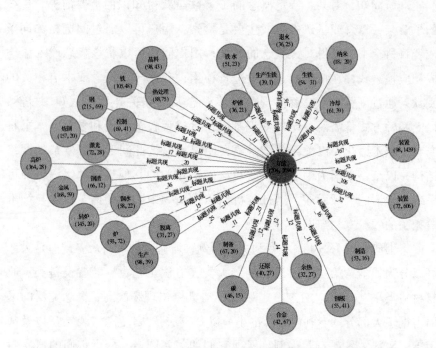

**图 5-17 单个术语关系图谱——与"方法"标题共现的
部分术语（关系频次 11 以上）**

（2）句子共现关系

与"方法"存在句子共现关系的术语共有 2515 个，是一个比较大的
集合，选取关系频次在 15 以上的术语进行展示。

用户输入："方法"and 句子共现关系 and 频次阈值＝15

系统输出：如图 5-18 所示的术语关系图谱。

如图 5-18 所示，与"方法"存在句子共现（仅考虑"方法"为
后置节点的情形）的边缘术语频次最多的分别是："钢"54 次、"高
炉"52 次、"装置"51 次、"金属"47 次、"生产"46 次、"热处理"
39 次、"冷却"34 次、"转炉"34 次等，与"标题共现"的情形基本
类似。

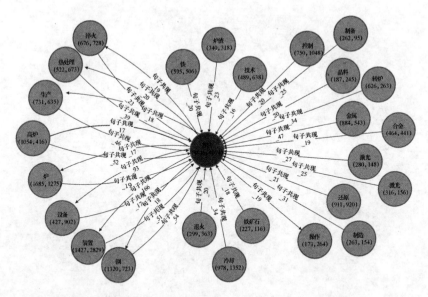

**图 5 - 18 单个术语关系图谱——与"方法"句子共现的
部分术语（关系频次 15 以上）**

（3）核心_ 边缘关系

当"方法"作为中心术语，与其存在"核心_ 边缘关系"的边缘术语有 9353 个，术语数量大。"方法"作为一个概念宽泛的术语，与之存在"核心_ 边缘关系"的术语往往对其具有更好的解释性。图 5 - 19 展现了关系频次在 140 以上的相关术语。

用户输入："方法"and 核心_ 边缘关系 and 频次阈值 = 140

系统输出：如图 5 - 19 所示的术语关系图谱。

如图 5 - 19 所示，与"方法"形成核心_ 边缘关系的术语，按照关系频次的先后顺序为："还原"476 次、"炉"428 次、"冷却"365 次、"生产"339 次、"钢"326 次、"加热"310 次、"金属"269 次等。可以发现，在核心_ 边缘关系中，涉及具体方法的术语更多，如"还原""冷却"等，但是总体来看，与"方法"组成共现关系的高频术语，仍以概念宽泛的通用术语居多。

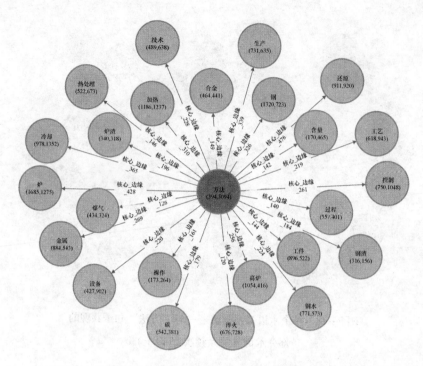

图 5 - 19　单个术语关系图谱——与"方法"形成核心_ 边缘
关系的部分术语（关系频次 140 以上）

2. 术语"工艺"

通过术语"方法"的展示与分析，可以了解单一术语展现的三种方式。因此，对于术语"工艺"的展现，只采用核心_ 边缘关系作为样例。图 5 - 20 展现了以"工艺"作为核心术语，关系频次在 15 以上的相关术语图谱。

用户输入："工艺"and 核心_ 边缘关系 and 频次阈值 = 15

系统输出：如图 5 - 20 所示的术语关系图谱。

从两个方面对图 5 - 20 所展示的图谱进行分析：1）该图谱中与核心术语"工艺"形成核心_ 边缘关系的术语，依关系频次排序分别是，"钢" 76 次、"装置" 70 次、"设备" 69 次、"温度" 66 次、"炉" 66 次、"生产" 58 次、"煤气" 53 次、"加热" 52 次、"技术" 49 次、"淬火" 40 次等；2）将图 5 - 20 与图 5 - 19 进行对比，可以发现在同样规模的语料背景下与"工艺"形成核心_边缘关系的关系频次远低于"方法"，在高频关系上，二者相关术语基本无异，但是在低频关系上，"工艺"相关的术语技术专指性更高，如"回火""硬化""真空""能耗"等，从这方面说明，在术语的专指度上，"工艺"较"方法"更为专指。

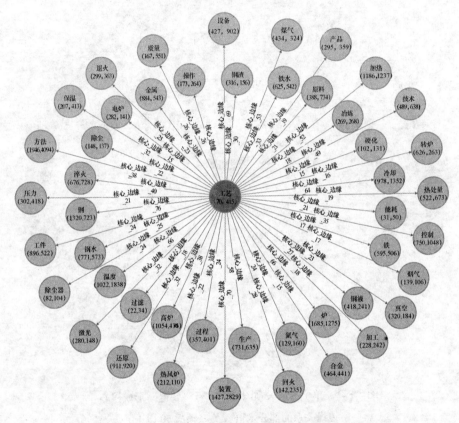

图 5 - 20 单个术语关系图谱——与"工艺"形成核心_边缘关系的部分术语（关系频次 15 以上）

3. 术语"装置"

术语"装置"在 I&SM 领域专利文献中，占据重要的位置，讨论钢铁冶金的相关技术，必然涉及一定类型的机械装置，也有诸多针对相关装置的改进或创新专利。同样采用核心_边缘关系的展现方式，展现与"装置"相关的术语关系图谱。

用户输入："装置" and 核心_边缘关系 and 频次阈值 = 50

系统输出：如图 5 - 21 所示的术语关系图谱。

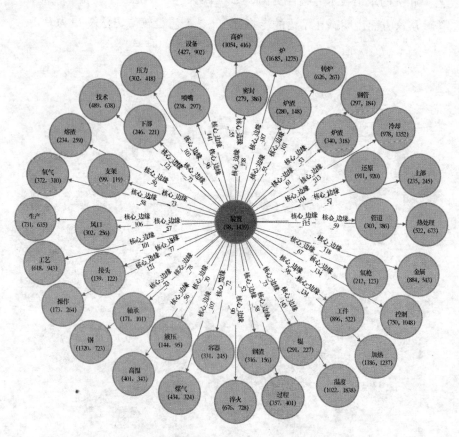

**图 5 - 21　单个术语关系图谱——与"装置"形成核心_
边缘关系的部分术语（关系频次 50 以上）**

由图 5 - 21 可以浏览与"装置"相关的术语，及它们的基本统计信息。可以看出，以"装置"为中心术语与以"方法"或"工艺"为中心术语的图谱在术语组成上差异较大。这正是将关系可视化的价值之一，即能够以清晰可见的方式展现术语之间的不同。浏览图 5 - 21 可以获取以下的信息：

◆　与"装置"相关的宽泛术语依然有"生产""工艺""设备"等

◆　专利中所涉及的主要装置类型有：炉、高炉、转炉等

◆　专利中涉及的装置部件比较多的是：上部、下部、风口、支架、喷嘴、氧枪、管道、接头、辊等

◆　专利中涉及装置操作或者技术因素（高频因素）有：操作、控制、压力、液压、密封、温度等

◆　专利中涉及装置的比较多的原料或废料有：氧气、熔渣、钢渣、炉渣、煤气等

◆　其他信息

通过浏览一个简单的术语关系图谱、往往可以获得很多与该术语相关的专利信息，而这些专利信息的重组、分类以及它们带来的启发，往往是获取、分析更深入专利知识的非常有价值的基础信息。以上只是列出了图谱中比较明显的信息，是否可能通过术语间的关系以及相应的统计频次获取更多信息或知识，则需要用户或专家在使用实践中验证。

4. 术语"铁矿石"

术语"铁矿石"是概念较为专指的领域术语，因此以句子共现的呈现方式展示与其关系最邻近的相关术语。

用户输入："铁矿石"and 句子共现关系 and 频次阈值 =3

系统输出：如图 5 - 22 所示的术语关系图谱。

从图 5 - 22 的关系图谱中，可以了解与"铁矿石"相关的术语，因为关系频次在 3 以上，外围术语一般是在铁矿石进入冶炼设备中最初的化学反应，涉及的专利信息有：铁矿石熔融还原的设备还原炉、还原反应器，以及炉的预热；还原反应过程中的添加剂、还原剂以及碳等；以及相关的产品如海绵铁等。

四　术语对的关系展现与分析

术语对的关系展现，指的是将两个专利术语之间的关系，以及关系的类型、频次等相关数据以图谱的形式展现出来的过程。通过术语对的关系展现，用户可以获得两方面的信息：1）该术语对之间是否在专利集合中存在某种关系；2）若术语对存在关系，二者存在何种的关系类型以及相关统计数据。

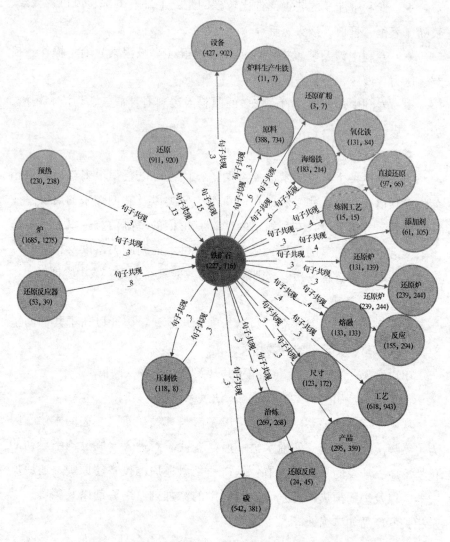

图 5 - 22 单个术语关系图谱——与"铁矿石"形成句子共现关系的部分术语（关系频次 3 以上）

　　术语对之间的关系鉴定是知识获取领域的重要应用，其应用场景或者需求可以描述为：用户知识系统中或者印象中对某两个专业术语有记忆，但是不明确此术语对间是否存在关系、存在何种关系，用户会期待通过某种途径解决这一问题。传统的获取术语对关系的方式，往往可以通过数据库以"与"运算的形式进行检索，以获得同时包含两个术语的文献，通过阅览文献，便可了解此术语对的关系，以及相关的知识内涵。本书的目标在于以可视化的方式，直接展现术语对之间的关系。

本章第三节将研究所涉及的术语分为三大类：方法工艺类、装置设备类、原料材料类。因此，在本小节的术语关系图谱展现中，笔者分别从这三类术语中选择 3 对术语，对该类型的术语展现进行分析。

用户输入：术语 1 and 术语 2

系统输出：术语对的关系图谱

1. "热处理"与"电炉"

术语"热处理"属于方法工艺类，"电炉"属于装置设备类。通过图 5 - 23 可以发现，两个术语均是重要的领域术语，二者均有较高的出度、入度，即二者都与众多其他术语相关联；在本书的专利规模范围类中，"电炉"和"热处理"只在句子中共现过一次，一方面验证了二者之间确有关联，另一方面也说明与二者直接相关的专利并不多。

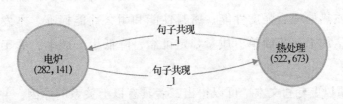

图 5 - 23　术语对关系图谱——"电炉"与"热处理"的关系图谱

2. "激光"与"铬"

术语"激光"属于方法工艺类，术语"铬"作为冶金领域重要的金属元素归为原料材料类，二者是否存在某种关联呢？由图 5 - 24 的图谱可以明确，作为核心术语的"激光"与作为边缘术语的"铬"存在核心_边缘关系，而且在领域专利文献集合中，只出现过一次。

用户可以使用系统进一步检索，获取此关系对所在的具体专利文献，

图 5 – 24 术语对关系图谱——"激光"与"铬"的关系图谱

得出以下检索结果：

专利编号：CN101967538A

专利标题：液压支架柱塞的表面激光强化方法

专利摘要：本发明涉及一种液压支架柱塞的表面激光强化方法，该方法采用 CO_2 激光加工系统或者光纤激光加工机组，在立柱、中缸等柱塞表面制造厚度为 0.5—0.7 mm 的耐腐蚀、抗压强度高，并与柱塞基体完全冶金融合、结合牢固、结晶均匀致密的特制合金表面强化层。本发明采用激光表面处理的液压支架立柱、中缸等柱塞，提高了柱塞的耐环境腐蚀能力；而且激光表面强化后柱塞工作表面无孔隙、冶金结合强度高；不起皮、无剥落，比原采用镀铬层提高使用寿命三倍以上。采用激光制造的高强度合金工作层，完全达到了需求中频淬火和调质热处理后强度性能、密封性能和耐久性能标准。本发明环保无污染，加工工艺简单，质量稳定可靠，降低生产成本，适于大批量生产。

分析以上专利文本，可以得出二者具有以上关系的原因，并获得相应的专利知识。镀铬是原始的柱塞表面处理工艺，以上专利采用的是激光强化的方式，较原来的方式更有优势。

3. "高炉"与"煤气"

术语"高炉"和"煤气"分别属于装置设备类和原料材料类，均是 I&SM 领域重要常见术语。从图 5 – 25 中亦可以看出，二者在不同的关系层级上均存在关联，其中以"高炉"作为核心术语，"煤气"作为边缘术语的关系形式最多，出现了 27 次。

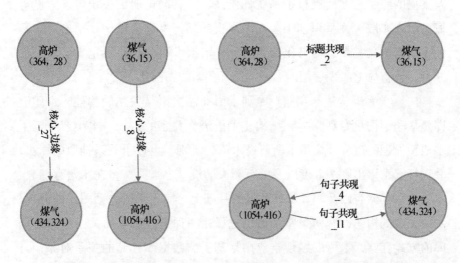

图 5 – 25 术语对关系图谱——"高炉"与"煤气"的关系图谱

第五节 本章小结

本章探讨了汉语专利术语非层次语义关系识别的一系列问题，实现了以 I&SM 领域为例的专利术语非层次关系自动化识别。结合层次关系的识别，实现了领域专利术语语义关系识别任务，为接下来基于语义关系识别的专利知识服务奠定基础。本章从四个方面阐述了专利术语非层次关系识别的研究过程，涉及识别的模型构建、关系定义、关系构建以及关系展现与分析。

（1）关系识别模型。本章所研究的专利术语非层次关系识别，其核心思想是将隐含在专利文本自然篇章结构中的语义信息显性化、结构化。识别的基本原则归纳为：专利知识的术语化和语义关系图谱化。

（2）关系的定义。阐释了术语非层次关系的理论基础，即术语共现，并依据共现的位置、距离划分成三个层级，分别是术语在标题层级的共现、术语在摘要句子层级的共现和术语在篇章层级的共现。以术语共现为基础，定义了三种非层次关系，分别是标题共现关系、句子共现关系以及核心_ 边缘关系。从定义的描述、数学语言的限定、模型的构建以及案例的展示等方面进行了系统的阐述，并将图论研究中出度、入度等概念引入非层次关系识别中。在大规模的领域专利文献中，蕴含着丰富的术语间语义关系，本书化繁为简，只依据术语共现原则定义了其中的三种，从整体上实现底层的、基本语义关系的图谱化。

（3）关系的构建与存储。专利术语非层次语义关系的构建，本质上即是从非结构化专利文本到结构化术语语义关系的过程。本小节分析了术语预处理的过程，概括了所研究术语的类别，设计了关系抽取的算法，并进行了术语出度、入度以及关系频次的统计。最终，将在术语存储表、术语关系存储表以及相关统计数据的基础上，实现术语关系图谱的展现。术语关系的构建，有两条路径可供选择，一种是将所有的关系以图数据库的方式存储，术语的展现与应用是基于图数据库存储的关系对象；另一种即是本书采用的路径，将关系以及相关数据，依然以关系数据库的形式存储，而关系的展现与应用则基于对关系数据库的联结操作，借助图数据库的可视化功能进行。本书所研究的术语规模以万为计，关系条目数以 20 万为计，处在研究性级别，选择将传统的关系数据库存储与先进的图数据库结合的模式，更便于研究的进展与阐释，而前一种模式可能作为后续探索的方向。

（4）关系的展现与分析。专利术语非层次关系识别的核心功能之一就是术语图谱的展现，从某种意义上来说，可视化本身就是很重要的应用，用户通过浏览不同类型的术语关系图谱，可以在一定程度上更为清晰地掌握相关专利信息，甚至获得启发以获取专利知识。本小节选取了三种术语关系展现的形式进行阐述和分析：单一文档的术语关系展现，辅助用户从直观的角度浏览某一特定专利文档的信息，以及相关术语的统计数据所蕴含的知识；单一术语的关系展现，从全局出发，呈现与某一特定术语相关联的其他术语，以助力于对该术语以及与该术语相关专利知识的把握；术语对的关系展现，从一定程度上帮助用户鉴定术语对的关系存否与关系类型。本节所选择的展现案例，基本上是较为常见的领域术语，主要为了阐述本书的功能，更多的具有启发性的术语关系展现，则有待用户在实践中检验。

专利术语非层次关系识别的实现，将与专利术语层次关系识别联合，实现不同视角的面向专利知识服务的应用研究，将在本书第六章进行论述。本章研究实现了领域术语非层次关系的自动化识别，研究的思想和方法路径，不仅适用于 I&SM 领域，同样适用于其他领域的专利文献；亦可在本书所定义的关系基础上，增添更多的术语间语义关系标签，因此本章研究具有可移植性、可扩展性的特点。

第 六 章

面向知识服务的领域专利
本体应用研究

前几章的研究已成功抽取了以 I&SM 领域为例的专利术语，以及术语之间的语义关系，包括术语间的层次关系和非层次关系，意味着一定规模、较为完整的专利知识库的形成。本章重点讨论领域面向知识服务的领域专利本体应用研究，研究的目标基于以下两个方面：

其一，验证专利术语语义关系识别的有效性。目标清晰的应用是验证语义关系识别的最佳方法，面向专利知识服务的应用，根本依据是术语间语义关系的结构有序性以及内容准确性。通过设计相应的应用模型和实例分析，亦可发现语义关系识别阶段存在的不足之处，以便改进。

其二，充分挖掘专利语义关系识别的应用场景。专利术语语义关系识别的价值不仅在于将无序的、散落的专利知识结构化，更在于将很多隐含在海量专利文献中的潜在知识发掘出来。然而，这所有的优势必然需要通过多方位的知识服务应用才能得到体现。因此，本章研究的另一个重要目标，就是要充分挖掘识别成果的应用场景，为后续研究提供参考。

所以，本章探讨并设计基于语义关系识别的三类应用，分别是专利语义检索方面的应用、专利预警方面的应用、专利知识发现方面的应用。在具体阐述各类型应用之前，需要作两方面的交代，一方面本章并没有专注探讨某一种类型的应用，而是探讨三种类型的应用，其目的正是在于充分挖掘语义识别的应用场景，突出本书语义关系识别的中心目的，也为后续研究打开思路；另一方面，本章所涉及的每一类型应用，都是内涵丰富、涉及面广的重要专利知识服务应用，在短短的一章中无法阐述详细，只是提供一个可行的应用思路、框架和模型，并结合本书的研究，设计特定的研究点，达到见微知著的效果。根据本书的识别成果设计了三种类型的应用，它们之间的关系如图 6-1 所示。

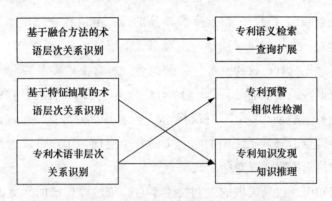

图 6-1 语义关系识别与知识服务应用之间的关系

语义关系识别三方面的研究既是目标统一的整体，又是各有特点、不断深入的独立研究，在最终面向业务的系统开发时，可将三方面研究通过去重、优化、融合，成为完整的系统，但是在本章的研究中，基本将三方面研究独立进行应用。从图 6-1 中的关系结构中可以了解到接下来的研究指向：第一节将应用在以查询扩展为中心的专利语义检索上；第二节将应用在以专利相似性检测为中心的专利预警上；第三节的研究将第四章第三节的研究应用在以知识推理为中心的专利知识发现上。

第一节 基于层次关系识别的专利语义检索

本节重点探讨基于聚类算法层次关系识别的专利语义检索，并将语义检索的落脚点放在查询扩展上。从专利语义检索的概述、专利语义检索的逻辑框架以及实例展示与分析三个层面进行探讨。

一 专利语义检索概述

1. 专利检索服务现状

以中文专利检索最为权威的平台——国家知识产权局专利检索系统①为例进行说明。中国国家知识产权局专利检索与分析系统共设有常规检索、高级检索、导航检索、药物检索、命令行检索等多个检索入口，其中高级检索设置了 17 个检索字段，分别是：申请号、公开号、发明名称、申请人、优先权号、摘要、说明书、申请日、公开日、IPC 分类号、发明人、优先权日、权利要求、关键词等。所有字段涉及专利文献两方面的元数据特征：申请号、公开号、IPC 分类等外部特征元数据；发明名称（标题）、摘要、说明书、权利要求等内容特征元数据。可以说，检索字段详尽覆盖了检索系统中的专利文献各个层面，用户可以通过多种形式、多种检索策略获取专利文献。

国家知识产权局提供的专利检索平台，依然以传统的元数据检索为基础，在此基础上亦设置专利分析平台，也是在元数据的统计层面提供一定的聚合、分析功能。传统的检索方式，在满足基本专利检索需求之外，面对国家科技快速发展、专利知识挖掘需求紧迫的大趋势下，有着很大的待提升、改造空间。以国家知识产权局专利检索平台为例的现有主流专利检索服务，存在两方面的不足之处。

（1）从检索系统的角度。现有主流的专利检索系统从专利文献标引元数据的外部特征看基本满足需求，其主要问题在于对内容特征进行标引的元数据格式主要是以词汇为基础，在用户输入检索命令时，以字面匹配的方式反馈给用户结果，难以触及专利知识单元，更无法展现专利知识之间的语义关联，当然也无法提供专利之间的知识推理。因此，用户通过系统只能获取到基于字面含义的专利文献，难以获取潜在的相关文献。

（2）从用户的角度。对于用户来说，不管是普通用户还是专利审查人员，在领域知识上都是有限的，很难掌握充分的领域知识，对自己真

① SIPO 检索及分析入口（http：//www. pss-system. gov. cn/）。

实的检索需求亦难以准确表达。所以设计有效的检索策略以及检索式从根本上来说是困难的。可以说，问题的解决不在于提升用户的知识水准，而在于提升系统的智能性。

针对以上两方面，自然引申出专利语义检索的研究需求。从检索的基本内涵来看，语义检索的研究主要涉及两个方面，一方面是专利检索文献的标引语义化；另一方面是用户检索请求的语义化。前者旨在深入专利文献的知识单元进行标引；后者则主要通过查询扩展的方式提升检索效率，后者是本节研究的重点。

2. 专利语义检索与查询扩展的内涵

专利语义检索是语义检索的子概念，而语义检索并没有准确、统一的定义。但是，基本上可以归纳为：对信息资源进行相应的处理、再组织，赋之一定的语义成分；根据对用户的理解提出的检索式，进行相应的扩展，使之具有一定的语义成分；在匹配的过程中，赋予匹配过程一定的语义能力，即可通过推理机制，引导用户的查询与反馈。通过简单的归纳，可以对专利语义检索进行相应的界定，即通过对专利文献进行再组织使之具有语义的特性，并对用户的查询以及匹配的过程进行语义扩展，使得查询及匹配过程具有一定的智能性，从而提高检索的准确率与覆盖率，同时降低用户的专利检索成本。

从近期的研究来看，专利语义检索的具体指向就是采用本体学习技术对专利资源、用户查询以及匹配过程进行智能化改进。因此，真正的专利语义检索，就是基于本体的语义检索，也是研究的热点领域①②③。客观来说，近几年有关汉语专利语义检索的研究并不充足，文献数量较少，笔者认为这与专利文献的语义化／本体化的规模性以

---

① 吴红、李玉平、胡泽文：《基于领域本体的专利信息检索系统研究与实现》，《现代图书情报技术》2010年第6期。许鑫、谷俊、袁丰平等：《面向专利本体的语义检索分析系统的设计与实现》，《图书情报工作》2014年第58卷第9期。

② 张杰、张海超、翟东升等：《基于领域本体的专利信息检索研究》，《情报科学》2014年第10期。

③ 支丽平、张珊靓：《基于专利本体的语义检索研究》，《图书馆学研究》2014年第7期。

及准确性紧密相关，专利语义检索的研究及至应用的瓶颈在于专利本体的有效构建。

专利语义检索涉及专利资源、专利用户以及匹配过程三个方面，而查询扩展即是这三者中面向专利用户的部分。查询扩展本质上是对用户检索行为的优化。因此专利查询扩展的概念可描述为：专利查询扩展是在用户原专利检索词的基础上，通过一定的方法和策略，把与原查询词相关的查询组、词组添加到原查询中，组成新的能够更加准确表达用户意图的检索词序列，然后用新查询对专利文档进行再检索，从而提高专利查询的查全率和查准率。

专利查询扩展有三种主要途径。

（1）通过分析首次查询的结果文档，找到与查询目标相关的查询词，组织再查询。典型的技术为伪相关反馈①。

（2）依据用户的检索习惯，从系统日志中挖掘相关检索词，并将之添加到用户的检索式中，进行查询扩展。这种技术被称为基于用户信息的查询扩展。

（3）通过词或者词的相关性信息源，获取新词，进而优化检索式，进行查询扩展。这里所指的词或词的相关性信息源，最为经典的就是专利术语的知识本体。专利知识本体中蕴含着丰富的术语以及术语间的语义关系，是进行查询词扩展的有效来源。

笔者认为，以专利本体（包括专利知识图谱）为基础的专利查询扩展必然是未来研究和大规模应用的趋势，也是本节研究的选择。

二 专利语义检索的逻辑框架

专利语义检索是一个基于语义支持的复杂系统，分为专利文献的语义组织、用户查询的语义拓展以及逻辑匹配三个子系统。以本书所探讨的专利术语层次关系识别研究为背景，构建专利语义检索的逻辑框架，如图 6-2 所示。

---

① 张兰芳、年梅、李芳：《信息查询扩展发展研究》，《计算机时代》2015 年第 11 期。

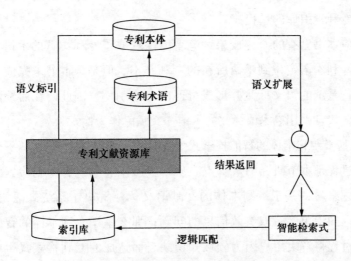

图 6 – 2　专利语义检索的逻辑框架模型

图 6 – 2 展示了专利语义检索的逻辑框架，在这个简洁的逻辑框架图中，包含了信息检索所必须具备的文献组织、用户查询、逻辑匹配三个组成部分。接下来笔者从本书研究的视角对图 6 – 2 的模型中所蕴含的三个部分进行阐述。

1. 基于专利文献的本体生成过程

这是本书第四章重点论述的内容，分为两个步骤。

（1）对以文本形式存储的专利文献进行术语的抽取，术语的抽取意味着对文献的组织有了质的变化，术语是专利文献最小的知识单元，因此，以术语来表示文本，改变了原先单纯以词汇来表示文本的状态；

（2）对术语进行语义关系的识别，在本书第四章中只对上下位关系进行识别，从而构建了仅含有上下位关系的专利本体。这里的专利本体在整个专利语义检索中至关重要，它不仅是针对专利文献资源库进行语义标引的依据，也是对用户检索进行语义扩展的依据。

2. 基于专利本体的文献资源语义标注过程

这一过程的中心目标在于对原始的以纯文本形式存储的海量专利文献的再组织，称为专利文献资源的语义标注。语义标注不仅是用专利本体中的术语/概念对专利文献进行标注的过程，同时也是将本体中蕴含的语义信息引入文献的标注，以形成以术语为基础、以术语间语义关系为联结的专利索引库的过程。

对应本书已有的研究成果，笔者已经获取了专利文献的术语，并可以通过专利术语定位到术语所在的专利文本。但是，本书未完成对专利文献进行系统的语义标注并形成可匹配的索引库。因此，在后续的实例分析中，权且采用以术语标注的术语—文献库作为检索源。

3. 基于专利本体的智能检索式生成过程

该过程是本节研究的落脚点。从本节所阐述的现有专利检索的两个方面问题来看，基于专利本体的文献语义标注解决了系统缺乏语义性，难以深入知识单元获取有效信息的问题；那么基于专利本体的智能检索式生成过程将解决用户因为领域知识缺乏而造成的专利检索式生成不能满足检索需求的问题。智能检索式是一个简化的表达，其含义是用户通过使用专利本体的语义扩展功能，反复调整检索式，从而生成包含语义信息，能够充分获取有效信息的检索式。

以本书第四章的研究成果为依据，生成智能检索式是通过利用专利本体基本的层次结构关系，进行查询词的扩展。可以分为两个方向：第一个方向是利用查询词的"父类"对查询词进行扩展，从而可以获取比原查询概念更为宽泛的专利文献；第二个方向正好相反，即利用查询词的"子类"对查询词进行扩展，其目的在于缩小查询的概念范围，从而获得比原结果更加精准的专利文献。

基于第四章生成的专利知识层次结构进行查询扩展，是一个循环反馈的过程，其模型如图6-3所示。

图6-3中的专利本体即是本书第四章生成的仅含有层次关系的专利知识库。从模型图中可以看出，基于术语层次关系识别的查询扩展主要分为两个部分，左边的部分即是查询的发起，用户将需求表达成最初的检索式，然后获取初始文献集，用户对文献集的效果进行分析；右边是用户在初次查询之后，基于专利本体中的术语间层次关系，对查询词进行扩充或者修正，生成新的检索式，再次进行查询，并对获取的结果进行评估，循环往复直到用户获得满意的结果。

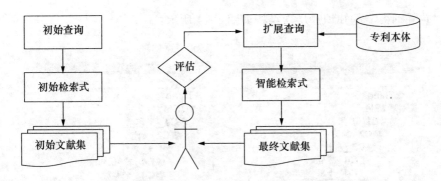

图 6 - 3　基于术语层次关系识别的专利查询扩展模型

三　查询扩展实例分析

本小节以本书第四章生成的仅含有层次关系的专利知识结构，利用术语间明晰的上下位关系进行查询扩展的实例分析。从"工艺"大类中选择一个实例进行分析。

检索需求：获取与"热轧钢板"相关的专利文献

初始查询检索词：热轧钢板

检索范围：专利标题

获取文献条目：10

1 CN101155935 热浸镀热轧钢板的制造方法

2 CN101186960 利用炉卷轧机生产耐磨热轧钢板的方法及其制得的钢板

3 CN101445858 焊接气瓶用热轧钢板夹杂物处理方法

4 CN101568655 高碳热轧钢板及其制造方法

5 CN101755062A 高强度热轧钢板的制造方法

6 CN101824525A 一种热轧钢板生产方法

7 CN1257933 具有超细晶粒的加工用热轧钢板及其制造方法

8 CN1450180 一种可改善热轧钢板冷加工性能的方法

9 CN1514883 耐粘模性和耐疲劳特性优良的高张力热轧钢板及其制造方法

10 CN1851008 一种微合金超细晶粒热轧钢板的制备方法

使用专利本体对"热轧钢板"进行扩展，在所生成的专利本体中，

"热轧钢板"的知识簇层次结构如图6-4所示：

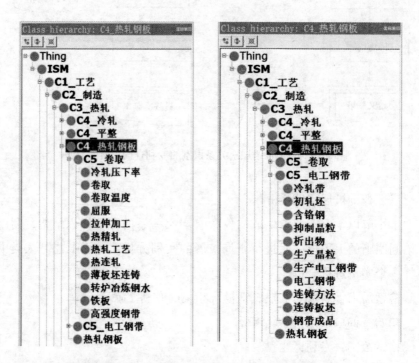

图6-4 "热轧钢板"在本体结构中的上下位术语

图6-4展示了"热轧钢带"的两个直接下位类所包含的知识簇，左边展示了"卷取"的知识簇，右边展示了"电工钢带"的知识簇。同时也显示了"热轧钢板"的直接上位术语是热轧。左边的图中，"卷取""卷取温度""屈服""拉伸加工""热精轧""热连轧""薄板坯连铸"等均是在阐释"热轧钢板"的制造工艺。它们是在专利文献的摘要中出现的术语，是对"热轧钢板"的详细解释，如"卷取"就是一种产品成型的操作，将钢材由平直卷成钢卷；右边的图中，大多涉及的内容是关于"钢带"的，也有一些是"热轧钢板"的摘要术语，"钢带"的相关术语出现在"热轧钢板"的下位类中，原因是"钢带"实际上也是一种"钢板"，当然从形式上来看，"钢板"多为平直，"钢带"为卷，然而在与"热轧钢板"相关的专利中，也会出现一些薄的"卷取"之后的钢板，是为"钢带"。

在进行查询扩展的操作中，存在两个方向的扩展：一是以下位类进行扩展；二是以上位类进行扩展。

1. 下位类扩展

扩展检索词：热连轧、电工钢带

检索范围：专利标题

增加条目：4

1 CN1477214 一种建筑用低屈强比耐火热连轧带钢的制造方法

2 CN101065503 具有 TWIP 性能的高强度钢带或薄钢板以及通过钢带连铸制备它的方法（注：涉及热轧）

3 CN1131198 带卷内磁性能均一的无方向性电工钢带的制造方法（注：涉及热轧）

4 CN1461352 在生产晶粒取向电工钢带中控制抑止剂分布的方法

2. 上位类扩展

扩展检索词：热轧

检索范围：专利标题

增加条目：6

1 CN101603119 用热轧卷板制造高强度高韧性钢板的方法

2 CN101348843 一种生产汽车大梁用热轧钢带的方法

3 CN1177985 各向异性低的铬—镍基热轧不锈钢薄板及其生产方法

4 CN1688725 很高强度和低密度热轧薄钢板及其制造方法

5 CN1742103 生产超高强度冷轧和热轧薄钢板的方法及由此获得的薄板（注：同时涉及冷轧）

6 CN1809646 具有良好的形状可固定性的高强度热轧薄钢板及其生产方法

对以上过程进行简单评述。

（1）以上过程展示了如何使用专利知识层次结构进行查询扩展的过程，在实际的语义检索系统中，则可将以上过程转换为扩展词提示菜单，以供用户选择。

（2）在以上的查询扩展分析中，基本上验证了所生成的专利知识结构的有效性，通过查询扩展，检索的效果有所提升。可以发现采用下位类扩展时，下位术语概念变窄，术语往往只出现在摘要中，因此若将检索范围扩大到摘要，将获得更多有效文献。

（3）利用知识结构本体进行查询扩展的意义不仅在于提高了查询的效果，也在于给予用户一定的知识启发，如用户的初始目标是检索与"热轧钢板"相关的文献，而本体结构提示与之相关的概念有"钢带"，甚至"热轧"往往与"冷轧"出现在一起，这无疑带给用户一定的启发，促使其更加清晰地了解自己真实的检索需求，或者激发其对其他相关专利的兴趣，这一效果是传统检索系统无法带来的。

第二节　基于非层次关系识别的专利预警

本节重点探讨以专利术语非层次关系识别结果作为基础的专利预警应用。本节将研究的落脚点放在专利相似性检测上，与传统相似性检测不同之处在于：1）利用术语非层次关系成果进行专利相似度的计算与判断；2）将相似度判别的结果以可视化的方式呈现出来。从专利预警概述、专利预警中专利相似性检测的逻辑框架设计以及专利相似性判别实例分析三个方面进行论述。

一　专利预警概述

专利预警是一个管理上的概念，在企业发展甚至国家经济安全上具有相当重要的时代地位。专利预警涉及诸多技术上的考量，其中最为基本的当属专利权利的保护，从操作层面上来说，就是保护专利不被其他单位剽窃，同时也防止专利与其他已有专利雷同，避免法律上的纠纷，因此专利的相似性检测就成了最为基础的技术。

1. 专利预警

专利预警就是通过收集、整理、分析判断与自身主要产品相关的专利、市场等信息，对组织外部的各种专利威胁加以识别、分析和评价，了解其威胁程度和可能导致的危害，向决策层发出警报以维护自身利益与安全。从操作上来讲①，包括专利相关信息收集，数据的整理与归纳，预警信息分析以及判断和决策控制。

专利预警可分为以下几个类别②：专利威胁态势预警，主要是从宏观角度对国家、企业、科研机构等组织实体进行预警；技术发展趋势预警，主要是预测技术发展变化、新兴技术的产生，辅助组织制定技术发展战略；竞争对手态势预警，主要针对竞争对手以及潜在的竞争威胁提供预警，从而保证企业在激烈的竞争中提前做出预判；专利侵权纠纷预警，针对具体的产品、工艺或者专利，从技术特征覆盖率和相似度计算的角度预测存在的纠纷产生可能性，进行相应的规避或者应急。可以说，这四个层面从宏观到具体的某项专利技术，不断深入和细化，最终落脚在对每个专利的创新性把握上，通过相似性检测的方式呈现。

当然，从不同的层面建立专利预警机制是在顶层设计上构建国家专利安全网。从级别上来说分别有③：国家与地方政府制定的专利预警机制、行业产业专利预警机制、企业专利预警机制这些机制，从战略、数据及技术平台、具体的信息收集分析三个层面，层层递进，是一项涉及政策、法规、人才、资金投入的整体性工程。

2. 专利相似性检测

在所有的专利预警研究中，专利相似性检测研究是最为基础的，也是研究展开较为充分的部分。专利相似性检测是专利预警分析过程中的重要环节，通常情况下是人工完成的，可想而知，这是一项复杂且费力的过程。在专利文献量激增、专利预警需求不断增大的背景下，进行自动化或者半自动化的专利相似性检测，是可行且十分必要的工作。如同论文查重系统一样，专利相似性检测也必然走向产业化。

---

① 王日芬、刘卫江、邱玉婷：《专利预警信息分析系统的体系架构设计》，《情报理论与实践》2014 年第 37 卷第 6 期。

② 王玉婷：《面向不同警情的专利预警方法综述》，《情报理论与实践》2013 年第 36 卷第 9 期。

③ 贺德方：《中国专利预警机制建设实践研究》，《中国科技论坛》2013 年第 1 卷第 5 期。

　　王曰芬教授总结了 6 种专利相似性计算方法[①]，分别是基于向量空间模型的方法、基于潜在语义分析的方法、基于语义字典的方法、基于词形词序的方法、基于依存树的方法、基于属性论的方法。在此之外，近年来也有一些其他专利相似性检测方法的研究成果，如杨宏章[②]提出了针对专利检索的综合利用专利文本结构化特征进行专利相似度计算方法；王秀红等[③]提出利用专利文献的结构树模型进行专利相似度计算的方法，其实质是将专利文本结构更加细致地组织成结构树模型；金健[④]提出基于三元组特征和词向量技术进行专利相似性检测；张杰等[⑤]提出基于 SAO（subject-action-object）结构的汉语专利相似度算法识别，杜玉峰等[⑥]也提出了相似的研究。

　　综合现有的专利相似性检测或计算的方法可以发现，研究大体可以分为 3 个方向：一种是采用较为传统的，在文本分析中较为普适的诸如向量空间、潜在语义分析等方法；另一种是试图将专利文献当作一个语义的整体，将所有的专利题录项——包括标题、摘要、全文等，糅合在一个统一的模型中，综合地设计相似度计算的算法；最后一种也是目前较流行的方法，是基于 SAO 结构进行的专利相似度计算方法，该方法从原理上来说，并不是全新的方法，所谓的 SAO 结构就是通常所说的实体三元组模型 NNV（名词—动词—名词）。在专利权利要求中，存在大量的类似这种结构的表达模式，例如，"电弧炉生产钢"——"电弧炉"对应 S，"生产"对应 A，"钢"对应 O。基于 SAO 的相似度计算方法，对专利

---

　　① 王曰芬、谢寿峰、邱玉婷：《面向预警的专利文献相似度研究的意义及现状》，《情报理论与实践》2014 年第 37 卷第 7 期。

　　② 杨宏章、付静：《利用专利文本结构化特征构建专利信息智能语义检索系统的方法》，《情报理论与实践》2015 年第 38 卷第 4 期。

　　③ 王秀红、袁艳、赵志程等：《专利文献的结构树模型及其在相似度计算中的应用》，《情报理论与实践》2015 年第 38 卷第 3 期。

　　④ 金健、朱玉全、陈耿：《基于三元组特征和词向量技术的汉语专利侵权检测研究》，《计算机应用研究》2017 年第 10 期。

　　⑤ 张杰、孙宁宁、张海超等：《基于 SAO 结构的汉语相似专利识别算法及其应用》，《情报学报》2016 年第 35 卷第 5 期。

　　⑥ 杜玉锋、季铎、姜利雪等：《基于 SAO 的专利结构化相似度计算方法》，《汉语信息学报》2016 年第 30 卷第 1 期。

权利要求来说具有一定的针对性。

二　专利相似性检测的逻辑框架

本节以专利相似性检测为基础来探讨专利预警。从前文的总结来看，专利相似度计算的方法多种多样，本书无意探究哪种方法更好，而是尝试利用已有的研究结果，进行专利相似性检测或计算的应用研究。因此，本节基于术语非层次关系识别的专利术语相似性检测，最大的特点在于以术语图谱作为基础，将检测结果可视化呈现。其逻辑模型如图 6 – 5 所示。

在图 6 – 5 所展示的逻辑框架中，有 3 个需要交代的组成部分，分别是待检测文档的术语抽取、文档匹配与相似度计算以及结果可视化呈现过程，本节对这 3 个组成部分分别进行阐述。

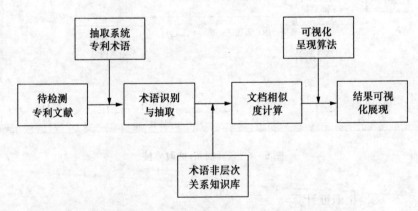

图 6 – 5　基于术语非层次关系识别的专利相似性检测逻辑框架

1. 待检测文档的术语抽取

专利相似性检测是待检测专利文献与库内文献的匹配过程，匹配的结果即是相似度高于一定阈值的专利文档集合。从专利预警的角度来看，待检测专利文档可能是一篇本单位即将申请的专利文稿或者一篇具有侵权嫌疑的专利文献抑或是待审批的专利说明书等。对待检测专利文档进行相似性检测的首要工作就是进行文档的术语抽取，抽取的结果是一张标明了术语名称、在文档中的位置以及术语间关系的存储表。其中最为关键的是，术语抽取系统已由课题组在术语抽取研究阶段研制完成，如图6－6所示。由该系统完成术语的抽取，并将结果保存在后台的存储表中，记为表X。

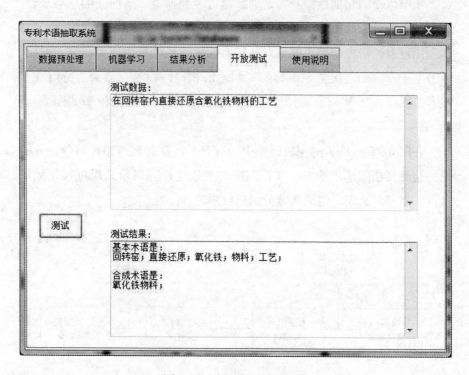

图6－6　专利术语抽取系统

2. 文档相似度计算

术语相似度计算主要分成两个步骤。以一篇待检测文献为例，首先需要从海量专利文献中筛选出一定数量的可疑文献；其次才是该文献与可疑文献集合进行精确匹配计算。

（1）可疑文献集获取

首先要从海量专利文献集中筛选出一定数量的可疑文献，这个过程是将精确匹配的文献范围缩小到可接受的范围（50篇左右），降低计算的复杂度，同时确定待检测文献所属主题类别。该过程可由基于SVM模型的计算算法快速完成。

（2）精确匹配过程

精确匹配，即将待检测文献与获取的可疑文献集进行一一配对并计算相似度，从而获得待检测文献与每个可疑文献的相似度值。本节研究的精确匹配相似度计算算法，基于三方面原则：第一，以术语作为相似度计算的基础，以相同术语的个数作为相似性的度量依据；第二，在具体的计算公式中需考虑术语的位置信息，在本书的研究中，只针对专利标题和摘要（后续研究可扩展），设置不同的阈值，该阈值在本书第四章第一节已完成计算；第三，在具体的计算公式中需考虑术语的语义性，即针对不同的术语宽泛程度设定不同的阈值，如术语"温度"的阈值，比术语"不锈钢时效温度"的阈值低，如此便保证了新术语在计算过程中被赋予更高的阈值。针对以上三条原则，两篇专利文档的相似度计算公式如下：

$$s = \frac{\sum\limits_{j=1}^{n} n_i \lambda_i \frac{1}{a_i} + \sum\limits_{j=1}^{m} m_j \lambda_a \frac{1}{\beta_j}}{(\sum\limits_{i=1}^{N} N_i \lambda_i \frac{1}{a_i} + \sum\limits_{j=1}^{M} M_j \lambda_a \frac{1}{\beta_j})/2} \qquad (6-1)$$

式（6-1）中，N 是两篇文档中标题术语（核心术语）的个数，M 是摘要术语（边缘术语）的个数，n 是两篇文档相同的核心术语个数，m 是相同的边缘术语个数，λ_i 是核心术语的位置权重，λ_a 是边缘术语的位置权重，a_i 是术语 i 的出入度之和（参见第五章第三节），β_j 是术语 j 的出入度之和。式（6-1）看似复杂，实则简单，是糅合了相似度计算3条原则的结果。

3. 结果可视化呈现

将相似性检测结果可视化呈现是本节研究的最重要特色之处。笔者期待在专利相似性检测的系统中，用户可以直观地看到检测结果，可视化呈现分为两个部分：其一是待检测文档与库内文档的术语关系图谱，类似于本书第五章第四节所研究的内容，只是不再是单一文档的呈现，而是两篇文档的交叉展现；其二是待检测文档与库内文档的相似度数值。在结果的展示过程中，系统可以提供与待检测文档相似的多篇文档，并对文档进行排序，用户可以依据排序点击序号，即可呈现术语可视化图谱。

三　专利相似性检测实例分析

本小节以库内两篇专利文档为例，进行基于术语非层次关系识别的专利相似性检测实例分析。案例展示和分析的重点，在于相似度计算以及结果的可视化呈现，因此前文所讨论的术语抽取、可疑文献筛选等过程则不再陈述。

所选择的两篇专利文档，分别是来自专利文献库的 52 号文献和 53 号文献，需要申明的是两篇文档虽然非常相似，但是同属同一专利权人的专利，不构成侵权行为。本书以之为例，仅为进行相似性检测的实例分析。列举如下：

编号：CN101020937

标题：直接还原铁的生产新工艺

摘要：本发明涉及有关直接还原铁生产工艺的技术领域。本发明采用如下新工艺生产直接还原铁：（1）首先进行原料处理将精矿粉用压块设备压制成密度为：2.5—5.0g/cm³ 的压块；（2）将上述制成的精矿粉压块装入还原坩锅内，同时按照如下重量份数比：精矿粉 8—12、脱氧剂 2—4、脱硫剂 0.5—1.5，在坩锅内加入脱氧剂和脱硫剂，然后将坩锅整齐的排放在载车上，通过运转车将将载车平推入还原炉内，在还原炉内经过预热，还原，冷却的三个过程，然后出炉生产出达到国际合格标准的优质直接还原铁，其密度可达到：2.5—4.0g/cm³。本发明具有产量大、能耗低、产品密度大质量好等优点。

编号：CN101020938

标题：直接还原铁的生产新技术

摘要：本发明涉及有关直接还原铁生产工艺的技术领域。本发明采用如下新工艺生产直接还原铁：（1）将首先进行原料处理将湿润的精矿粉烘干，使其含水量小于 3%；（2）将上述烘干的精矿粉压块装入还原坩锅内，同时按照如下重量份数比：精矿粉 8—12、脱氧剂 2—4、脱硫剂 0.5—1.5，在坩锅内加入脱氧剂和脱硫剂，然后将坩锅整齐的排放在载车上，通过运转车将将载车平推入还原炉内，在还原炉内经过预热，还原，冷却，出炉等生产过程；（3）将上述生产出的直接还原铁破碎，进行干磁选，然后对直接还原铁进行压块，使其压块的直接还原铁产品的密度达到：3.8—5.2g/cm3。本发明可使用较低品位的原料精矿粉就能生产出密度大、质量高的能达到国际合格标准的直接还原铁。

表面上两篇专利文献较为雷同，然而具体工艺仍存在一定差异，体现在用下划线标记的（1）和（3）部分文字，且最终产品的参数也不相同。笔者在此不再列举两篇文档所抽取出的专利术语。依据式（6-1）对二者的相似度进行计算：两篇文档共有4个核心术语，其中有2个是相同的；共有26个边缘术语，其中相同术语有15个，得出两篇文档相似度为65.1%。可以发现，该值与想象中的有一定差异，两篇文档的相似度并不高。分析可以发现，相同的术语大多是宽泛术语，因此权值较低；而不同的术语，如"压块设备压制""直接还原铁破碎""磁选""原料精矿粉"专指度高，权值较高，综合导致差异性增大。从实际内容上分析，不同术语，均涉及处理工艺的差异，因此该相似度值符合真实情况。还有一些术语，如"烘干"在术语抽取阶段未识别，若提高术语抽取准确率，相似度计算则更为精确。其文档图谱展示如图6-7所示。

图6-7展示了文档术语图谱的匹配样式，从直观上来看，二者共用的术语的确比较多；但是细致分析图谱，可以发现，共用术语多为宽泛术语，术语的度较大，而非共用术语多为专门术语，术语的度较小。这样的呈现也符合计算出的相似度值。如此，便验证了基于术语非层次关系识别的专利相似性检测的可行性和有效性，而且将相似度计算与图谱可视化结合起来的模式，较为直观、新颖，值得进一步探索和应用。

从研究的完整性上来说，本节仅以一例展示了专利相似性检测的逻辑过程，随着研究的深入，完全可以从整体上搭建规模化术语相似度检测系统，实现图6-5的逻辑模型，并投入产业化。专利相似性检测是专利预警的技术基础，实现了规模化专利相似性检测系统的开发，将为专利预警打下牢固基础。

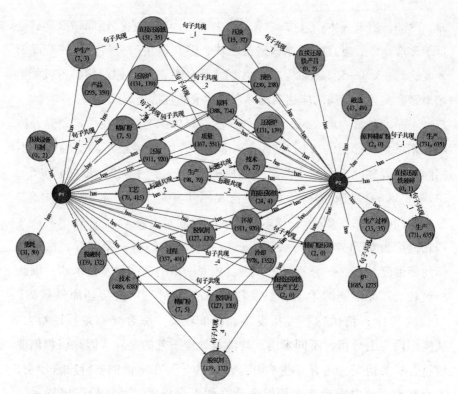

图6-7 专利相似度计算结果——专利文档术语图谱匹配

第三节 基于语义关系识别的专利知识发现

本节重点探讨基于语义关系识别的专利知识发现，首先语义关系在本书中的范畴就是领域专利术语的层次关系以及非层次关系，在本节的探讨中笔者试图将两部分研究成果进行一定的融合，这种融合不是底层知识库层面的，而是应用层面的；其次，知识发现本身是一项形式多样的复杂工作，尚没有统一的定义，尤其在专利研究领域，这项工作有较大的发展空间，本节尝试将术语语义识别的成果应用到专利知识发现的探索中，选择的落脚点就是知识推理部分，从用户逻辑、系统的设计逻辑两个方面进行初步的探讨。

一　专利知识发现概述

首先从知识发现的经典案例引介，谈及本节研究所倾向的知识发现内涵；其次，对专利领域的知识发现工作稍作介绍；最后，归纳以上两部分带给本节研究的启发。

1. 经典案例引介

1986 年芝加哥大学 Swanson 教授提出的基于非相关文献的知识发现[1][2]在逻辑上应该关联，但是在实际的研究中却没有被发现的科学问题。Swanson 教授所进行的知识发现基本逻辑如下：有 25 篇生物学文献论及鱼油（Fish Oil）引起血液和血小管方面的改变，如降低血黏度和血小板凝集度，引起血管舒张；另有 34 篇文献论及雷诺氏病患者（Raynaud Disease）存在血液和血管方面的变化，如血黏度和血小板凝集度升高，血管收缩，由此做出推论：鱼油可能对雷诺氏病患者具有疗效。在 Swanson 进行这项推论研究之前，没有任何医学文献谈及鱼油对雷诺氏病的疗效，甚至很少有文献将二者联系起来；此后，这项发现在临床上得到证明。Swanson 进行的这项知识发现工作，被称为基于非相关文献的知识发现，是研究者基于大量的文献统计以及丰富的专业知识，进行的创造性工作。在此之后，Swanson 教授本人也继续对这项研究进行拓展，而且后来很多学者对 Swanson 的工作进行了重现和改进[3][4]，使之成为知识发现领域极为经典的案例，对此笔者不再赘述。Swanson 因为在知识发现领域的突出贡献，获得 2000 年美国信息科学与技术学会（ASIST）最高奖项。

---

[1]　Swanson D. R. , " Fish oil, Raynaud´s syndrome, and undiscovered public knowledge ", *Perspectives in Biology & Medicine*, Vol. 30, No. 1, 1986.

[2]　Swanson D. R. , "Two medical literatures that are logically but not bibliographically connected", *Journal of the American Society for Information Science*, Vol. 38, No. 4, 1978.

[3]　Weeber M. , Klein H. and Vos R. , " Using concepts in literature-based discovery: simulating Swanson's Raynaud-fish oil and migraine-magnesium discoveries", *Journal of the American Society for Information Science & Technology*, Vol. 52, No. 7, 2014.

[4]　周峰、林鸿飞、杨志豪：《基于语义资源的生物医学文献知识发现》，《情报学报》2012 年第 31 卷第 3 期。

笔者将这项工作形式化，以发掘其可能给本节研究带来的启发，如图 6-8 所示。文献集 CL 与文献集 AL 论述不同的内容，但是使二者关联起来的是现象 B，从而做出合理推论：A 可能对 C 有影响，并最终得到验证。因此，经典的"鱼油—治疗—雷诺氏疾病"知识发现又被称为 ABC 知识发现模型。笔者对这一经典模型进行简单提炼，可归纳为四个方面：

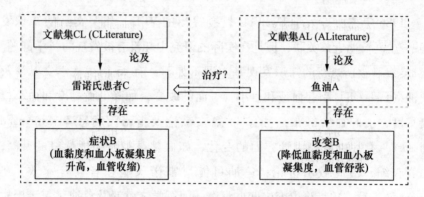

图 6-8 Swanson 教授知识发现过程分析

1）存在表面上看似无关，但是逻辑上可能存在关联的对象 A 和 C；

（2）寻找 A 和 C 共有的、能够将二者联系起来的现象 B；

（3）通过 B 推理 A 和 C 可能存在的合理逻辑关联；

（4）对推理的结果进行验证。

可以说，这是 ABC 模型的逻辑基础，通过中间现象的桥接，使得原本看似无关的对象关联起来，并且从中发现原先没有意识到的新知识。笔者尝试将这一逻辑过程应用到专利文献的知识发现研究中来，具体的阐述将在下文进行。

2. 专利知识发现

传统的专利知识挖掘，一般被称为专利挖掘，采用的方法多种多样，主要可以分为四个类别：基于专利题录信息的专利挖掘[1]、基于专利引文

---

① 包昌火、谢新洲：《竞争对手分析》，华夏出版社 2003 年版，第 1—631 页。

分析的专利挖掘①、基于专利文本挖掘的专利技术主题分析②以及基于专利本体构建的专利情报知识挖掘③。

（1）基于专利题录信息的专利挖掘

专利题录信息指的是专利说明书或者公报中的专利申请人、公开日期、IPC 分类号等元数据信息，采用基于文献计量学的方法，对题录信息进行统计上的分析，以获取专利申请人、申请机构、国别、时间序列等方面的全局信息，从而发现其中的趋势以及可能隐含的情报信息，做出相关预测。

（2）基于专利引文分析的专利挖掘

专利引文分析一般以专利引文数据库作为信息源，对专利引文的数量和相关指标信息进行分析。引文代表了影响力，被引次数越多的专利影响力越大，因此通过专利研究可以分析专利引用量、引文图谱、核心技术以及创新技术预测。

（3）专利文本挖掘

专利文本挖掘，以专利文本为基础，涉及专利题名、摘要、权利要求以及全文等内容信息，采用自然语言处理方法，对专利文献进行处理，并采用聚类、主题模型、关联规则等方式，获取专利文献中主题、模式等信息。

（4）基于本体的专利知识挖掘

基于本体的专利知识挖掘是在专利文本挖掘的基础上，进一步深入挖掘专利文献中隐含的语义信息，利用专利本体的方式构建专利题录甚至专利术语之间的本体关系，并以此为基础进行相关分析，以获取专利文献中隐含的情报信息。

此类研究为专利知识的获取奠定了一定的基础，也开拓了广阔的发

---

① 陈海英、文禹衡：《Innography、WIPS 和 Patentics 专利引文分析比较研究》，《图书情报工作》2015 年第 18 期。

② 胡阿沛、张静、雷孝平等：《基于文本挖掘的专利技术主题分析研究综述》，《情报杂志》2013 年第 12 期。

③ 陶然、李晓菲：《基于领域本体对专利情报知识挖掘的浅析》，《情报学报》2008 年第27 卷第 2 期。

展方向，使得专利知识挖掘全面覆盖了专利题录信息、专利引文信息以及专利文本内容信息等多个方向。同时可以发现一个明显的趋势：专利知识挖掘的前景在于针对专利文本隐含知识的挖掘，而这方面的研究有较大的提升空间。与以上分析相关的研究和本节论述的典型知识发现引介案例还是存在一定的差距，差距的焦点在于现有研究对专利文献中隐含的、深入的、内在关联的知识挖掘强度不够。仅有的针对汉语专利文献的以"专利知识发现"为主题的研究①②③④没有对传统专利知识挖掘进行延伸，不够深入、明确。

3. 现有研究的启发

（1）从知识发现的经典案例来看，Swanson 教授的 ABC 知识发现模型，具有逻辑清晰、可操作性强的特点，在自然语言处理技术不发达的时代，相关研究的人工耗费非常大，而如今自动化、智能化越来越发挥功用，ABC 模型完全可以以新的面貌，在专利知识发现领域发挥指导作用。

（2）从现有专利知识发现的研究来看，针对专利文本内容知识发现的研究严重缺乏，从专利文本内容出发，以知识推理为基础，能够提供有效、可应用的专利知识发现思路、模型以至于实例，将成为研究方向。

综上所述，针对专利文献内容信息的以知识推理为基础的专利知识发现研究，具有重要的价值和研究、应用前景。

二 专利知识发现的逻辑框架

本小节从三个方面具体阐述基于语义关系识别的专利知识发现的逻辑框架：研究的假设、落脚点以及作用探讨；专利知识发现的逻辑设计；

---

① 于海斌：《基于知识发现的专利检索系统分析与设计》，博士学位论文，东北林业大学，2012 年，第 17—52 页。

② 吕祥惠、仇宝艳、乔鸿：《基于本体的专利知识发现体系研究》，《计算机与信息技术》2008 年第 7 期。

③ 韦晓路、徐宽：《基于非相关发明专利文献的潜在知识关联分析研究述评》，《图书馆学研究》2015 年第 10 期。

④ 暴海龙、朱东华、李金林：《专利文献中的知识发现》，《预测》2003 年第 22 卷第 4 期。

专利知识发现的系统模型设计。

1. 几点说明

首先，本节探讨的基于术语语义关系识别的专利知识发现，基于两个最基本的假设。假设1：海量的专利文献中，存在着丰富的相关联但尚未被发现的知识；假设2：通过采用适当的方法可以辅助用户进行专利知识发现。从以上2个基本假设中，可以发现本书研究的专利知识发现是基于专利文本内容的，而且这种专利知识发现可以帮助用户更加便捷、深入地获取相关专利知识。用户所获取的专利知识，一方面可以帮助用户更加深入地了解该领域；另一方面也为用户期待的专利组合、创新，带来启发。

其次，本节研究的专利知识发现的基本落脚点是知识推理。与传统的基于题录信息、文本信息不同的是，本书研究更加关注专利文献中的潜藏知识，以专利的最小知识单元——术语，作为基石；另外，本书并不打算采用统计、聚类、关联规则等复杂的算法，而是在已经构建的术语层次关系以及术语非层次关系的基础上，进行知识之间的推理，可以说这种推理更多是用户通过图谱的浏览获取的。

最后，本节探讨的知识图谱是关于知识发现的应用，本书并不打算再次采用复杂的算法，将计算的结果呈现给用户，而是尝试给用户提供一种自己可以浏览、推理、联想、分析的系统。当然，本节重点放在该系统的内在逻辑性构建上，并提供适当的案例说明。因此，可以回到在术语非层次关系识别时所讨论的原则：本书的研究是以启发性为主，决策性为辅的。

2. 专利知识发现的逻辑设计

本节所探讨的专利知识发现是基于术语语义关系识别成果进行的。在本书的研究中术语语义关系识别分为三部分，这里指的是采用特征抽取的术语层次关系识别以及术语非层次关系识别。之所以采用这两部分的研究结论，基于这样的考虑：

一方面，基于特征抽取的术语层次关系识别，获得的术语间上下位关系，属于潜在语义关系的较多，也就是说，难以凭借字面的理解确认二者的关系，而是需要通过文献分析，甚至有的关系通过简单的文献分析都不能明了关系的根由，但是二者的确存在潜在的关系，这种潜在的关系本身就是用户事先未知的专利知识。

另一方面，术语非层次关系的识别结果，面对的是所有的专利术语，覆盖面远远广于层次关系的识别规模，同时基于邻近共现原则识别的术语间非层次关系，在语义上具有可解释性，例如，术语 A 和其他 N 个术语之间存在核心_边缘关系，其他 N 个术语往往是对术语 A 的解释和扩充。因此，笔者认为，将二者结合起来，便可辅助用户发现更多的专利知识。其示意图如图 6-9 所示。

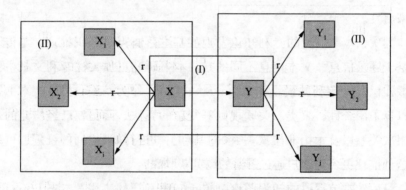

图6-9 专利知识发现基本逻辑示意

图 6-9 展示了本节研究的基于语义关系识别的专利知识发现基本逻辑示意图。外框图内有 3 个小框，分别标记 I 和 II，左边和右边为 II，是非层次关系识别的术语图谱，术语间的关系名称皆以 r 替代；中间 I 是基于特征抽取的术语层次关系结果，术语 X 是术语 Y 的上位术语。此图展示了专利知识发现的基本逻辑：从 I 出发，延伸到 II，通过推理发现可能的潜在知识。具体存在两种模式，解释如下：

（1）从已知知识到未知知识的推理模式

采用简单的形式化表达为：基于 I 的已知知识 + 基于 II 的术语图谱 → 推理出的未知知识（新知识）。其含义或者逻辑过程是：

→用户通过层次关系的本体发现了术语 X 和 Y 的上下位关系（I），该关系是用户明确的、可以理解且能够用一定背景知识进行阐释的；

→用户期望更加深入地了解该已知知识背后可能潜藏的未知知识；

→因此，用户借助其中一个术语 X 或 Y 的非层次关系术语图谱（Ⅱ），对 X 或 Y 进行扩展；

→用户通过将Ⅰ和Ⅱ联结起来之后，推理发现了新的知识，从而加深了对Ⅰ的理解，也获得了关于Ⅰ更多的知识，这是用户单纯浏览Ⅰ或者Ⅱ所无法获得的。

（2）从未知知识到未知知识的推理模式

采用简单的形式化表达为：基于Ⅰ的未知知识＋基于Ⅱ的术语图谱→推理出的未知知识（新知识）。其含义或者逻辑过程是：

→用户通过层次关系的本体发现了术语 X 和术语 Y 的上下位关系（Ⅰ），但是用户无法从字面上给予Ⅰ以合理的解释，用户对Ⅰ是未知的；

→用户期望了解Ⅰ存在的理由以及背后可能潜藏的知识；

→因此，用户借助其中一个术语 X 或者 Y 的非层次关系术语图谱（Ⅱ），对 X 或者 Y 进行扩展；

→用户通过将Ⅰ和Ⅱ联结起来之后，推理发现了新的知识，而这新的知识帮助用户解释了Ⅰ之所以存在的原因，视为获得了新的知识，即知识发现。

从逻辑上来说，以上两种模式存在一定的共性，即对于用户来说，都是采用同样的操作达到知识推理的目的，所不同的是用户事先对于知识的了解程度，其获取知识的意图决定了他所要采用的推理模式。

对以上的知识发现推理模式进行一定的总结，可以归纳出以下几点：其一，该知识发现推理过程，是由用户主导的，系统不负责决策，只负责提供推理的必备的软件；其二，用户在推理的过程中，或多或少需要使用到一定的背景知识，因此该知识发现模式，并非是完全自动化智能的，其作用就在于降低用户知识发现的成本，提供了可能进行知识推理的方法路径；其三，图 6－9 只是展示了一层推理，从理论上来说，推理的层次可以继续深入下去，用户可以继续对 X_i 或者 Y_j 进行扩展，当然在实际的系统设计中，需要考虑适当的推理层数。

将图 6－9 的知识发现推理模式与经典的 ABC 模型进行对照，图 6－9 的推理模式中所谓的 A 是术语层次关系的生成结果（对应图 6－9 中

I），C 是非层次关系的生成结果（对应图 6−9 中 II），B 就是将 I 和 II 联结起来的术语，可以是 X 也可以是 Y，是双向的。

3. 专利知识发现的系统模型设计

在本书的研究中，笔者可以采用人工的方式，将两个部分的自动化完成的识别结果联合起来，并且进行相应的呈现与阐述。但是，在实际的面向用户的系统中，必然需要提供给用户简单的人机交互界面，用户可以通过简单的指令，完成以上讨论的逻辑推理过程。因此，笔者根据图 6−9 所论述的模式，进行系统模型的设计。

图 6−10 展示了一个简易的专利知识发现系统模型设计图，基本概括了知识发现的推理过程所需要的程序。当然，此图只是一切基本工作完成且优化之后，用户可以直接使用的人机交互部分。在此之前所需要进行的工作有：从专利文本到专利术语的抽取过程，从专利术语到专利层次关系本体的构建过程，以及从专利术语到专利非层次关系本体/图谱的构建过程。

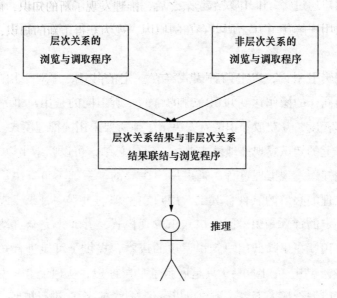

图 6−10　基于术语语义关系识别的专利知识发现系统模型设计

三　专利知识发现实例分析

从第四章第三节基于特征抽取的术语层次关系识别研究成果中，选择一对上下位关系术语进行实例分析。以模式1，即从已知知识→未知知识，作为分析样例。当然，由于笔者的I&SM领域专利知识有限，所选择的实例可能并非最优，仅为说明所论述的知识发现逻辑与过程。

步骤1，用户在术语层次关系本体中发现了"精炼炉→吸附夹杂物"这对上下位关系。假设对于用户来说该关系是明确的。其解释为：精炼炉是一种钢/铁的精炼设备，所冶炼的钢/铁纯度更高，因此涉及很多工艺，其中一项就是要在冶炼的过程中除掉原料中的夹杂物，"吸附夹杂物"是一个冶金用专业术语，因此二者形成了上下位关系。以上解释是用户已经知道的知识，称为已知知识。但是，用户期望了解关于该上下位关系的更多知识，如如何吸附夹杂物，需要哪些材料。这对于当前用户来说，是未知的，被称为未知知识。已知知识的本体可视化如图6-11所示。

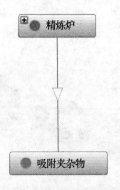

图6-11　用户所浏览的精炼炉与吸附夹杂物的上下位关系

步骤2，用户通过使用术语非层次关系的成果，对术语"吸附夹杂物"进行扩展，获取了与"吸附夹杂物"相关的术语图谱，如图6-12所示。

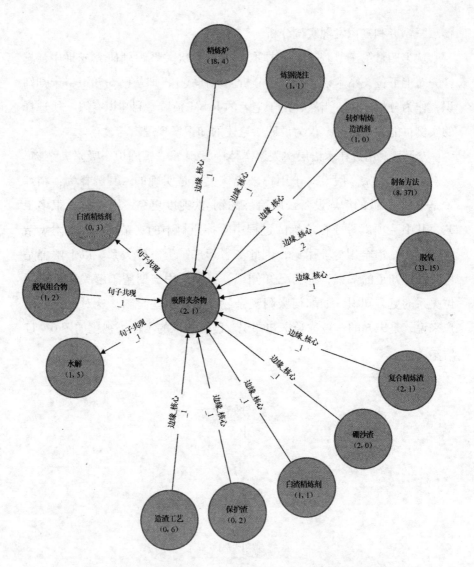

图 6 – 12 用户浏览的术语"吸附夹杂物"的非层次关系图谱

步骤 3，用户将层次关系的本体与非层次关系的图谱融合成一个统一的结果，进行展示和相关推理。

推理过程：用户获得融合图谱图 6 – 13 之后，凭借其已有的相关专利知识判断，在融合图谱中发现一些以"剂"为后缀的术语，如"白渣精炼剂""转炉精炼造渣剂"，以及一种"脱氧组合物"，它们均与"吸附夹杂物"有紧密的共现关系。用户推断这三种原料可能对"吸附夹杂物"有效，因此进一步推断在钢铁精炼工艺中需要吸附夹杂物，而"白渣精炼剂""转炉精炼造渣剂""脱氧组合物"是必备的有效原料。

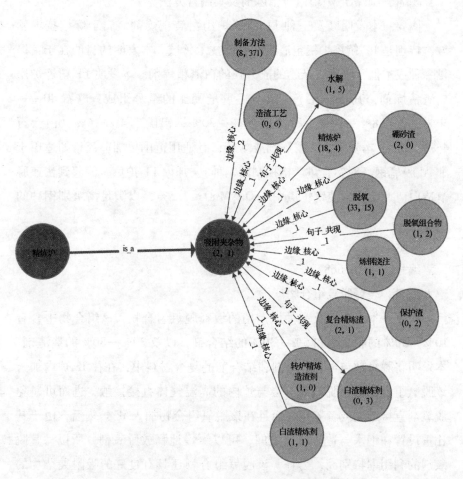

图 6 – 13　层次关系与非层次关系的融合图谱

步骤 4，用户通过以上推理获得了新的专利知识，但是以上推论是否可靠，则需要对推论的结果进行论证。假设用户通过进一步检索文献来进行验证。用户获取了 3 篇相关文献，分析文献 1 验证了精炼炉与吸附夹杂物之间的内在关系，并且验证了白渣精炼剂对吸附夹杂物的功效；分析文献 2，验证了某种脱氧组合物具有良好的吸附夹杂物的能力；分析文献3，验证了转炉精炼造渣剂吸附夹杂物的能力。

文献1

编号：CN101935740A

题名：LF 精炼炉用白渣精炼剂及其制备方法

摘要：本发明涉及一种 LF 精炼炉用白渣精炼剂，属于炼钢技术领域，特别是 LF 精炼炉钢包渣改性处理技术领域。本发明的目的在于：提供一种成本低且吸附夹杂物的能力强的白渣精炼剂。本发明 LF 精炼炉用白渣精炼剂，其特征在于：由下述重量配比的组分组成：电石 40%—50%；萤石 8%—14%；石灰石 24%—30%；铝矾土 4%—6%；白云石 4%—12%。本发明白渣精炼剂成本低，且适用范围更加广泛，如适用于非 Al 脱氧钢（对铝含量严格控制的钢种）。加入 LF 炉后，能起到快速脱氧造白渣，能达到使钢包渣中 $FeO + MnO \leqslant 1.5\%$，以满足高级别钢种的冶炼需求。

文献2

编号：CN1616687

题名：缓释脱氧组合物

摘要：本发明涉及一种炼钢用的缓释脱氧组合物，该组合物中含有 10%—50% 的脱氧剂和 5%—30% 的结合剂，以及 30%—80% 的造渣剂。本发明将脱氧剂包裹在造渣剂和结合剂的复合材料中，在往 IF 炉内加入该脱氧组合物时，脱氧剂不会与炉内的高温气体直接接触，进而可避免脱氧剂直接燃烧或者氧化，而且在该脱氧组合物加入 IF 炉内后，由于其比重设置在钢水与造渣材料之间，可以缓慢地释放脱氧剂，所以，其脱氧剂的利用率特别高，另外，该脱氧组合物还具有良好的吸附夹杂物的能力和耐水解性。

文献3

编号：CN1626682

题名：转炉精炼造渣剂及其造渣工艺

摘要：本发明提供一种转炉精炼造渣剂，它在转炉出钢过程中，按重量百分比加入下列造渣剂：白云石 3%—8%，铝凡土 8%—13%，石灰 65%—80%，粗铝 2%—4%，在 LF 炉精炼过程中，对碳含量小于 0.10%

的钢种，按加入下列造渣剂：石灰石 25%—40%，白云石 10%—30%，石灰 20%—45%，铝凡土 8%—12%，粗铝 3%—7%，使钢包渣的氧化性降低，碱度提高，具有表面张力、黏度和发泡、储泡性能，渣中 FeO + MnO 降低幅度达 40%，渣中 S 含量提高 2.1 倍，不侵蚀钢包，在进一步的 LF 炉精炼过程，使低碳钢埋弧渣的埋弧效果好，钢水不增碳或增碳量小于 0.01%，脱氧、脱硫率高，吸附夹杂物多，热效率高，电耗低，精炼效果好。

因此，已有文献验证了用户的推理，并且回答了用户的疑问，即有哪些原料是精炼炉在精炼工艺中针对吸附夹杂物所必备有效的。透过该实例，总结本书所探讨的专利知识发现其特点在于：

（1）直观性，用户可以通过浏览知识地图获取专利知识，并且用户的推理过程亦可通过浏览的方式进行，在以上的案例中，笔者将其逻辑过程展开，但是在实际的面向用户的系统中，用户只需点击相关术语，即可由系统程序自动运算，将融合图谱直接提供在人机界面中。

（2）推理性，用户在使用系统进行知识发现的过程中，需要将层次关系的成果和非层次关系的成果结合起来，并且推理二者之间可能存在的内在联系，知识的推理不仅可以帮助用户对发现的陌生知识进行解释，也可帮助用户获取对已有知识更加深入的了解，用户所作的推理一方面基于用户已有的背景知识，另一方面则由系统启发而得。

（3）启发性，本节所探索的专利知识发现路径，重在启发性，而非决策性，系统将知识发现的可能性提供给用户，而不为用户提供决策，用户需要自己判断，启发性的优势在于，用户可以自由联想，系统只要知识储备足够充分、内容足够精确，可以为用户的知识推理与发现提供无穷的可能。

第四节　本章小结

本章重点探讨了基于术语语义关系识别的面向专利知识服务的应用研究。本章的研究目的，一方面在于验证本书研究主体——专利术语语义关系识别的有效性；另一方面尝试充分挖掘语义关系识别的具体应用场景，为后续研究乃至开发专利知识服务系统提供参考。本章分别探讨了三种应用类型，分别是以查询扩展为基础的专利语义检索、以相似性检测为基础的专利预警以及以知识推理为基础的专利知识发现。

1. 专利语义检索

现有的主流专利检索系统缺乏语义性，不同类型的专利检索用户在知识层面的局限性是不可改变的，因此专利语义检索的要义在于提高检索系统的语义性、智能性，辅助用户降低检索成本，启发用户进行查询扩展。以第四章研究的基于聚类算法的层次关系识别成果作为基础，利用知识本体的层次性结构，进行检索词的上位类扩展和下位类扩展，并设想将此功能嵌入检索系统中，提高检索效率。

2. 专利预警

专利预警的基础技术在于规模化实现专利文献的相似性检测。以本书第五章专利术语非层次关系识别结果作为基础，设计专利文献相似度计算公式以及结果展示模型。该研究的特色是将术语作为相似性计算基础，考虑术语的位置以及语义性，并将最终匹配结果直观呈现。

3. 专利知识发现

现有的专利知识挖掘研究缺乏对专利文本内容的深入挖掘，亦缺乏以知识推理为基础的创新型知识发现。本章以经典的 ABC 知识发现模型作为笔者所研究的专利知识发现的参照，将基于特征抽取的术语层次关系的识别成果与术语非层次关系识别成果在应用层面融合起来，以知识推理作为逻辑基础，试图为用户提供可浏览、可推理、可验证的知识发现系统，该系统的功用重在启发性，是用户进行潜在专利知识发现的平台。

本章研究中笔者未将应用聚焦在某一个特定类型上，而是从三个方面进行阐述，就是为了充分展示术语识别成果的丰富性，为其开拓更多可行的应用场景。必须承认的是，本章所涉及的每一项应用，都具有丰富的内涵，都需要大量的工作作为支持。本章研究只是从某一个落脚点出发，对它们进行探索性研究。理论模型逻辑以及应用系统的逻辑都存在巨大的发展空间和潜力。笔者试图提供可以延伸和拓展的研究基点，并期待在后续的研究中不断完善，并为面向专利知识服务应用的产业化贡献力量。

第 七 章

结　语

专利文献作为科技信息的载体，集中体现了国家科学技术的发展水平。与学术论文、学术报告、著作等类型的文献相比，专利文献具有及时性、启发性、可靠性和准确性等特点，其知识含金量更高。因此，如何针对大量、复杂的专利信息进行计量、挖掘与分析一直都是图书情报领域的研究热点。

在归纳分析现有理论及案例的基础上，针对现有研究的不足，本书以"钢铁冶金"（I&SM）领域汉语专利文本作为实验对象，抽取其中的汉语专利术语，并以此为基础进行术语间层次关系和非层次关系的识别，最终构建可应用的汉语领域专利本体。本书完成的工作具有一定创新性，对本体学习技术在专利文本乃至领域文本中的应用模式具有重要的参考价值，对领域本体的快速构建和领域知识的交流传承具有重要意义。但是工作中依然有一些不足之处，期望在后续的研究中不断完善。

第一节　研究工作的总结

本书的内容主要包括四个部分：面向汉语专利文本的术语自动抽取研究、汉语专利术语间的层次关系识别研究、汉语专利术语间的非层次语义关系识别研究、专利领域本体的应用研究。这四部分内容既是统一的整体，也可以独立出来作为一项专门研究的子课题，它们形成了构建专利知识库的完整方法路径，彼此间层层深入。本书所有的研究实例均来自 I&SM 领域的 7597 篇专利文献。

1. 面向汉语专利文本的术语自动抽取研究

汉语专利文本的诸多特点,如无关键词,新术语层出不穷等,使得传统术语抽取方法较难实施,对此本书构建了基于字角色的专利术语抽取模型:在较少甚至无训练语料的情况下,利用从公开资源中收集到的核心词典进行基于字角色的序列标注,同时利用收集到的特征集合扩展观察序列,进而基于 CRFs 算法得到序列标注模型,该模型可应用于领域专利术语的抽取。如此,在 7597 篇 I&SM 专利的题名和摘要文本中,共可获得基本术语 244672 个(含不同术语 2188 个),合成术语 61536 个(含不同术语 20074 个)。此外,针对汉语术语抽取实验中发现的大量连续符号串,本书首先使用正则表达式识别了近半符号串的语义作为学习语料;然后在字序列(基本特征)、汉字特征的基础上提出 7 个符号串特征,通过实验建立了最佳模型来判别规则无法判断的符号串的语义,识别效果较为理想。为进一步扩展核心词汇库和建立更合理的特征序列,以期得到更精准的抽取模型,本书开发了面向本体学习的 I&SM 领域汉语专利术语抽取系统——PTES。通过与 NLPIR 关键词抽取平台进行功能对比,发现 PTES 在识别 I&SM 领域术语方面具有一定优势;在 PTES 系统中添加核心词汇库,然后依次使用系统中的功能模块,结果发现从标注到测试完成整个过程时间被控制在 30 分钟以内,表明该系统性能较好。

2. 汉语专利术语间的层次关系识别研究

现有的针对专利文本进行术语层次关系识别的研究,所构建的领域专利知识本体规模有限,难以应对规模化应用需求。针对现有研究的不足,在传统的采用聚类算法进行层次关系解析的基础上,基于多层次聚类的方法,较为系统、完整地阐述了进行专利术语层次关系解析的理论模型及方法路径,并自动化实现了一定规模的专利本体构建。随后,探讨了形式概念分析(FCA)的方法以及基于奇异值分解(SVD)的方法。显然,三种方法在术语间层次关系的识别上均能够独立开展,均可以实现一定规模的领域术语间层次结构构建。由于这三种方法基于不同的数学原理,它们又可以从各自的功能视角来参与一个更加完整、更加有效的层次体系的构建。因此,本书尝试通过多重方法的融合实现领域专利术语层次结构体系的自动化生成。其中，基于多层次聚类的方法是层次关系识别和构建的主体方法，形成层次结构的骨架，后两种方法则可对层次结构主骨架进行补充：FCA 的方法主要识别在词素上具有重叠部分的术语关系以及严格满足文档共现原则的术语关系；SVD 的方法则尝试获取部分具有潜在特征的术语关系。

3. 汉语专利术语间的非层次语义关系识别研究

术语非层次关系解析是一项非常难以把握的研究领域，其原因不仅在于非层次关系定义的界定尚不统一，更重要的是突破现有研究模式，开拓更加轻型、有效的研究路径，较为困难。传统的、主流的术语非层次关系或者非分类关系解析的主要理论基础是 NNV 结构的，其缺点在于获取的非层次关系数量有限，而且精准度有待提高，实用性也待商榷。本书则尝试将图情领域中的"共现"的理念引入专利术语的非层次关系解析中，以之作为最底层的概念，结合专利文献固有的篇章结构，设计术语间非层次关系的类型/定义，从底层到顶层，完整的、规模化的、面向应用的构建术语间非层次关系结构体系。因此，本书设计了标题共现、句子共现、核心_边缘三种术语间语义关系，规模化地实现了 I&SM 领域中 22036 个专利术语之间 262374 对非层次语义关系的识别。重要的是，本书还利用了图数据库 Neo4j 从三个维度，对所识别的非层次关系进行了可视化展现，这本身就是知识的再组织、创新型利用的过程。

4. 专利领域本体的应用研究

本书针对现有的研究成果，未将应用聚焦在某一个特定类型上，而是从三个方面展开，就是为了充分展示术语识别成果的丰富性，为其开拓更多可行的应用场景。将基于聚类算法完成的术语层次关系解析应用到专利语义检索中，主要是利用专利本体的层次结构从而实现用户检索的语义性查询扩展，当然专利知识本体亦可用在专利文献的语义标引中。将术语非层次关系解析结果应用到专利预警中，主要是利用非层次关系解析的术语关系图谱，实现专利文档的相似性检测，并将检测结果可视化呈现出来，其价值在于一旦实现了规模化专利文档的相似性检测即为专利预警奠定了坚实基础。最后，将基于特征抽取的专利层次关系解析与非层次关系解析结果融合，利用知识推理，充分挖掘二者融合带来的启发性效用，进行专利知识发现。本书从现有的研究中总结经验，设计相应的应用逻辑框架，并从现有成果中抽取实例进行启发性验证，为后续研究乃至开发专利知识服务系统提供参考。

第二节 可进一步探讨的问题

尽管本书进行了一些具有一定建设性、创新性的研究，但是依然存在着一些不足，有必要在后续研究中进行更具规模和更为深入的探讨。因此，笔者对研究中存在的问题与不足进行了总结，并对下一步研究进行了适当的展望。

（1）基于字角色标注的领域术语抽取模型，与人工标引相比不可避免地存在着准确性和充分性的问题：一是准确性的问题，字符串匹配的标注方式无法有效解决交叉性歧义问题，而且长度较短的术语也有可能破坏原有词汇的完整性；二是充分性的问题，基本词汇库中的术语毕竟有限，无法对学习语料进行充分标注，因此会产生大量术语无法识别，snowball 方法也只能召回其中一小部分。此外，连续符号串的语义识别研究也还仅仅停留在实验阶段，该工作的成果尚未集成到具有应用性的实验平台上，有待后续进一步论证。

（2）基于融合方法实现大规模层次体系构建，是一项复杂的系统性工程，所要解决的技术问题非常繁杂，然而本书仅仅是给出了相关技术路径，有待在后续研究中逐一探索、解决。此外，相关研究还需要面对两个技术问题：其一，术语间上下位关系的准确性如何甄别；其二，不同方法生成的上下位关系如何融合。一旦能够形成一定规模的领域术语层次体系结构，将意味着给专利智能检索、专利知识地图浏览、专利侵权自动检测、专利知识推理与发现等应用领域带来极大的技术提升。

（3）在术语非层次关系解析中，以术语共现作为底层原理，依据专利文献固有的篇章结构，设计并定义了术语间的非层次关系，通过实践证明了该研究路径是有效的。但仍有可改进之处，如依据专利文本的特征，对三种类型的关系进行扩展和细化，更加深入地挖掘它们的内涵，从而在解释和应用中，提供更多的指导准则。另外，本书在关系类型上是可拓展的，因此在结构性语义关系的基础上，可添加例如传统的 NNV 或者 SAO 结构的非层次关系，使得非层次关系解析的专利知识库，在语义性、知识性上更加丰富。

（4）本书列举了三种类型的专利知识服务应用场景，并进行了一定的实例验证与分析。但是，若站在知识服务应用的立场上，这样的研究是远远不够的、是不成体系的。因此，笔者期望可以在后期的研究中，对每一项应用研究进行深入的拓展。实际上，每一项应用都可以在本书的方法路径上，进行非常深入和有趣的探索，尤其是专利知识发现的应用研究，若能够深入开展，必将带来可喜的成效。

参考文献

Abidin T. F. , Yusuf B. and Umran M. , "Singular Value Decomposition for dimensionality reduction in unsupervised text learning problems ", *International Conference on Education Technology and Computer*, 2010.

Agichtein E. and Gravano L. , "Snowball: extracting relations from large plain-text collections", *ACM Conference on Digital Libraries*, 2000.

Ahmed K. B. S. , Toumouh A. and Malki M. , "Effective ontology learning: concepts' hierarchy building using plain text Wikipedia ", *Effective Ontology Learning: Concepts' Hierarchy Building using Plain Text Wikipedia*, 2012.

Akiba T. and Sakai T. , *Japanese Hyponymy Extraction Based on a Term Similarity Graph*, Tokyo: Technical Report, 2011.

Aloise D. , Deshpande A. , Hansen P. et al, "NP-hardness of Euclidean sum-of-squares clustering", *Machine Learning*, Vol. 75, No. 2, 2009.

Baroni M. and Lenci A. , "Distributional Memory: A General Framework for Corpus-Based Semantics", *Computational Linguistics*, Vol. 36, No. 4, 2010.

Bast H. and Majumdar D. , "Why spectral retrieval works", International ACM SIGIR Conference on Research and Development in Information Retrieval, 2005.

Bast H. , Dupret G. , Majumdar D. et al. , "Discovering a Term Taxonomy from Term Similarities Using Principal Component Analysis", *Springer Berlin Heidelberg*, 2006.

Bellegarda J. R. , "Exploiting latent semantic information in statistical language modeling", *Proceedings of the IEEE*, Vol. 88, No. 82, 2000.

Berland M. and Charniak E. , *Finding Parts in Very Large Corpora*, Rhode Island: Brown University, 1999.

Bermudez-Edo M. , Noguera M. , Hurtado-Torres N et al, "Analyzing a firm's international portfolio of technological knowledge: A declarative ontology-based OWL approach for patent documents", *Advanced Engineering Informatics*, Vol. 27, No. 3, 2013.

Ciaramita M. , Gangemi A, Rojas I et al. , "Unsupervised learning of semantic relations between concepts of a molecular biology ontology", *Morgan Kaufmann Publishers Inc*, 2005.

CRF + + (http: //taku910. github. io/crfpp/).

Daille B. , "Conceptual structuring through term variations", *Acquisition and Treatment*, 2003.

Dan P. and Moore A. W. , "X-means: Extending K-means with Efficient Estimation of the Number of Clusters", *Seventeenth International Conference on Machine Learning Morgan Kaufmann Publishers Inc*, 2005.

Deerwester S. , Dumais S. T. , Furnas G. W. et al. , "Indexing by latent semantic analysis", *Journal of the Association for Information Science & Technology*, Vol. 41, No. 6, 2010.

Ding and Chris H. Q. , "A probabilistic model for Latent Semantic Indexing: Research Articles", *Journal of the American Society for Information Science & Technology*, Vol. 56, No. 6, 2010.

Ding L. , Finin T. , Joshi A et al. , "Swoogle: a search and metadata engine for the semantic web", *CIKM* 04, 2004.

Do Q. , *Background knowledge in learning-based relation extraction*, Doctoral dissertation, University of Illinois, 2012.

Emde W. and Wettschereck D. , " Relational Instance-Based Learning ", *Proceedings of the Thirteenth International Conference*, 1996.

Erichson N. B. , Voronin S. , Brunton S. L. et al. , " Randomized Matrix Decompositions using R", *Journal of Statistical Software*, 2016.

Esteva A. , Kuprel B. , Novoa R. A. et al. , "Dermatologist-level classification of skin cancer with deep neural networks", *Nature*, Vol. 542, No. 7639, 2017.

Faure D. and Nedellec C. , "A corpus-based conceptual clustering method for verb frames and ontology", *Proceedings of the Lrec Workshop on*, 1998.

Fernndez L. M. and Informtica F. D. , "Overview of methodologies for building ontologies", *Proceedings of Ijcai-99s Workshop on Ontologies & Problem Solving Methods Lessons Learned & Future Trends*, 1999.

Formica A. , "Ontology-based concept similarity in Formal Concept Analysis", *Information Sciences*, Vol. 176, No. 18, 2006.

Fowler M. , "The Taxonomy of a Japanese Stroll Garden: An Ontological Investigation Using Formal Concept Analysis", *Axiomathes*, Vol. 23, No. 1, 2013.

Gaeta M. , Orciuoli F, Paolozzi S. et al. , "Ontology Extraction for Knowledge Reuse: The e-Learning Perspective", *IEEE Transactions on Systems Man & Cybernetics Part A Systems & Humans*, Vol. 41, No. 4, 2011.

Gaizauskas R. and Wilks Y. , "Information extraction: beyond document retrieval", *Journal of Documentation*, Vol. 54, No. 2, 1998.

Girju Badulescu A. and Moldovan D. , "Learning semantic constraints for the automatic discovery ofpart-whole relations", *In Proceedings of HLT*, Vol. 23, No. 1, 2003.

Girju R. and Moldovan D. I. , "Text Mining for Causal Relations", *Fifteenth International Florida Artificial Intelligence Research Society Conference AAAI Press*, 2002.

Girju R. , Moldovan D. I. , Tatu M. et al. , "On the semantics of noun compounds", *Computer Speech & Language*, Vol. 19, No. 4, 2005.

Grego T. , Pęzik P. , Couto FM et al. , "Identification of Chemical Entities in Patent Documents", *International Work-Conference on Artificial Neural Networks Springer-Verlag*, 2009.

Griffiths T. L. , Steyvers M. and Tenenbaum J. B. , "Topics in semantic representation", *Psychological Review*, Vol. 114, No. 2, 2007.

Gruber T. R. , "A translation approach to portable ontology specifications", *Knowledge Acquisition*, Vol. 5, No. 2, 1993.

Gruninger M. , "Designing and Evaluating Generic Ontologies", *European Conference of Artificial Intelligence*, 1996.

Harries Z. S. , *Mathematical Structures of Language*, New York: Interscience Publishers, 1968.

Hasegawa T. , Sekine S. and Grishman R. , "Discovering relations among named entities from large corpora", *Association for Computational Linguistics*, 2004.

Hatch D. R. , Del-Castillo-Negrete D. and Terry P. W. , "Analysis and compression of six-dimensional gyrokinetic datasets using higher order singular value decomposition. ", *Journal of Computational Physics*, Vol. 231, No. 11, June 2012.

He M. , Liu M. , Zhao C. et al. , "An image-noise estimation approach using singular value decomposition", *Eighth International Conference on Digital Image Processing*, 2016.

Hearst M. A. , "Automatic acquisition of hyponyms from large text corpora", *Conference on Computational Linguistics*, 1992.

Iwanska L. , Mata N. and Kruger K. , "Fully Automatic Acquisition of Taxonomic Knowledge from Large Corpora of Texts: Limited Syntax Knowledge Representation System Based on Natural Language", *International Symposium on Methodologies for Intelligent Systems*, 1999.

Jacquemin C. , "A symbolic and surgical acquisition of terms through variation", *Computer Science*, Vol. 1040, 1996.

Ji H. and Grishman R. , "Refining Event Extraction Through Cross-document Inference", *Proceedings of the Meeting of the Association for Computational Linguistics*, 2008.

Kapasi, *Transformation of WordNet into a knowledge base*, Doctoral dissertation, The University of Texas at Dallas, 2006.

Kavalec M. and Vojtech S. V. , "A study on automated relation labelling in

Ontology Learning", *Evaluation and Applications*, 2010.

Kavalec M. , Maedche A. and Svátek V. , "Discovery of Lexical Entries for Non-taxonomic Relations in Ontology Learning ", *Association for Computational Linguistics*, 2004.

Knijff J. D. , Frasincar F. and Hogenboom F. , "Domain taxonomy learning from text: The subsumption method versus hierarchical clustering", *Data & Knowledge Engineering*, Vol. 83, No. 1, 2013.

Kumar N. , Berg A. C. , Belhumeur P. N. et al. , "Attribute and simile classifiers for face verification", International Conference on Computer Vision IEEE, 2010.

Kuznetsov S. O. and Poelmans J. , "Knowledge representation and processing with formal concept analysis", *Wiley Interdisciplinary Reviews Data Mining & Knowledge Discovery*, Vol. 3, No. 3, 2013.

Lee C. M. , Huang C. K. , Tang K. M. et al. , "Iterative machine-learning Chinese term extraction", *The Outreach of Digital Libraries: A Globalized Resource Network*, 2012.

Lee S. , Huh S. Y. and Mcniel R. D. , "Automatic generation of concept hierarchies using WordNet", *Expert Systems with Applications*, Vol. 35, No. 3, 2008.

Li S. L. , Liao L. J. , Cao Y. D. et al. , "Ontology Learning for Chinese Documents Based on SVDand Conceptual Clustering", *Journal of Beijing Institute of Technology: english Edition*, Vol. 2003, No. S1, 2003.

Maddi G. R. and Velvadapu C. S. , *Ontology extraction from text documents by singular value decomposition*, Doctoral dissertation, Bowie: Bowie State University, 2001.

Maedche A. and Staab S. , "Discovering Conceptual Relations from Text", *In Proceedings of ECAI-2000*, Vol. 8, No. 3, 2000.

Maio C. D. , Fenza G. , Loia V. et al. , "Hierarchical web resources retrieval by exploiting Fuzzy Formal Concept Analysis", *Information Processing & Management*, Vol. 48, No. 3, 2012.

Matlab 官网（https：//www. mathworks. com/products/matlab. html? s_tid = hp_products_matlab）。

Mei K. W. ，Abidi S. S. R. and Jonsen I. D. ，"A multi-phase correlation search framework for mining non-taxonomic relations from unstructured text"，*Knowledge & Information Systems*，Vol. 38，No. 3，2014.

Miller G. A. and Charles W. ，"Contextual Correlates of Semantic Similarity"，*Language and Cognitive Processes*，Vol. 6，No. 1，1991.

Mohamed T. P. ，Hruschka E. R. and Mitchell T. M. ，"Discovering relations between noun categories"，*Association for Computational Linguistics*，2011.

Morin E. and Jacquemin C. ，"Automatic Acquisition and Expansion of Hypernym Links"，*Computers & the Humanities*，Vol. 38，No. 4，2004.

Nanda J. ，Simpson T. W. ，Kumara S. R. T. et al. ，"A Methodology for Product Family Ontology Development Using Formal Concept Analysis and Web Ontology Language"，*Journal of Computing & Information Science in Engineering*，Vol. 6，No. 2，2006.

Neo4j 官网下载（https：//neo4j. com/download/）。

OntoGraf（http：//protegewiki. stanford. edu/wiki/OntoGraf）.

OWL（https：//www. w3. org/TR/owl-features/）.

Padó S. and Lapata M. ，"Dependency-Based Construction of Semantic Space Models"，*Computational Linguistics*，Vol. 33，No. 2，2007.

Pei Z. ，Da R. ，Meng D. et al. ，"Formal concept analysis based on the topology for attributes of a formal context"，*Information Sciences*，Vol. 236，No. 1，2013.

Poelmans J. ，Ignatov D. I. ，Viaene S. et al. ，"Text mining scientific papers：a survey on FCA-Based information retrieval research"，Industrial Conference on Advances in Data Mining：Applications and Theoretical Aspects，2012.

Ponzetto S. P. and Strube M. ，"Deriving a large scale taxonomy from Wikipedia"，National Conference on Artificial Intelligence AAAI Press，2007.

Priss U. , *Formal concept analysis in information science*, New York: John Wiley & Sons, 2006.

Protégé (http: //protege. stanford. edu/products. php) .

Punuru J. R. , *Knowledge-based methods for automatic extraction of domain-specific ontologies*, Baton Rouge: Louisiana State University and Agricultural & Mechanical College, 2007.

Quan T. T. , Hui S. C. , Fong A. C. M. et al. , "Automatic Fuzzy Ontology Generation for Semantic Web", IEEE Transactions on Industrial Informatics, Vol. 18, No. 6, 2006.

Riaz M. and Girju R. , "Another Look at Causality: Discovering Scenario-Specific Contingency Relationships with No Supervision ", *IEEE Fourth International Conference on Semantic Computing*, 2010.

Riloff E. , "Automatically Generating Extraction Patterns from Untagged Text", Department of Computer Science Graduate School of Arts & Science New York University, 1996.

Rios-Alvarado A. B. , Lopez-Arevalo I and Sosa-Sosa VJ, "Learning concept hierarchies from textual resources for ontologies construction ", *Expert Systems with Applications*, Vol. 40, No. 15, 2013.

Sánchez D. and Moreno A. , "Learning non-taxonomic relationships from web documents for domain ontology construction ", *Data & Knowledge Engineering*, Vol. 64, No. 3, 2008.

Sanderson M. and Croft B. , "Deriving concept hierarchies from text", International ACM SIGIR Conference on Research and Development in Information Retrieval, 1999.

Şefki Kolozali, Barthet M. , Fazekas G. et al. , "Automatic ontology generation for musical instruments based on audio analysis", *IEEE Transactions on Audio Speech & Language Processing*, Vol. 21, No. 10, 2013.

Serra I. , Girardi R. and Novais P. , "Evaluating techniques for learning non-taxonomic relationships of ontologies from text ", *Expert Systems with Applications*, Vol. 41, No. 11, 2014.

Serra I., Girardi R. and Novais P., "PARNT: A statistic based approach to extract non-taxonomic relationships of ontologies from text", IEEE Computer Society, 2013.

Shamsfard M. and Barforoush A. A., "Learning ontologies from natural language texts", *International Journal of Human-Computer Studies*, Vol. 60, No. 1, 2004.

Shih C. W., Chen M. Y., Chu H. C. et al., "Enhancement of domain ontology construction using a crystallizing approach", *Expert Systems with Applications*, Vol. 38, No. 6, 2011.

SIPO 检索及分析入口 (http://www.pss-system.gov.cn/)。

Studer R., Benjamins V. R. and Fensel D., "Knowledge engineering: principles and methods", *Data & Knowledge Engineering*, Vol. 25, No. 1-2, 1998.

Sung S., Chung S. and Mcleod D., "Efficient concept clustering for ontology learning using an event life cycle on the web", *ACM Symposium on Applied Computing*, 2008.

Swanson D. R., "Fish oil, Raynaud's syndrome, and undiscovered public knowledge", *Perspectives in Biology & Medicine*, Vol. 30, No. 1, 1986.

Swanson D. R., "Two medical literatures that are logically but not bibliographically connected", *Journal of the American Society for Information Science*, Vol. 38, No. 4, 1978.

Swoogle (http://swoogle.umbc.edu/).

Taduri S., Lau G. T., Law K. H. et al., "An ontology to integrate multiple information domains in the patent system", *IEEE International Symposium on Technology and Society*, 2013.

Terrientes L. D. V., Moreno A and Sánchez D., *Discovery of Relation Axioms from the Web*, Philadelphia: Engineering and Management, 2010.

Tibshirani R., Walther G. and Hastie T., "Estimating the Number of Clusters in a Data Set via the Gap Statistic", *Journal of the Royal Statistical Society*, Vol. 63, No. 2, 2010.

Tim B. L. , "Semantic Web Road map", 2017. 9, Semantic Web (http: // www. w3. org/DesignIssues/Semantic. html)。

Tovar M. , Pinto D. , Montes A. et al. , *Patterns used to identify relations in corpus using formal concept analysis*, Switzerland: Springer International Publishing, 2015.

Turney P. D. and Pantel P. , "From frequency to meaning: vector space models of semantics ", *Journal of Artificial Intelligence Research*, Vol. 37, No. 1, 2010.

Turney P. D. , "Expressing implicit semantic relations without supervision", *Association for Computational Linguistics*, 2006.

Udell M. , Horn C. , Zadeh R. et al. , "Generalized Low Rank Models", *Eprint Arxiv*, 2014.

Villaverde J. , Persson A. , Godoy D. et al. , "Supporting the discovery and labeling of non-taxonomic relationships in ontology learning", *Expert Systems with Applications An International Journal*, Vol. 36, No. 7, 2009.

Vukotic A. and Watt N. , Abedrabbo T. et al. , *Neo4j in Action*, New York: Manning Publications Co, 2014.

Weeber M. , Klein H. and Vos R. , " Using concepts in literature-based discovery: simulating Swanson's Raynaud-fish oil and migraine-magnesium discoveries", *Journal of the American Society for Information Science & Technology*, Vol. 52, No. 7, 2014.

Weichselbraun A. , Wohlgenannt G. and Scharl A. , "Refining non-taxonomic relation labels with external structured data to support ontology learning", *Data & Knowledge Engineering*, Vol. 69, No. 8, 2010.

Weng S. S. , Tsai H. J. , Liu S. C. et al. , " Ontology construction for information classification ", *Expert Systems with Applications*, Vol. 31, No. 1, 2006.

Wille R. , "Restructuring lattice theory: an approach based on hierarchies of concepts", *Springer-Verlag*, 2009.

Wu C. Y. , Trappey A. J. C. and Trappey C. V. , *Using patent ontology engineering for intellectual property defense support system*, Switzerland: Springer, 2013.

Xu W., Li W., Wu M. et al., "Deriving event relevance from the ontology constructed with formal concept analysis", *International Conference on Computational Linguistics and Intelligent Text Processing*, 2006.

Yan S, Spangler W. S. and Chen Y., "Chemical name extraction based on automatic training data generation and rich feature set", *IEEE/ACM Transactions on Computational Biology & Bioinformatics*, Vol. 10, No. 5, 2013.

Yangarber R., Grishman R., Tapanainen P. et al., "Unsupervised discovery of scenario-level patterns for Information Extraction", *Conference on Applied Natural Language Processing*, 2000.

You W., Fontaine D. and Barthès J. P., "An automatic keyphrase extraction system for scientific documents", *Knowledge & Information Systems*, Vol. 34, No. 3, 2013.

Yu M., Wang J. and Zhao X., "A PAM-based ontology concept and hierarchy learning method", *Journal of Information Science*, Vol. 40, No. 1, 2014.

Zelenko D., Aone C. and Richardella A., "Kernel Methods for Relation Extraction", *Journal of Machine Learning Research*, Vol. 3, No. 3, 2003.

Zhai D., Chen L. and Wang L., "Research on patent information retrieval based on ontology and its application", *IEEE*, Vol. 1, 2009.

Zhang C., *Relation extraction: from ontological smoothing to temporal correspondence*, Doctoral dissertation, University of Washington, 2005.

Zhang L., Marron J. S., Shen H et al, "Singular Value Decomposition and Its Visualization", *Journal of Computational & Graphical Statistics*, Vol. 16, No. 4, 2007.

Zhu W., *Text Clustering and Active Learning Using a LSI Subspace Signature Model and Query Expansion*, Philadelphia: Drexel University, 2009.

包昌火:《竞争对手分析》,华夏出版社 2003 年版。

暴海龙、朱东华、李金林:《专利文献中的知识发现》,《预测》2003 年

第 22 卷第 4 期。

边鹏、赵妍、苏玉召：《一种适合检索词推荐的 K-means 算法最佳聚类数确定方法》，《图书情报工作》2012 年第 56 卷第 4 期。

曹琴仙、于淼：《基于内容分析法的专利文献应用研究》，《现代情报》2007 年第 27 卷第 12 期。

曾静、窦岳坦、杨苏声：《新疆地区盐湖的中度嗜盐菌的数值分类》，《微生物学通报》2002 年第 29 卷第 3 期。

曾文：《面向电动汽车领域的专利文献加工和术语抽取方法研究》，《中国科技资源导刊》2014 年第 5 期。

曾镇、吕学强、李卓等：《一种面向专利摘要的领域术语抽取方法》，《计算机应用与软件》2016 年第 33 卷第 3 期。

曾镇：《专利本体中术语及术语间关系抽取研究》，博士学位论文，北京信息科技大学，2015 年。

陈海英、文禹衡：《Innography、WIPS 和 Patentics 专利引文分析比较研究》，《图书情报工作》2015 年第 18 期。

陈珂：《构造领域本体概念关系的自动抽取》，博士学位论文，上海交通大学，2008 年。

陈晓琴、陈强、张世熔等：《流沙河流域土壤自生固氮菌数值分类及 BOX-PCR 研究》，《农业环境科学学报》2006 年第 S2 期。

程显毅、朱倩、王进：《汉语信息抽取原理及应用》，科学出版社 2010 年版。

丁晟春、吴婧婵媛、李霄：《基于 CRFs 和领域本体的汉语微博评价对象抽取研究》，《汉语信息学报》2016 年第 30 卷第 4 期。

董慧、余传明：《中文本体的自动获取与评估算法分析》，《情报理论与实践》2005 年第 28 卷第 4 期。

董丽丽、胡云飞、张翔：《一种领域概念非分类关系的获取方法》，《计算机工程与应用》2013 年第 49 卷第 4 期。

杜玉锋、季铎、姜利雪等：《基于 SAO 的专利结构化相似度计算方法》，《汉语信息学报》2016 年第 30 卷第 1 期。

范庆虎：《基于多资源的同义词和下位词抽取及在人名消歧中的应用》，

博士学位论文，郑州大学，2014 年。

冯晓宜：《面向非结构化文本的水环境本体自动构建》，博士学位论文，华中科技大学，2014 年。

古凌岚、孙素云：《基于语义依存的中文本体非分类关系抽取方法》，《计算机工程与设计》2012 年第 33 卷第 4 期。

谷俊、许鑫：《中文专利中本体关系获取研究》，《现代图书情报技术》2013 年第 29 卷第 10 期。

谷俊、严明、王昊：《基于改进关联规则的本体关系获取研究》，《情报理论与实践》2011 年第 34 卷第 12 期。

谷俊、朱紫阳：《基于聚类算法的本体层次关系获取研究》，《现代图书情报技术》2011 年第 27 卷第 12 期。

谷俊：《本体构建技术研究及其应用——以专利预警为例》，博士学位论文，南京大学，2012 年。

谷俊：《汉语专利本体半自动构建系统设计》，《图书情报工作》2013 年第 57 卷第 3 期。

谷俊、严明：《基于中文专利的新技术术语识别研究》，《竞争情报》2012 年第 2 期。

谷俊：《冶金行业专利本体模型的构建研究》，《情报杂志》2012 年第 31 卷第 3 期。

谷俊：《中文专利本体半自动构建系统设计》，《图书情报工作》2013 年第 57 卷第 3 期。

韩红旗、朱东华、汪雪锋等：《专利技术术语的抽取方法》，《情报学报》2011 年第 30 卷第 12 期。

韩彦昭、乔亚男、范亚平等：《基于条件随机场模型和文本纠错的微博新词词性识别研究》，《南京大学学报》（自然科学版）2016 年第 52 卷第 2 期。

郝嘉树：《基于关键词聚类的本体层次关系构建研究》，博士学位论文，中国科学技术信息研究所，2008 年。

郝志峰、杜慎芝、蔡瑞初等：《基于全局变量 CRFs 模型的微博情感对象识别方法》，《汉语信息学报》2015 年第 29 卷第 4 期。

贺德方：《中国专利预警机制建设实践研究》，《中国科技论坛》2013 年第 1 卷第 5 期。

胡阿沛、张静、雷孝平等：《基于文本挖掘的专利技术主题分析研究综述》，《情报杂志》2013 年第 12 期。

胡阿沛、张静、刘俊丽：《基于改进 C-value 方法的中文术语抽取》，《现代图书情报技术》2013 年第 2 期。

胡昌平：《信息资源管理研究进展》，武汉大学出版社 2010 年版。

胡任：《基于航天领域本体的相关检索技术研究》，博士学位论文，上海交通大学，2010 年。

黄美丽、刘宗田：《基于形式概念分析的领域本体构建方法研究》，《计算机科学》2006 年第 33 卷第 1 期。

季培培、鄢小燕、岑咏华等：《面向领域中文文本信息处理的术语语义层次获取研究》，《现代图书情报技术》2010 年第 26 卷第 9 期。

贾文娟、何丰：《基于 HowNet 的中文本体学习方法研究》，《计算机技术与发展》2011 年第 21 卷第 6 期。

江泳、产文、王金华等：《基于混合核方法的上下位语义抽取》，《计算机应用与软件》2014 年第 31 卷第 4 期。

姜彩红、乔晓东、朱礼军：《基于本体的专利摘要知识抽取》，《现代图书情报技术》2009 年第 3 卷第 2 期。

姜武：《模式识别技术（Pattern recognition techniques）在山茶属植物数值分类学和叶绿素含量预测中的应用研究》，博士学位论文，浙江师范大学，2013 年。

蒋黎明、司亚彪：《基于条件随机场的新浪微博情感倾向性研究》，《网络安全技术与应用》2014 年第 10 期。

金花、朱亚涛、靳志强：《农业文献知识获取中斜体字符识别技术的应用研究》，《河北农业大学学报》2015 年第 38 卷第 6 期。

金健、朱玉全、陈耿：《基于三元组特征和词向量技术的汉语专利侵权检测研究》，《计算机应用研究》2017 年第 10 期。

李保利、陈玉忠、俞士汶：《信息抽取研究综述》，《计算机工程与应用》2003 年第 39 卷第 10 期。

李超、王会珍、朱慕华等：《基于领域类别信息 C-value 的多词串自动抽取》，《汉语信息学报》2010 年第 24 卷第 1 期。

李纲、毛进：《文本图表示模型及其在文本挖掘中的应用》，《情报学报》2013 年第 32 卷第 12 期。

李宏乔、樊孝忠：《汉语文本中特殊符号串的自动识别技术》，《计算机工程》2004 年第 30 卷第 12 期。

李嘉锐：《本体知识库构建研究——以水稻领域为例》，博士学位论文，中国农业科学院，2015 年。

李军锋：《专利领域本体学习方法研究》，博士学位论文，北京信息科技大学，2015 年。

李蓉蓉：《面向复杂语义的专利本体构建方法研究》，博士学位论文，武汉大学，2014 年。

李守丽、廖乐健、幺敬国：《基于奇异值分解的中文 Ontology 自动学习技术》，《计算机工程》2003 年第 29 卷第 9 期。

李树青：《基于引文关键词加权共现技术的图情学科领域本体自动构建方法研究》，《情报学报》2012 年第 31 卷第 4 期。

李卫：《领域知识的获取》，博士学位论文，北京邮电大学，2008 年。

李卫超：《面向专利的功能信息抽取方法的研究》，博士学位论文，河北工业大学，2013 年。

李玉平：《基于本体的专利信息动态监测与分析系统的研究与实现》，博士学位论文，山东理工大学，2011 年。

连莉：《本体中非分类关系的理论体系研究》，博士学位论文，山东大学，2010 年。

刘辉、刘耀：《基于条件随机场的专利术语抽取》，《数字图书馆论坛》2014 年第 12 期。

刘杰、陈文新：《我国中东部地区紫穗槐、紫荆、紫藤根瘤菌的数值分类及 16SrDNAPCR—RFLP 研究》，《中国农业科学》2003 年第 36 卷第 1 期。

刘萍、高慧琴、胡月红：《基于形式概念分析的情报学领域本体构建》，《图书情报知识》2012 年第 3 期。

刘晓云、陈文新：《三叶草、猪屎豆和含羞草植物根瘤菌 16SrDNAPCR-

RFLP 分析和数值分类研究》，《中国农业大学学报》2003 年第 8 卷第 3 期。

刘勇、孙中海、刘德春等：《部分柚类品种数值分类研究》，《果树学报》2006 年第 23 卷第 1 期。

刘宇松：《本体构建方法和开发工具研究》，《现代情报》2009 年第 29 卷第 9 期。

罗俊、王清丽、张华等：《不同甘蔗基因型光合特性的数值分类》，《应用与环境生物学报》2007 年第 13 卷第 4 期。

罗礼溥、郭宪国：《云南医学革螨数值分类研究》，《热带医学杂志》2007 年第 50 卷第 1 期。

吕祥惠、仇宝艳、乔鸿：《基于本体的专利知识发现体系研究》，《计算机与信息技术》2008 年第 7 期。

马朋云：《本体公理推理及其在交通领域中的应用》，博士学位论文，大连交通大学，2010 年。

马瑞民、马民艳：《基于 CRFs 的多策略生物医学命名实体识别》，《齐齐哈尔大学学报（自然科学版）》2011 年第 27 卷第 1 期。

马张华：《信息组织》，清华大学出版社 2008 年版。

么枕生：《用于数值分类的聚类分析》，《海洋湖沼通报》1994 年第 2 期。

缪涵琴：《融合本体和用户兴趣的专利信息检索系统的研究与实现》，博士学位论文，苏州大学，2007 年。

彭成、季培培：《基于确定性退火的中文术语语义层次关联研究》，《计算机应用研究》2011 年第 28 卷第 9 期。

乔建忠：《基于主题爬虫的本体非分类关系学习框架》，《图书情报工作》2010 年第 54 卷第 18 期。

邱桃荣、黄海泉、段文影等：《非分类关系学习的粒计算模型研究》，《南昌大学学报》（工科版）2012 年第 34 卷第 3 期。

屈鹏、王惠临：《面向信息分析的专利术语抽取研究》，《图书情报工作》2013 年第 57 卷第 1 期。

宋文杰：《汉语词汇上下位关系获取及其应用研究》，博士学位论文，南京师范大学，2015 年。

孙家梅：《白蛉的数值分类和基于 DNA 条形码的分子系统学研究》，博士学位论文，暨南大学，2010 年。

汤青、吕学强、李卓：《本体概念间上下位关系抽取研究》，《微电子学与计算机》2014 年第 31 卷第 6 期。

唐一之：《基于知网的领域概念抽取与关系分析研究》，《湘潭大学学报》（自然科学版）2009 年第 31 卷第 1 期。

陶然、李晓菲：《基于领域本体对专利情报知识挖掘的浅析》，《情报学报》2008 年第 27 卷第 2 期。

涂鼎、陈岭、陈根才等：《基于多路层次聚类的商品评论数据概念分类构建》，《计算机研究与发展》2013 年第 50 卷第 S2 期。

王朝晖：《专利文献的特点及其利用》，《现代情报》2008 年第 28 卷第 9 期。

王昊、邓三鸿、苏新宁：《我国图书情报学科知识结构的建立及其演化分析》，《情报学报》2015 年第 23 卷第 2 期。

王昊、邓三鸿：《HMM 和 CRFs 在信息抽取应用中的比较研究》，《现代图书情报技术》2007 年第 2 卷第 12 期。

王昊、谷俊、苏新宁：《本体驱动的知识管理系统模型及其应用研究》，《中国图书馆学报》2013 年第 2 期。

王昊、苏新宁、朱惠：《中文医学专业术语的层次结构生成研究》，《情报学报》2014 年第 33 卷第 6 期。

王昊、王密平、苏新宁：《面向本体学习的中文专利术语抽取研究》，《情报学报》2016 年第 35 卷第 6 期。

王昊、朱惠、邓三鸿：《基于形式概念分析的学科术语层次关系构建研究》，《情报学报》2015 年第 34 卷第 6 期。

王昊、邹杰利、邓三鸿：《面向中文图书的自动标引模型构建及实验分析》，《现代图书情报技术》2013 年第 29 卷第 7 期。

王红、高斯婷、潘振杰等：《基于 NNV 关联规则的非分类关系提取方法及其应用研究》，《计算机应用研究》2012 年第 29 卷第 10 期。

王龙甫：《基于中文百科的概念知识库构建》，博士学位论文，浙江大学，2015 年。

王密平、王昊、邓三鸿等：《基于 CRFs 的冶金领域中文专利术语抽取研究》，《现代图书情报技术》2016 年第 32 卷第 6 期。

王岁花、赵爱玲、马巍巍：《从 Web 中提取中文本体非分类关系的方法》，《计算机工程与设计》2010 年第 31 卷第 2 期。

王向前、张宝隆、李慧宗：《本体研究综述》，《情报杂志》2016 年第 6 期。

王秀红、袁艳、赵志程等：《专利文献的结构树模型及其在相似度计算中的应用》，《情报理论与实践》2015 年第 38 卷第 3 期。

王勇、唐靖、饶勤菲等：《高效率的 K-means 最佳聚类数确定算法》，《计算机应用》2014 年第 34 卷第 5 期。

王玉婷：《面向不同警情的专利预警方法综述》，《情报理论与实践》2013 年第 36 卷第 9 期。

王曰芬、刘卫江、邱玉婷：《专利预警信息分析系统的体系架构设计》，《情报理论与实践》2014 年第 37 卷第 6 期。

王曰芬、宋爽、卢宁等：《共现分析在文本知识挖掘中的应用研究》，《中国图书馆学报》2007 年第 33 卷第 2 期。

王曰芬、宋爽、苗露：《共现分析在知识服务中的应用研究》，《现代图书情报技术》2006 年第 1 卷第 4 期。

王曰芬、谢寿峰、邱玉婷：《面向预警的专利文献相似度研究的意义及现状》，《情报理论与实践》2014 年第 37 卷第 7 期。

王忠义、谭旭、夏立新：《共词分析方法的细粒度化与语义化研究》，《情报学报》2014 年第 9 期。

韦晓路、徐宽：《基于非相关发明专利文献的潜在知识关联分析研究述评》，《图书馆学研究》2015 年第 10 期。

温春、石昭祥、辛元：《基于扩展关联规则的中文非分类关系抽取》，《计算机工程》2009 年第 35 卷第 24 期。

温春、石昭祥、杨国正：《一种利用度属性获取本体概念层次的方法》，《小型微型计算机系统》2010 年第 31 卷第 2 期。

吴冲冲：《基于集成学习的中文微博情感分类方法》，《科技传播》2014 年第 16 期。

吴红、李玉平、胡泽文：《基于领域本体的专利信息检索系统研究与实现》，《现代图书情报技术》2010 年第 6 期。

吴江宁、刘巧凤：《基于图结构的中文文本表示方法研究》，《情报学报》2010 年第 29 卷第 4 期。

吴鹏、马文虎、严明等：《基于 Wordnet 关系数据库的专利本体半自动构建研究》，《情报学报》2011 年第 30 卷第 6 期。

肖小河、方清茂：《药用鼠尾草属数值分类与丹参药材道地性》，《植物资源与环境学报》1997 年第 2 期。

熊李艳、谭龙、钟茂生：《基于有效词频的改进 C-value 自动术语抽取方法》，《现代图书情报技术》2013 年第 29 卷第 9 期。

徐川、施水才、房祥等：《中文专利文献术语抽取》，《计算机工程与设计》2013 年第 34 卷第 6 期。

许鑫、谷俊、袁丰平等：《面向专利本体的语义检索分析系统的设计与实现》，《图书情报工作》2014 年第 58 卷第 9 期。

杨宏章、付静：《利用专利文本结构化特征构建专利信息智能语义检索系统的方法》，《情报理论与实践》2015 年第 38 卷第 4 期。

伊雯雯：《专利信息检索系统中本体半自动构建的研究与应用》，博士学位论文，苏州大学，2008 年。

易明、操玉杰、沈劲枝等：《社会化标签系统中基于密度聚类的 Web 用户兴趣建模方法》，《情报学报》2011 年第 30 卷第 1 期。

尹芳黎、杨雁莹、王传栋等：《矩阵奇异值分解及其在高维数据处理中的应用》，《数学的实践与认识》2011 年第 41 卷第 15 期。

于海斌：《基于知识发现的专利检索系统分析与设计》，博士学位论文，东北林业大学，2012 年。

于水：《专利术语知识库的建立与应用》，博士学位论文，沈阳航空航天大学，2010 年。

俞春阳：《基于专利本体的产品创新设计技术研究》，博士学位论文，浙江大学，2007 年。

翟东海、聂洪玉、崔静静等：《基于 CRFs 模型的敏感话题识别研究》，《计算机应用研究》2014 年第 31 卷第 4 期。

翟东升、黄焱、王明吉：《基于 MAS 和本体技术的专利分析系统设计》，
《情报杂志》2006 年第 25 卷第 6 期。

翟东升、张欣琦、张杰：《Derwent 专利本体设计与构建》，《情报科学》
2013 年第 12 期。

张杰、孙宁宁、张海超等：《基于 SAO 结构的汉语相似专利识别算法及其
应用》，《情报学报》2016 年第 35 卷第 5 期。

张杰、张海超、翟东升等：《基于领域本体的专利信息检索研究》，《情报
科学》2014 年第 10 期。

张杰：《基于多层 CRFs 的汉语介词短语识别研究》，博士学位论文，大连
理工大学，2013 年。

张兰芳、年梅、李芳：《信息查询扩展发展研究》，《计算机时代》2015
年第 11 期。

张立国、陈荔：《维基百科中基于语义依存的领域本体非分类关系获取方
法研究》，《情报科学》2014 年第 6 期。

张文秀、朱庆华：《领域本体的构建方法研究》，《图书与情报》2011 年
第 1 期。

张新：《基于中文科技论文的本体交互式构建方法研究》，博士学位论文，
大连理工大学，2006 年。

张云中、徐宝祥：《基于形式概念分析的领域本体构建方法优化研究》，
《图书情报工作》2010 年第 8 期。

张云中、徐宝祥：《基于形式概念分析的领域本体描述模型研究》，《图书
情报工作》2010 年第 54 卷第 14 期。

赵欣欣：《基于字符编码的文本隐藏算法及其攻击方法研究》，博士学位
论文，中国科学技术大学，2009 年。

赵延平、曹存根、谢丽聪：《基于 CRFs 和领域规则的业务名称识别》，
《计算机工程》2011 年第 37 卷第 11 期。

郑彦宁、许晓阳、刘志辉：《基于关键词共现的研究前沿识别方法研究》，
《图书情报工作》2016 年第 60 卷第 4 期。

支丽平、王恒山、张楠：《专利领域本体的构建方法研究》，《图书情报工
作》2010 年第 54 卷第 8 期。

支丽平、张珊靓：《基于专利本体的语义检索研究》，《图书馆学研究》2014 年第 7 期。

周峰、林鸿飞、杨志豪：《基于语义资源的生物医学文献知识发现》，《情报学报》2012 年第 31 卷第 3 期。

周俊贤：《基于 CRFs 模型的引文标注技术研究与实现》，博士学位论文，东北大学，2013 年。

周浪：《汉语术语抽取若干问题研究》，博士学位论文，南京理工大学，2010 年。

周绍钧、吕学强、李卓等：《基于多策略融合的专利术语自动抽取》，《计算机应用与软件》2015 年第 2 期。

周志华：《机器学习》，清华大学出版社 2015 年版。

朱惠、杨建林、王昊：《中文领域专业术语层次关系构建研究》，《现代图书情报技术》2016 年第 32 卷第 1 期。